Jürgen Court, Eberhard Loosch, Arno Müller (Hg.)

Jahrbuch 2012 der Deutschen Gesellschaft für Geschichte der Sportwissenschaft e. V.

Studien zur Geschichte des Sports

herausgegeben von

Prof. Dr. Wolfram Pyta (Universität Stuttgart)
Prof. Dr. Giselher Spitzer (HU Berlin)
Prof. Dr. Rainer Gömmel (Universität Regensburg)
Prof. Dr. Jürgen Court (Universität Erfurt)
Prof. Dr. Michael Krüger (Universität Münster)

Band 15

LIT

Jürgen Court, Eberhard Loosch,
Arno Müller (Hg.)

Jahrbuch 2012 der Deutschen Gesellschaft für Geschichte der Sportwissenschaft e. V.

N. A. Bernstein versus I. P. Pavlov –
„,bedingte Reflexe' revisited"

LIT

Gedruckt auf alterungsbeständigem Werkdruckpapier entsprechend
ANSI Z3948   DIN ISO 9706

Bibliografische Information der Deutschen Nationalbibliothek
Die Deutsche Nationalbibliothek verzeichnet diese Publikation in der
Deutschen Nationalbibliografie; detaillierte bibliografische Daten sind
im Internet über http://dnb.d-nb.de abrufbar.

ISBN 978-3-643-12437-1

© LIT VERLAG Dr. W. Hopf Berlin 2014
Verlagskontakt:
Fresnostr. 2   D-48159 Münster
Tel. +49 (0) 2 51-62 03 20   Fax +49 (0) 2 51-23 19 72
E-Mail: lit@lit-verlag.de   http://www.lit-verlag.de

Auslieferung:
Deutschland: LIT Verlag Fresnostr. 2, D-48159 Münster
Tel. +49 (0) 2 51-620 32 22, Fax +49 (0) 2 51-922 60 99, E-Mail: vertrieb@lit-verlag.de
Österreich: Medienlogistik Pichler-ÖBZ, E-Mail: mlo@medien-logistik.at
E-Books sind erhältlich unter www.litwebshop.de

Vorwort 7

Dietrich Beyrau
Die Macht und die Wissenschaften in der UdSSR 9

Irina Sirotkina
Ad Marginem: The Controversial History of Nikolai Bernstein's Book,
"Contemporary Inquiries into the Physiology of the Nervous Process" 29

Eberhard Loosch
Geschichte der deutschen Bernstein-Rezeption von 1952 bis zur Gegenwart 45

Wacław Petryński
The Reception of Bernstein in Poland 57

Wacław Petryński, Antoni Pilawski, Mirosław Szyndera
The Common Path of Nikolai Bernstein and Andrzej Wohl 69

Jürgen Court
Zur Personalpolitik an der Deutschen Hochschule für Leibesübungen 83

Erik Eggers
Die Pionierstudie „Beiträge zur Physiologie maximaler Muskelarbeit" (1888)
und ihr Verfasser, der Ruderer, Sportphysiologe und Afrikaforscher
George Kolb (1863–1899) 101

Günther Bäumler
Der physische Leistungstest von Hermann Kluge (1853) und das Turnen der
Berliner Feuerwehr 145

Autoren- und Herausgeberverzeichnis 189

Vorwort

Im Jahre 2005 wurde in Köln die „Deutsche Gesellschaft für Geschichte der Sportwissenschaft e. V." gegründet. Ihr in der Satzung festgelegter Zweck ist die Förderung des wissenschaftlichen Austauschs und der Forschung zur Geschichte der Sportwissenschaft durch den wissenschaftlichen Dialog sowohl zwischen ihren Teildisziplinen als auch ihren Mutterwissenschaften. Während in vielen anderen Wissenschaften ein steigendes Interesse an der Historie des eigenen Faches zu erkennen ist, ist es in der Sportwissenschaft noch sehr gering entwickelt. Dies führt nicht nur zur Unvertrautheit vieler Lehrender (und natürlich in noch größerem Maße vieler Studierender) mit ihrer eigenen Disziplin, sondern auch zu unzureichendem Selbstbewußtsein und einem Mangel an Argumenten im Kampf um die Anerkennung der Sportwissenschaft als vollgültige akademische Disziplin. Dabei ist zu bedenken, daß sie gerade aufgrund ihrer Eigenschaft als „Querschnittswissenschaft" (Carl Diem) auch für andere Wissenschaften ein höchst anregungsreiches wissenschaftliches Potential anbietet. Zum einen offeriert die besondere Anschaulichkeit des Handlungsfelds Sport eine Möglichkeit der Anwendung eigener Theorien, und zum anderen enthält es aufgrund der Vielfalt seiner Phänomene selbst genügend Anstöße zu Reflexionen pädagogischer, historischer, kultureller, juristischer, ökonomischer, psychologischer, naturwissenschaftlicher etc. Art. Die Mitglieder der Gesellschaft stammen daher aus der Philosophie, Psychologie, Religionswissenschaft, Sportwissenschaft, Anglistik, Klassischen Archäologie, Geschichte und Germanistik. Der Publikation der auf der alljährlichen Mitgliederversammlung gehaltenen Beiträge dient das „Jahrbuch der Deutschen Gesellschaft für Geschichte der Sportwissenschaft e. V."

Dieses achte Jahrbuch der Gesellschaft enthält im wesentlichen die Vorträge ihrer achten Jahrestagung, die im Juli 2012 in Leipzig im Rahmen eines von der DFG unterstützten Symposiums mit dem Titel *N. A. Bernstein versus I. P. Pavlov – „‚bedingte Reflexe' revisited"* stattfand und in Zusammenarbeit mit der Universität Erfurt, Fachgebiet Sport- und Bewegungswissenschaften, sowie der Sportwissenschaftlichen Fakultät der Universität Leipzig, Fachgebiet Sportphilosophie und -geschichte, organisiert wurde.

Univ.-Prof. Dr. Jürgen Court	Erfurt
Univ.-Prof. Dr. Eberhard Loosch	Erfurt
Jun.-Prof. Dr. Arno Müller	Leipzig/Jena

Die Macht und die Wissenschaften in der UdSSR

Dietrich Beyrau

Die Geschichte der Wissenschaften in der Sowjetunion ist eng verbunden mit deren Aufstieg zur Großmacht vor 1941 und zur Weltmacht nach 1945. Wissenschaften waren, wie auch in anderen Ländern, eine wichtige Ressource der Macht. Sie waren hier aber gleichwohl enger miteinander verkoppelt als anderswo. Dies hatte mit den inneren und äußeren Bedingungen des Landes zu tun. Die Wissenschaften entwickelten sich und hatten sich in einem Umfeld zu behaupten, das von einer Abfolge von Katastrophen, teils hausgemacht, teils von außen kommend, erschüttert wurde – dem Ersten Weltkrieg, dem Bürgerkrieg, dem Krieg Stalins gegen die eigene Gesellschaft und nicht zuletzt dem Zweiten Weltkrieg. Zudem waren die sozialen und infrastrukturellen Voraussetzungen ungleich ungünstiger als in den meisten Staaten Westeuropas und in Nordamerika. Die USA waren spätestens seit den 1940er Jahren zum Vorbild und Konkurrenten auf den Feldern von Wissenschaft und Technologie geworden und blieben es bis zum Ende der Sowjetunion. Die Fragen nach Leistungen und Defiziten der sowjetischen Wissenschaften sind vor diesem Hintergrund zu diskutieren. Hinzu kommt das Problem, wie und um welchen Preis sich die Wissenschaften unter den Bedingungen einer Diktatur, die sich mit den ideokratischen Ansprüchen des Marxismus-Leninismus legitimierte, entwickeln konnten.

Seit Emanzipation der Wissenschaften von der Vorherrschaft christlicher Dogmen gelten Universalismus, Interesselosigkeit, eine pluralistische Öffentlichkeit und Skeptizismus, d. h. der Verzicht auf einen absoluten Wahrheitsanspruch, als zentrale Voraussetzungen besonders für die Grundlagenforschung, aber auch für die Geistes- und Sozialwissenschaften. (Letztere bleiben im vorliegenden Aufsatz ausgeklammert.) Nach der Selbstauflösung der UdSSR und dem Verschwinden eines mit Sanktionsmacht ausgestatteten Marxismus-Leninismus drängte sich die Frage in den Vordergrund, was sich aus der sowjetischen Erfahrung lernen lässt.[1]

---

[1] Graham, Loren, R., What We Have Learned about Science and Technology from the Russian Experience? Stanford/Cal. 1998; im Überblick zur sowjetischen Wissenschaft vgl. Beyrau, Dietrich (Hg.), Im Dschungel der Macht. Intellektuelle Professionen unter Stalin und Hitler, Göttingen 2000; Kojevnikov, Alexei B., Stalin`s Great Science. The Times and

Der zeitliche Schwerpunkt der folgenden Erörterungen liegt auf den ersten fünf Jahrzehnten des 20. Jahrhunderts, d. h. im wesentlichen auf der Zeit, als Lenin und Stalin die sowjetische Politik maßgeblich prägten und der ideologische Impetus der sowjetischen Politik nach innen und außen noch eine wichtige Rolle spielte. Es war merkwürdigerweise auch die Zeit, als sowjetische Wissenschaftler ihre spektakulärsten Erfolge erzielten, obwohl die äußeren materiellen und politischen Bedingungen viel ungünstiger waren als in der evolutionären Phase des Sozialismus nach 1953.

Um in die Wissenskultur einzuführen, in der sich der „Held" der Tagung, Nikolaj A. Bernstein, zu behaupten hatte, sollen folgende Aspekte behandelt werden.

1. Die institutionelle Entwicklung des sowjetischen Wissenschaftsbetriebes
2. Die Bedeutung des Marxismus-Leninismus für die Wissenschaften
3. Diskursformationen und die „Wahrheit"

1 Die institutionelle Entwicklung seit Ende des 19. Jahrhunderts

Vor der Revolution von 1917 lässt sich das Verhältnis zwischen den Universitäten und den Wissenschaftlern zum alten Regime *cum grano salis* als distanziert beschreiben. Der Teil der Studenten, der politisch aktiv war, stand sichtlich unter dem Einfluss der unterschiedlichen revolutionären Bewegungen. Von mehr als symbolischer Bedeutung war der Streit um Hochschulautonomie, der seit Anfang des 19. Jahrhunderts das Verhältnis zum Staat maßgeblich prägte. Die Revolution von 1905 hatte die Universitäten zeitweilig zu einem Hort der Freiheit werden lassen, viele prominente Professoren engagierten sich in der liberalen Partei der Konstitutionellen Demokraten (Kadetten) und verharrten in Opposition zum zarischen Regime. Von einer Wissenschaftspolitik im engeren Sinne lässt sich vor 1917 kaum sprechen. Verschiedene Ressorts waren für die höhere Bildung und Wissenschaft zuständig. Die Wissenschaftler organisierten sich allerdings bereits in Fachgesellschaften, die einen wissenschaftlichen Austausch ermöglichten und sich vielfach zugleich für die Popularisierung der Wissenschaften einsetzten.

Adventures of Soviet Physicists, London et al. 2004; Gordin, Michael D., Hall, Karl, Kojevnikov, Alexei (eds.), Intelligentsia Science. The Russian Century, 1860–1960, in: Osiris 23, 2008.

Dies gehörte in ihrem Selbstverständnis zum Auftrag der Intelligenzija als Kulturträger.²
Revolution und Bürgerkrieg wurden als Zivilisationsbruch erlebt, die materielle Not im Bürgerkrieg war unbeschreiblich, manche Gelehrte verhungerten buchstäblich. Die Masse der Wissenschaftler und Professoren war antibolschewistisch eingestellt. Die Not zwang allerdings zur Kooperation. Während das Misstrauen der Bolschewiki gegen die Geisteswissenschaften unüberwindlich blieb und schließlich zur Ausweisung vieler ihrer Vertreter führte, bildeten bolschewistische Technikeuphorie und Wissenschaftsgläubigkeit eine Brücke, auf der sich Wissenschaftler und die neue Macht begegneten. Der Schriftsteller Maksim Gorkij und N. P. Gorbunow (1892–1937), Verwaltungsleiter im Obersten Volkswirtschaftsrat (SNK) und im Rat für Arbeit und Verteidigung (STO), spielten als Vermittler eine wichtige Rolle. Bereits im Bürgerkrieg wurden besonders auf Initiative der Wissenschaftlich-Technischen Abteilung im Obersten Volkswirtschaftsrat unter Leitung Gorbunows zahlreiche Institute für Forschung und Entwicklung gegründet. Selbst die elitäre Akademie der Wissenschaften wurde alimentiert und expandierte. Ob hinter den in der Literatur genannten erstaunlichen Zahlen von Institutsgründungen sehr viel mehr stand als die Verteilung von Bezugsscheinen und Stellen zum Nachweis einer Beschäftigung, bedürfte einer eigenen Forschung. Die Neugründung so vieler Institute erinnert an die gleichzeitige Aufblähung der Bürokratie, in der es ebenfalls mehr um die Schaffung von Stellen (mit den entsprechenden Zuteilungen) als um die Erledigung von Verwaltungsaufgaben ging. Eine Vielzahl von Instituten stabilisierte sich aber in der Zeit der Neuen Ökonomischen Politik nach 1921. Hinzu kam die Gründung zahlloser kommunistischer Bildungs- und Wissenschaftseinrichtungen, hauptsächlich geistes- und sozialwissenschaftlicher Orientierung. Ihr Zweck bestand in der Einflussnahme auf die Wissenschaft im Allgemeinen und die Ersetzung „bürgerlicher" durch „rote" Wissenschaftler. Eine besondere Rolle spielten hier die Institute der Roten Professur (1921–1938) und die Kommunistische Akademie (1918–1936).³

---

² Vucinich, Alexander, Empire of Knowledge. The Academy of Sciences of the USSR (1917–1970), Berkeley et al. 1984; Kassow, Samuel D., Students, Professors and the State in Tsarist Russia, Berkeley/Cal. 1989; Maurer, Trude, Hochschullehrer im Zarenreich. Ein Beitrag zur russischen Sozial- und Bildungsgeschichte, Köln u. a. 1998.
³ Ul'janovskaja, V. A., Formirovanie naucnoj intelligencii v SSSR. 1917–1937 gg., Moskau 1966; Vucinich, Empire, 87, 110–116; Medvedev, Zhores A., Soviet Science, Oxford 1979,

Allerdings waren bereits im Weltkrieg mit der Organisierung von KEPS, der Kommission für die Erforschung der natürlichen Produktionskräfte Russlands, die Grundlagen für eine systematische Erforschung und Erschließung vor allem der Bodenschätze des Landes und damit die Entstehung vieler Institutionen für Forschung und Entwicklung entstanden. Diese Expansion von Einrichtungen der Wissenschaft und technischen Entwicklung wie des höheren Bildungswesens wurden seither in unterschiedlichem Tempo vorangetrieben. Der Bedarf an wissenschaftlichen und technischen „Kadern" hielt bis weit in die 1960er Jahre hinein an.

Die Universitäten und Hochschulen verloren allerdings bald wieder die 1917 endlich erlangte Autonomie. Die Universitäten wurden zu reinen Ausbildungsstätten, die Forschung wanderte entweder in die Akademie der Wissenschaften ab oder in Einrichtungen von Forschung und Entwicklung unter Aufsicht des Obersten Volkswirtschaftsrates oder der Volkskommissariate (Ministerien). Waren die Universitäten noch während des Bürgerkrieges strikter politischer Kontrolle unterworfen worden, so geschah dies in den Forschungseinrichtungen und auch in der Akademie der Wissenschaften erst gegen Ende der 1920er Jahre. Beispielgebend war hier die Transformation der Akademie der Wissenschaften von einer elitären, immer noch stark an den Geisteswissenschaften ausgerichteten Einrichtung zu einem politisch „gesäuberten" und zugleich zu einem expandierenden Verbund einer Vielzahl wissenschaftlicher Institute und Filialen. Die Leidtragenden der Säuberungen waren vor allem Geisteswissenschaftler. Eines der prominentesten Opfer war der Historiker S. F. Platonow.[4]

11–16; Bailes, Kendall E., Technology and Society Under Lenin and Stalin. Origins of the Soviet Technical Intelligentsia, 1917–1941, Princeton/N. J. 1978; Behrendt, Lutz-Dieter, Die Institute der Roten Professur. Kaderschmieden der sowjetischen Parteiintelligenz (1921–1938), in: Jahrbücher für Geschichte Osteuropas 45, 1997, 597–621; Beyrau, Dietrich, Intelligenz und Dissens. Die russischen Bildungsschichten in der Sowjetunion 1917 bis 1985, Göttingen 1993, 39–53.

[4] Vucinich, Empire, 124–141; Levin, Alexei, Expedient Catastrophe: A Reconsideration of the 1929 Crisis at the Soviet Academy of Sciences, in: Slavic Review 47, 1988, 2, 261–279; Josephson, Paul R., Physics, Stalinist Politics of Science and Cultural Revolution, in: Soviet Studies, 40, 1988, 2, 245–265; Percenok, F. F., Akademija nauk na "velikom perelome", in: Zven`ja. Istoriceskij al`manach, 1, 1991, 163–232; Leonov, V. P. (Red.), Akademiceskoe delo 1929–1931 gg. Vyp. 1: Delo po obvineniju akademika S. F. Platonova, SPb 1993; Malysev, M. P., Poznanskij, V. S., Partijnoe rukovodstvo Akademii Nauk, in: Vestnik Rossijskoj Akademii Nauk 64, 1994, 11, 1033–1048.

Der Schwerpunkt der Akademie hatte sich seither in die Natur- und Technikwissenschaften verlagert. Sie arbeitete spätestens seit der forcierten Industrialisierung auch für die verschiedenen Volkskommissariate, seit dem Krieg auch in der Rüstungsforschung. Die Anteile angewandter Forschung gewannen dabei eine immer größere Bedeutung.

Die Expansion und „Säuberung" der Akademie Ende der 1920er Jahre war Teil von Kampagnen und Repressalien gegen andere „bürgerliche" Wissenschaftler und Ingenieure. 1927 standen die Kampagne und die Schauprozesse gegen angeblich sabotierende Bergbau-Ingenieure im Don-Gebiet im Vordergrund der öffentlichen Aufmerksamkeit. Hierbei gerieten Tausende von Ingenieuren und Technikern, aber auch Wissenschaftler, Ökonomen und andere Fachleute ins Visier der OGPU, der sowjetischen politischen Polizei. In den 1930er Jahren sollte es dann auch Naturwissenschaftler wie den Physiker Lev Landau (1908–1968) treffen. Nur zum Teil waren diese Repressalien eine Folge wissenschaftlicher Dispute wie im Fall Nikolaj Wawilows, der ein Opfer der Machtakkumulation des Agrobiologen und „Mitschurinisten" Trofim Lysenkos wurde.[5]

Waren Wissenschaftler und Ingenieure bis Anfang der 1930er Jahre als Angehörige der „bürgerlichen" Intelligenzija oder als „bürgerliche Spezialisten" teils stigmatisiert, teils privilegiert worden, so wurde mit der Schaffung des Stalinpreises seit 1939 eine Wende vollzogen. Der Staat der Arbeiter und Bauern nahm nun die Wissenschaftler, Ingenieure und Kulturschaffenden als „werktätige" Intelligenz in seine Gemeinschaft auf. Sie galten seither als „Verbündete" der Arbeiter und Bauern im gemeinsamen Einsatz für den Aufbau des Sozialismus. (Dies schloss Repressalien nicht aus, aber sie galten nun nicht mehr dem „bürgerlichen" und „klassenfremden" Zuschnitt der Intelligenz-Angehörigen.) Bis 1949 erhielten ca. 3.500 Wissenschaftler Stalinpreise unterschiedlicher Stufung und Vergütung.[6] Wissenschaftler in den führenden Einrichtungen von Forschung und Entwicklung wie auch an der Akademie konnten sich zum Konglomerat sowjetischer Eliten zählen. Dies galt besonders, wenn sie auch Leitungs- oder Beratungsfunktionen in den diversen Großprojekten übernommen hatten. Mit der Elitenzugehörigkeit unter Stalin waren einerseits Privilegien verbunden. Andererseits schützte dieser Status nicht vor Repressalien. Alle Angehörigen des Eliten-

---

[5] Kojevnikov, Stalin`s Great Science, 73–98; Joravsky, David, The Lysenko Affair, Cambridge/Mass. 1970; Krementsov, Nikolai, Stalinist Science, Princeton/N. J. 1997.
[6] Iosifu Vissarionovicu Stalinu Akademija Nauk SSSR, Moskau 1949, 326–328.

konglomerats unter Stalin waren bedroht von Denunziation oder Bestrafung bei irgendwelchen Fehlern und bei Versagen, ganz abgesehen von böswilligen Denunziationen. Für verhaftete und verurteilte Wissenschaftler, Ingenieure oder andere Gebildete war es ein Glücksfall, von einem normalen Lager in eine „scharaschka", Labore in den Lagern mit ihren vergleichsweise privilegierten Lebensbedingungen, versetzt zu werden.[7] Die in den Rüstungsprojekten eingesetzten Wissenschaftler lebten unter totaler Überwachung, oft auf dem Territorium von Lagern mit Zwangsarbeitern, welche die schweren Arbeiten zu erledigen hatten.[8] Trotz ihrer strategischen Bedeutung im Krieg und im Kalten Krieg waren die Wissenschaftler – wie auch andere herausgehobene Berufsgruppen – völlig abhängig von der Politik Stalins und seiner Beauftragten. Allerdings profitierten Wissenschaftler und Techniker insofern, als der Diktator die Bedeutung von Wissenschaft und Technik als Machtressource erkannt hatte und sie – nach seinen Maßstäben – belohnte. Wie es ein deutscher Wissenschaftler formulierte: Man hatte ihnen zuerst die Freiheit genommen, um sie als Privileg zurückzugeben.[9]

Die amtliche Sichtweise auf den Nutzen von Wissenschaft und Technik wurde aus Anlaß des 70. Geburtstages Stalins zelebriert. In den Worten Sergej Wawilows, des damaligen Präsidenten der Akademie der Wissenschaften (1945–1951): Die Wissenschaft stehe „im Dienst am Volk". Diese Aussage verband der Präsident mit Bekenntnissen zum dialektischen Materialismus, zur Praxisorientierung der Wissenschaft, dabei auch zum Mitschurinismus und zu den Lehren Pawlows als besonderen Errungenschaften der sowjetischen Wissenschaft. Dies war die feierliche Fassade und Rhetorik aus Anlass der Jubelfeier. Die Hinterhöfe, in denen sich Wissenschaftler und Amtsträger täglich bewegten, enthielten allerdings viele Nischen und unübersichtliche Ecken. Hier bildeten öffentliche Bekenntnisse und tatsächliches Denken fließende Übergänge, sie konnten opportunistisch koexistieren oder nach taktischen Gesichtspunkten zur Geltung gebracht

---

[7] Saragin /Ozerov/, G. A./, Tupolevskaja saraga, Frankfurt/M. 1971; Kopelew, Lew, Tröste meine Trauer. Autobiographie 1947–1954, Hamburg 1981; Félix, Lucienne, Science en Gulag, Paris 1981.
[8] Kojevnikov, Stalin's Great Sciece, 126–157. Josephson, Paul R., Red Atom. Russia's Nuclear Power Program from Stalin to Today, New York 2000; Heinemann-Grüder, Die sowjetische Atombombe, Münster 1992; Konovalov, Boris F., Tajna sovetskogo raketnogo oruzija, Moskau 1992; Saddiqi, Arif A., The Red Rockets' Glare. Spaceflight and the Soviet Imagination, 1857–1957, Cambridge et al. 2010.
[9] Barwich, Heinz und Elfie, Das rote Atom, München – Bonn 1967, 46.

werden. Sergej Wawilow ist hierfür ein typisches Beispiel. Sein berühmterer Bruder, der Botaniker und Genetiker Nikolaj Wawilow, war Anfang 1943 im Gefängnis von Saratow an Auszehrung gestorben, ohne dass Sergej offenbar hiervon wusste. Er war Präsident der Akademie zu einer Zeit, als Trofim Lysenko, der Verfechter der „neuen" Agrobiologie in den berüchtigten Sitzungen der Lenin-Landwirtschaftsakademie (VASChNIL) im August 1948 postum über Nikolaj Wawilow und viele andere Genetiker triumphierte. Sergej verhielt sich passiv, als Physiker war er von diesen Auseinandersetzungen nicht direkt betroffen. Als Präsident und Repräsentant der Wissenschaften „funktionierte" er, als Wissenschaftler trieb ihn in historischen Studien zu Isaac Newton das Verhältnis zwischen Wissenschaft und Politik um.[10]

Die Wissenschaftler hatten in der Partei und in der Gesellschaft an Prestige gewonnen. Dies hing zweifellos mit ihrem Beitrag zum Sieg im Krieg und zur Aufrüstung nach 1945 zusammen, hier vor allem mit der Nuklear-, der Raketen- und Raumforschung. So erlangte der Präsident der Akademie der Wissenschaften, die in diese Forschungen involviert war, spätestens seit Chruschtschow eine Position, die durchaus mit der eines Ministers vergleichbar war.

Hier einige quantitative Angaben zum Wachstum des sowjetischen Wissenschaftsbetriebes und des höheren Bildungswesens:

Zwischen 1914 und 1940 hatte sich die Zahl der Universitäten von 12 auf 29, die Anzahl ihrer Studenten von 41.000 auf 76.000 erhöht, die Anzahl von Hochschulen, z. T. wohl den deutschen Fachhochschulen vergleichbar, hatte sich im selben Zeitraum von 105 auf 817, die der dort Studierenden von 127.000 auf 812.000 erhöht. Die Anzahl der „wissenschaftlichen Arbeiter" (Akademiker mit Hochschulbildung nach deutscher Terminologie) war von 136.000 (1913) auf 909.000 (1941) gestiegen.[11]

Seit Chruschtschow entstanden eine Vielzahl von geschlossenen Forschungsstätten und geheimen Rüstungsstädten mit privilegierten Lebens- und Arbeitsbedingungen. Seither, so die verbreiteten Schätzungen, waren etwa 80% des wissenschaftlich-technischen Personals in der Sowjetunion mittel- und unmittelbar mit Forschung und Entwicklung in der Rüstung befasst.

---

[10] Iosifu Vissarionovicu Stalinu, 18; Kojevnikov, Stalin's Great Science, 158–185.
[11] Beyrau, Intelligenz und Dissens, 313–314.

1961 wurde das Staatskomitee für Wissenschaft und Technik beim Ministerrat gegründet. Es übernahm viele Einrichtungen angewandter Forschung aus der Akademie. Seither existierten für Wissenschaft, Forschung und Entwicklung drei Säulen: Die Akademie der Wissenschaften der UdSSR, die sich auf Grundlagenforschung konzentrieren sollte, sowie die seit den 1940er Jahren aufgebauten Akademien in den Unionsrepubliken (zum größten Teil mit eher angewandter Forschung). Seit den 1970er Jahren expandierte die Akademie vermutlich aus finanziellen Gründen wieder in Bereiche der angewandten (Auftrags-)Forschung. Neben dem Akademiesystem existierten die Einrichtungen unter Kontrolle des Staatskomitees für Wissenschaft und Technik, und die Ministerien unterhielten ihrerseits Forschungseinrichtungen.

Seit den 1950er Jahren lässt sich von mehreren Expansionswellen im Wissenschafts- und Bildungssektor sprechen. Dabei stagnierten seit den 1950er Jahren die Gehälter für die Masse des wissenschaftlich-technischen Personals. Viele Institute litten unter Mängeln der Ausstattung und waren seit den 1960er Jahren oft übersetzt. Statt eines Mangels an Wissenschaftlern wie in den 1930er und 1940er Jahren zeigte sich seit den 1960er Jahren eher eine „Überproduktion". Manchmal war von einer Flucht des gebildeten Nachwuchses aus den wenig attraktiven Stellen in Produktion und Verwaltung in die wissenschaftlichen Einrichtungen die Rede.

Zwischen 1950 und 1988 stieg die Anzahl der Akademiemitglieder (akademiki) und Professoren von fast 9.000 auf knapp 34.000, die Anzahl der Fachleute mit Hochschulbildung von knapp 1,5 Millionen auf über 15 Millionen Personen.[12]

Die Phase des Tauwetters (1953–1957) war eine Zeit des Aufbruchs unter den Wissenschaftlern gewesen. Für den neuen freieren Geist stand die Gründung der Akademiefiliale in Nowosibirsk und von Akademgorodok, des Wissenschaftsstädtchens bei Nowosibirsk.[13] Diese Aufbruchsstimmung erlebte ihren Höhe- und Wendepunkt mit den Petitionskampagnen für inhaftierte Schriftsteller und Wissenschaftler und gegen eine befürchtete Restalinisierung nach dem Sturz Chruschtschows. Die Partei reagierte gegen den angeblich besonders unter Naturwissenschaftlern verbreiteten „Nihilis-

---

[12] Sbytov, V. F., Bykova, S. N., Cuprov, V. I., Social`noe razvitie sovetskoj naucnoj intelligencii, Kiev 1988; Beyrau, Intelligenz und Dissens, 145–155, 313–314.
[13] Josephson, Paul R., New Atlantis Revisited. Akademgorodok. The Siberian City of Science, Princeton/N. J: 1997

mus" mit einer verstärkten Rekrutierung des wissenschaftlichen Nachwuchses in die Partei.[14] Dabei ging es jetzt weniger um ideologische Überzeugung als vielmehr um politische Disziplinierung und Verhaltenskontrolle. Für den Nachwuchs wurde Parteimitgliedschaft seit den siebziger Jahren eine fast notwendige Voraussetzung für eine Karriere in den Wissenschaften. Waren in den 1920er Jahren die Anteile von Parteigenossen unter den Wissenschaftlern minimal gewesen, so stellten sie seit den 1970er Jahren jene Berufsgruppe mit den höchsten Anteilen von Parteigenossen – „party saturation" in der soziologischen Sprache. Bei den „Doktoren der Wissenschaften", nach deutscher Terminologie den Habilitierten, lag der Anteil an Parteigenossen in den 1980er Jahren bei 69%, bei Wissenschaftlern allgemein bei 70%.[15] Die allmähliche Einbindung des Wissenschaftsbetriebs in das sowjetische Herrschaftssystem hatte eine Bürokratisierung und politische „Kolonialisierung" durch Parteifunktionäre zur Folge. Diese standen der Wissenschaft oft fern, besetzten aber wichtige Verwaltungsstellen.[16]

Es ist daher wohl kein Zufall, dass in der Zeit der Perestrojka die Akademien wie die Universitäten eher der politischen Arrièregarde zuzurechnen waren. Dies hing einerseits mit der Wirtschaftskrise seit Ende der 1970er Jahre und der Unterfinanzierung von Bildung und Wissenschaft zusammen, andererseits mit der Verflechtung zwischen dem gehobenen Wissenschaftspersonals und -managements mit den politischen Strukturen zusammen. Im Raum standen auch Vorwürfe über eine Demoralisierung vieler Wissenschaftler, die ihre Karriere auf der Vorspiegelung angeblicher wissenschaftlicher Erfolge aufbauten.[17] Der Physiker Andrej Sacharow (1921–1989), „Vater der Wasserstoffbombe", dann eine der Leitfiguren des Dissens und moralische Instanz in der Perestrojka, war keinesfalls typisch für die Einstellungen und Erwartungen der wissenschaftlichen Eliten in der Sowje-

---

[14] Kneen, Peter, Soviet Scientists and the State. An Examination of the Social and Political Aspects of Science in the USSR, London 1984, 64–82; Beyrau, Intelligenz und Dissens, 209–228
[15] Kneen, Soviet Scientists, 75–90
[16] Beyrau, Dietrich, Das Lernen des freien Fluges. Die russische Intelligenzija im zerfallenden Machtstaat, In: Heidenreich, Bernd u. a. (Hg.), Russlands Zukunft, Berlin 1994, 57–81
[17] Maslennikov, V. I., Mindeli, L. E., Naucnye potencialy SSSR i SSA: Opyt sopostavljenija, in: Vestnik Akademii Nauk SSSR 1989, 10, 52–61; Nesvetajlo, G. A., Bol`naja nauka v bol`nom obscestve, in: Sociologiceskie Issledovanija 1990, 11, 43–55; Nauka v Rossii. Sostojanie, trudnosti, perspektivy. (Materialy „kruglogo stola"), in: Voprosy Filosofii 1994, 10, 3–25.

tunion. Sacharow war eher die Ausnahme, welche die Regel von Anpassung und Stillhalten in den wissenschaftlichen Einrichtungen bestätigte. Er fand eine begrenzte Resonanz unter dem schlecht bezahlten Fußvolk der Forschungseinrichtungen.[18]

Der Physiker Pjotr Kapiza

Das Verhältnis zur Wissenschaft in der Phase Chruschtschows (und Breschnews) unterschied sich von dem in der Zeit Stalins insofern, als an die Stelle von Unterordnung und harter Disziplin eher Kooptation führender Wissenschaftler und Wissenschaftsfunktionäre und eine – wenn auch asymmetrische – Kooperation getreten war. Dies soll hier exemplarisch am Positionswandel des Physikers Pjotr L. Kapiza (1894–1984) veranschaulicht werden.[19] Seit 1921 hatte er in England studiert, er war Stipendiat der Royal Society, arbeitete mit Ernest Rutherford zusammen und wurde 1930 Direktor des Mond Laboratory Center. Als er 1934 aus familiären Gründen seine Heimat besuchte, durfte er nicht mehr ausreisen, erhielt aber ein eigenes Akademie-Institut für Physikalische Probleme. Er nutzte seine besondere Stellung, um sich bei Molotow, Berija oder Stalin mit wechselndem Erfolg für verhaftete Kollegen und Mitarbeiter einzusetzen. Im Krieg wurde Kapiza Leiter eines Oxyden-Kombinats. 1978 erhielt er den Nobelpreis für Tieftemperaturphysik.

Kapiza bewegte sich zur Zeit Stalins sowohl in der Sphäre der Wissenschaft als auch der Industriebürokratie. 1945 wurde er aufgefordert, sich am Bau der Atombombe zu beteiligen. Er lehnte dies mit der Begründung ab, unter der Fuchtel des mit dem Atomprojekt befassten Lawrentij Berija nicht arbeiten zu wollen. Und er kritisierte, dass das sowjetische Projekt offenbar nur das amerikanische Vorbild nachahme statt eigene Wege zu gehen. Daraufhin erhielt er eine Art Berufsverbot, er wurde aber weder verhaftet noch verbannt.

---

[18] Sacharow, Andrej, Mein Leben, München – Zürich 1990; Beyrau, Intelligenz und Dissens, 227–228.
[19] Kapiza, Pjotr L., Experiment, Theorie, Praxis. Aufsätze und Reden, Berlin 1984. Zu den mit der Zensur verbundenen Problemen der Auslandsausgaben vgl. Frenkel, V. Ja., Citaja „Pis`ma o nauke" P. L. Kapicy, in: Zvezda 1990, 7, 121–131; Kapica, P. L., Pis`ma o nauke, 1930–1980, Moskau 1989; Ders., Trebuetsja smelost`, razmach i derzanie: Pjat` pis`ma akademika P. L. Kapicy N. S. Chruscovu, in: Znamja 1989, 5, 200–208. Kojevnikov, Stalin`s Great Science, 99–125.

In seinen Briefen an Stalin und Chruschtschow wie in öffentlichen Auftritten nach 1953 waren es folgende Punkte, die er immer wieder ansprach: Geradezu im Sinne Platons verlangte er angesichts der Bedeutung der Wissenschaft eine herausgehobene Stellung der Wissenschaftler, vergleichbar der Kirche im Mittelalter (!). Stattdessen würden Gelehrte eingeschüchtert. Für ihn war selbstverständlich, dass nicht irgendwelche Funktionäre und Manager, sondern Wissenschaftler die großen wissenschaftlichen und technischen Projekte zu leiten hätten. (Nach 1953) beklagte er nicht ohne Wirkung die Vernachlässigung der Grundlagenforschung. Wohl auch auf seine Anregung hin wurden 1961 Grundlagen- und eher angewandte Forschung (letztere unter Aufsicht des Komitees für Wissenschaft und Technik beim Ministerrat) getrennt. Vor und nach 1953 kritisierte er die Innovationsblockaden in der Industrie. Er fand sich nicht mit der Reduktion von Wissenschaft auf eine „Produktivkraft" ab, wie dies im Parteiprogramm von 1961 festgelegt worden war. Wiederholt wies er auf das Fehlen einer wissenschaftlichen Öffentlichkeit hin, wie er sie in England kennen gelernt hatte: Es fehle das immer stimulierende Säurebad öffentlicher Diskussionen und wissenschaftlicher Kritik. Während er – vermutlich ad usum delphini – in den Briefen an Stalin dessen Schriften zur Ökonomie und zu den Sprachwissenschaften lobte, beklagte er nach 1953, dass der Marxismus-Leninismus in der Sowjetunion seine kreativen Potentiale verloren habe und in Dogmen und katechetischen Formeln erstarrt sei. Er stellte die Lebendigkeit der westlichen Linken der Erstarrung des sowjetischen Marxismus-Leninismus gegenüber; daher sei er im Westen inzwischen längst unattraktiv geworden.

2 Die Bedeutung des Marxismus-Leninismus

Bolschewistische Diktatur und kommunistisches System waren zugleich auch eine Ideokratie, in der versucht wurde, nicht nur die Gesellschaft und Natur zu transformieren, sondern auch das Denken und Verhalten der Menschen zu steuern. Das was gemeinhin unter dem Kürzel Marxismus-Leninismus gefasst wird, erweist sich bei genauerem Hinsehen allerdings als ein Konglomerat von Ideen und Vorstellungen. Sie waren ein Erbe der philosophischen Bemühungen des 19. Jahrhunderts, die Welt und ihre Entwicklung als Ganzes und als ein verstehbares System zu entschlüsseln und zu kategorisieren. Der Marxismus in seiner leninistischen Variante, kurz Marxismus-Leninismus, hatte daraus eine Praxis revolutionären Handelns geschmiedet. Es legitimierte sich mit dem Anspruch, die historischen Gesetzmäßigkeiten und selbst die Naturgesetze erkannt und die richtigen handlungsrelevanten Konsequenzen daraus gezogen zu haben.[20] Allerdings wurde der Fundus an Ideen und Impulsen von den verschiedenen Akteuren sehr unterschiedlich verstanden und genutzt. Wenn in den 1920er Jahren noch von einem begrenzten Pluralismus im Rahmen des Marxismus-Leninismus gesprochen werden kann, so erfuhr er – nicht zuletzt unter dem Druck seiner Popularisierung – eine Katechisierung, deren Formeln sich aus Hand- und Lehrbüchern für Prüfungszwecke leicht erlernen ließen.

Hier ist von Interesse, welche Rolle Ideen des Marxismus-Leninismus für Wissenschaftler gespielt haben könnten. Seit den 1920er Jahren war es eine Minderheit kommunistisch-materialistisch orientierter Wissenschaftler, oft eher Außenseiter und Seiteneinsteiger vor allem an der Kommunistischen Akademie, die versuchten, so etwas wie eine marxistische Sicht auf die Naturwissenschaften durchzusetzen, hauptsächlich mit Bezug auf die Deutung von Forschungsergebnissen. Ihre wichtigste Autorität war Friedrich Engels „Dialektik der Natur", 1885/86 verfasst, aber erst 1925 publiziert.[21] Wohl noch in der Nachwirkung der Rezeption Aleksandr A. Bogdanows (1873–1928) und der Proletkult-Bewegung der frühen 1920er Jahre wurde vielfach der bürgerlichen eine proletarische Wissenschaft gegenübergestellt. Diese Tendenz wurde von Stalin gewissermaßen ex officio im Streit um die Agrobiologie Trofim Lysenkos erst 1948 verworfen.[22] Die Formel lautete seither vom Blühen und Gedeihen der Wissenschaften im Sozialismus, aber es wurde nicht mehr mit Anspruch auf allgemeine Geltung behauptet, dass es eine sozialistische Wissenschaft gebe.

Von Bedeutung für Natur- und Lebenswissenschaftler waren in den 1920er Jahren die Auseinandersetzungen zwischen Mechanizisten und Dialektikern. Dabei ging es darum, ob jenseits der materialistischen Sicht auf die Naturgesetze diese auch dialektisch gedeutet werden sollten.[23] Loren R. Graham zählt eine Reihe von prominenten Wissenschaftlern auf, die von sich

---

[20] Kolakowski, Leszek, Die Hauptströmungen des Marxismus. Entstehung, Entwicklung, Zerfall, Bd. 1–3, München 1977–1979; Besancon, Alain, The Intellectual Origins of Leninism, Oxford 1981 (Aus d. Franz.)
[21] Joravsky, David, Soviet Marxism and Natural Sciences, 1917–1932, New York 1961.
[22] Rossianov, Kirill, Stalin kak redaktor Lysenko. K predistorii avgustovskoj (1948 g.) sessii VASChNiL, in: Voprosy Filosofii, 1993, 2, 56–69; ders. Editing Nature: Joseph Stalin and the "New" Soviet Biology, in: Isis 84, 1993, 728–745.
[23] Deborin, Abram A., Kontroversen über dialektischen und mechanistischen Materialismus, hrsgg. v. Oskar Negt, Frankfurt/M 1969.

behaupteten, dass der dialektische Materialismus für sie von Bedeutung sei. Von welcher Relevanz seine Annahmen für den tatsächlichen Arbeits- und Forschungsprozess von Natur- und Lebenswissenschaftlern waren, ließe sich nur bei einer detaillierten Analyse der Fragen und Verfahren in den einzelnen Disziplinen oder bei einzelnen Wissenschaftlern klären.[24] Die von manchen Jugendlichen als Aufbruch erlebten Phasen des Bürgerkrieges und besonders des „Kulturfeldzuges" (kul`tpochod) (seit 1927), des Sturms auf die „Festungen" bürgerlicher Wissenschaften und Kultur,[25] lösten nicht nur einen anti-autoritären, oft destruktiven Furor aus, sondern öffneten hin und wieder auch neue Horizonte. Dies scheint für den noch jungen Physiker Lev Landau (1908–1968) zu gelten. Alexei Kojevnikov spricht in diesem Fall von „Affinität" zwischen der revolutionären Situation und dem zu neuen Ufern aufbrechenden Denken in der Physik, hier den Problemen der Quantenmechanik. Dies hinderte Landau nicht, den historischen Materialismus für überzeugend, den dialektischen Materialismus, der es mit den „Gesetzen" in der Natur zu tun hatte, aber für Unsinn zu halten und dies auch provozierend kund zu tun.[26]

Ganz anders scheint das Verhältnis zwischen Marxismus-Leninismus und Genetik bei Nikolaj P. Dubinin (1906–1998) auszusehen. Er war ein Opfer von Lysenkos Kampagne gegen die Genetik, behauptete aber in seinen Memoiren, wie wichtig für seine wissenschaftliche Arbeit der dialektische Materialismus gewesen sei. Aber dieses Bekenntnis bleibt recht unkonkret. Kritiker variierten daher den Titel seiner Memoiren „Ewige Bewegung" in „ewige Aufwärtsbewegung".[27] (Diese Umbenennung spielt im Russischen an auf die oft skrupellosen „Aufsteiger" der 1930er Jahre, welche die Stellen der ermordeten Vorgänger einnehmen.)

Laut einer Umfrage unter sechzig Physikern des Lebedev-Instituts für Physik an der Akademie (FIAN) aus dem Jahre 1996 über die Bedeutung des dialektischen Materialismus gaben immerhin 13% an, dass er „die einzige wahre philosophische Orientierung" biete, 37% fanden ihn immer noch at-

---

[24] Vucinich, Empire of Knowledge, 151–165.
[25] Fitzpatrick, Sheila (ed.), Cultural Revolution in Russia, 1928–1931, Bloomington/Ind. 1978.
[26] Kojevnikov, Stalin`s Great Science, 76–77, 91.
[27] Dubinin, N. P. Vecnoe dvizenie, Moskau 189 (3. Aufl.); Lubrano, L. L., Solomon, S. L. (eds.), The Social Context of Soviet Science, Boulder/Colo 1980, 192: vecnoe samovydvizenie.

traktiver als andere Philosophien, 22% hielten ihn für diskussionswürdig, 11% erklärten ihn für erledigt und 15,5% interessierten sich wohl nicht für philosophische Fragen.[28]

Aus der Wissenschaftsgeschichte ist bekannt, dass es eine reziproke Wirkung geben kann zwischen äußeren Impulsen, wissenschaftlichen Fragestellungen und vielleicht auch Methoden. Die Einwirkung allgemeiner weltanschaulicher Ideen auf wissenschaftliche Fragestellungen und Forschungsmethoden bedürfte sehr detaillierter Untersuchungen einzelner Forschungsprozesse. Am Beispiel Pawlows ist gezeigt worden, wie Ideen vom neuen Menschen aus den 1860er Jahren seine These bedingter, also erlernbarer Reflexe beeinflusste, und dass sein Verständnis von der Cortex ein durchaus hierarchisch-autoritäres Gesellschaftsbild erkennen lässt: Gesellschaft konnte danach nur funktionieren, wenn sie von einem Zentrum aus gesteuert wurde. Diese Hypothesen, wissenschaftlich scheinbar belegt, entsprachen durchaus dem Selbstverständnis der vorrevolutionären Intelligenzija als Kulturträger in einem Land mit einer mehrheitlich „rückständigen" Bauernbevölkerung. Die Bedeutung des Cortex passte ebenso gut ins bolschewistische Selbstverständnis als „Avantgarde" und „führende Kraft". Deshalb tolerierte man Pawlow trotz seiner antibolschewistischen Ausfälle und kanonisierte ihn sogar nach dem Krieg.[29]

Am Beispiel des Immunologen und Bakteriologen Ilja I. (Elie) Metschnikow (1845–1916) und anderer Mediziner ist demonstriert worden, wie Elemente des Sozialdarwinismus und Rassismus das Verständnis vom Körper beeinflusste. Ihnen galt der Körper als Kampfarena. Im Falle Metschnikows waren es die primitiven Phagozyten, die den Körper gegen Angriffe „feindlicher" Mikroben verteidigten. Gesundheit stellte sich dar als Resultat des Einsatzes von primitiven, aber nützlichen Zellen, so wie die höher zivilisierten Staaten „Wilde" für sich kämpfen ließen, um „Wilde" zu zähmen. Hier wie in anderen Fällen haben wir es mit einer im Wissenschaftsbetrieb üblichen metaphorischen Transpositionierung zu tun, die dazu verhilft, Vorgänge in der Natur verstehbar erscheinen zu lassen.[30]

---

[28] Graham, What We Have Learned, 15.
[29] Todes, Daniel P., Pavlov and the Bolsheviks, in: History and Philosophy of the Life Sciences 18, 1995, 31–70; Rüting, Torsten, Pavlov und der Neue Mensch. Diskurse über Disziplinierung in Sowjetrussland, München 2002.
[30] Rossiianov, Kirill, Taming the Primitive: Elie Metchnikov and his Discovery of Immune Cells, in: Osiris, 23, 2008, 213–229.

Reziproke Wirkungen gelten in noch höherem Maße für die Rezeption, Deutung und Transfers von Ergebnissen der Wissenschaften in weltanschauliche Konzepte. Auch hier lässt sich wieder eine Transfunktionalisierung von Wissensbeständen in andere soziale Zusammenhänge beobachten.[31] Beispiele hierfür wären im 18. Jahrhundert das oft mechanistische Verständnis von der Gesellschaft, noch erkennbar in den oft sehr mechanistischen Vorstellungen der Bolschewiki vom Staat als „Apparat" einer herrschenden Klasse und von „Transmissionsriemen" zur Steuerung der Gesellschaft. Man könnte auf die enormen Implikationen des Darwinismus in Gestalt des Sozialdarwinismus für die Legitimierung von Eugenik, Rassismus und Imperialismus verweisen. Der Erfolg von Trofim Lysenkos Agrobiologie wie auch von Pawlows Lehren hatte offensichtlich mit ihrer Gleichsetzung mit dem Lamarckismus, mit der Annahme der Vererbbarkeit erworbener Eigenschaften (und konditionierter Reflexe) und mit dem bolschewistischen Projekt der Transformation von Mensch, Natur und Gesellschaft zu tun.[32] Und seit den 1950er Jahren erklärt sich die Popularität von Kybernetik in den sozialistischen Ländern offensichtlich dadurch, dass sie im Rahmen der „wissenschaftlich-technischen Revolution" Modelle zur scheinbar objektiven „wissenschaftlichen" Steuerung der Gesellschaft anzubieten schien.[33] Zuletzt sei auf den Übertrag der Ergebnisse der Gehirnforschung auf die Diskussion über genetische Determinierung oder Willensfreiheit im menschlichen Verhalten verwiesen.

3 Diskursformationen und die „Wahrheit"

Die Struktur von Öffentlichkeit in der Sowjetunion wurde maßgeblich geprägt durch die Art, wie in der Partei seit den 1920er Jahren Auseinandersetzungen ausgetragen wurden. In dieser frühen Zeit ging es vielfach noch um kontroverse Diskussionen im Rahmen eines marxistischen Meinungsspektrums. Aber es lässt sich bereits in dieser Zeit beobachten, dass sich die Kon-

---

[31] Poljanski, Igor J., Das Unbehagen der Natur: Sowjetische Populärwissenschaft als semiotische Lektüre, In: Schwarz, Matthias, Velminski, Vladimir, Torben, Philipp, Bazarovs Erben. Ästhetische Aneignung von Wissen und Technik in Russland und der Sowjetunion, In: Dies. (Hg.), Laien, Lektüren, Laboratorien. Künste und Wissenschaft in Russland 1860–1960, Frankfurt/M. 2008, 9–36.
[32] Roll-Hansen, Nils, The Lysenko Effect. The Politics of Science, New York 2005.
[33] Gerovitch, Slava, From Newspeak to Cyberspeak. A History of Soviet Cybernetics, Cambridge/Mass. 2002, 268–87.

trahenten an die oberste Führung als letzte Entscheidungsinstanz wandten. Dieser Trend verstärkte sich in den 1930er und 1940er Jahren. Prominente Vorbilder in den späten 1920er Jahren war der bereits erwähnte Streit zwischen Mechanizisten und Dialektikern, waren in den Sozial- und Geisteswissenschaften die Agrardebatten, historische Fragen oder der Kampf um eine „richtige" Theorie in Kunst und Literatur, die bekanntlich im Sozialistischen Realismus als Kunstdoktrin endete.[34]

Eine zentrale Technik, ebenfalls seit den 1920er Jahren eingeübt, bestand in dem zunehmend ritualisierten Modell von Kritik und Selbstkritik, d. h. die öffentliche, oft orchestrierte Kritik an Personen und Missständen, und die Selbstkritik, d. h. das öffentliche Eingeständnis von Fehlern, Verfehlungen und „Abweichung" von der Parteilinie, die zunehmend als transzendente Wahrheit gehandelt wurde. Wir haben es hier weniger mit Diskussionen in engerem Sinne, sondern mit Techniken verbaler Selbstkonditionierung unter öffentlicher Kontrolle zu tun. Diese Diskursformen mit ihren öffentlichen, manchmal gesteuerten, manchmal ungesteuerten Praktiken des Denunzierens und der Selbsterniedrigung lassen sich bereits seit Ende der 1920er Jahre im Zuge des sog. Kulturfeldzuges beobachten.[35] Im Sinne der Selbstentlarvung wurden diese Techniken bereits bei verhafteten „bürgerlichen" Wissenschaftlern angewendet. Die so zustande gekommenen Protokolle und Schuldbekenntnisse („Selbstkritik") verdankten sich der „gemeinsamen Autorschaft" von Untersuchungsführern und Angeklagten.[36] Diesem Muster folgten bereits in den 1930er Jahren die Angriffe Trofim Lysenkos und seines für Ideologie zuständigen Weggefährten I. I. Prezent in der Landwirtschafts-Akademie (VASChNiL) auf S. I. Wawilow und seine Schüler. Hier ging es nicht nur um wissenschaftliche Probleme, sondern um Macht und Einfluss und um die Anerkennung der eigenen Verfahren durch die politische Obrigkeit und die für Landwirtschaft zuständigen Instanzen.

Wenn seit den 1930er Jahren manche wissenschaftlichen Kontroversen wie Parteidiskurse geführt wurden, so hatte dies auch mit der Art und Weise

---

[34] Beyrau, Intelligenz und Dissens, 39–72.
[35] Erren, Lorenz, Zum Ursprung einiger Besonderheiten der sowjetischen Parteiöffentlichkeit, In: Rittersporn, Gabor T., Rolf, Malte, Behrends, Jan C. (Hg.), Sphären von Öffentlichkeit in Gesellschaften sowjetischen Typs, Frankfurt/M. 2003, 131–163.
[36] Anan`ic, B. N., Panejach, V. M., Prinuditel`nce `soavtorstvo`. (K vychodu v svet sbornika dokumentov `Akademiceskoe delo 1929–1931 gg.`, vyp. 1, In: In memoriam. Istoriceskij sbornik pamjati F. F. Percenka, SPb 1995, 87–111.

zu tun, wie seit dem Kulturfeldzug Wissenschaft popularisiert, „in die Massen" getragen wurde und von ihnen „erobert" werden sollte. Im Kulturfeldzug war es in einer Art Aufwallung von proletarischen Rousseauismus darum gegangen, Wissenschaft, als Herrschaftswissen verstanden, der Bourgeoisie zu entreißen und sie für das Proletariat zu erobern. Damit einher ging eine sehr utilitaristische (und auch nationalistische) Sicht auf Wissenschaft, die vom Proletariat beherrscht und genutzt werden könne. Wissenschaft und Technik dienten dabei schon seit dem Bürgerkrieg als Kampfmaschine gegen die Religion. Noch der Sputnik wurde in der Propaganda dafür genutzt um zu beweisen, dass es im Himmel keinen Gott gebe.[37]

Die Museen und Vereine zur Popularisierung von Wissenschaft waren im Zuge des Kulturfeldzuges ihren bürgerlichen Initiatoren entrissen worden. Popularisierung von Wissen bedeutete seither „Wissenschaftspropaganda" im Dienste des Klassenkampfes und des Kampfes gegen die Religion. Sie beinhaltete ein ganz auf Erlernbarkeit, Gewissheit und „Wahrheit" fixiertes Verständnis von Wissen, zudem die Vermittlung von „richtigen" und vor allem von anwendbaren Ergebnissen von Forschung und Entwicklung. Wissenschaft wurde manchmal geradezu wie ein Fetisch beschworen. Wissenschaftspropaganda beinhaltete aber auch Programme zur Weiterbildung von Arbeitern und Angestellten. Sie waren es vor allem, die der Propaganda eine positive Resonanz verschafften. Aber das Verständnis von Wissenschaft als Produzent von „Wahrheit" und von Gewissheit, die Religion widerlegend, blieb über die 1930er Jahre hinaus in den Medien ein zentrales Element von Wissen überhaupt und der Wissenschaften im Besonderen.[38]

Die Neuorientierung der Popularisierung von Wissenschaften hatte auch eine Sprengung der üblichen Diskursgrenzen, die Vermengung diskursiver Subsysteme zur Folge. Wissenschaftliche Auseinandersetzungen wurden nicht nur in Fachorganen ausgetragen, sondern auch in populären Medien. Sie konnten sich daher sehr schnell politisieren und in denunziatorischen Polarisierungen münden, die mit Wahrheit und Lüge, fortschrittlichen und reaktionären Positionen argumentierten. Angebliche oder tatsächliche Forschungsergebnisse erfuhren darüber hinaus ihre letzte Beglaubigung, wenn

---

[37] Poljanski, Igor J., Schwarz, Matthias (Hg.), Die Spur des Sputnik. Kulturhistorische Expeditionen ins kosmische Zeitalter, Frankfurt/M. – New York 2009, 15.
[38] Andrews, James T., Science for the Masses. The Bolshevik State, Public Science, and the Popular Imagination in Soviet Russia, 1917–1934, Texas A&M University Press College Station TX 2003.

sie sich im Gleichklang mit der Parteilinie oder zentralen Doktrinen der Partei befanden oder vom „Führer" (voschd) sanktioniert wurden. Auch Wissenschaftler bedienten sich zur Durchsetzung oder Anerkennung ihrer Hypothesen und Forschung dieser Diskurstechniken, teils gläubig, häufiger wohl eher taktisch oder zynisch.[39]

Diesem Muster folgte eine Reihe mit Pomp in Szene gesetzter öffentlicher Kontroversen nach dem Krieg. Es ging in der Regel darum, eine herrschende Schule in einer Disziplin zu stürzen oder sie gegen Angriffe zu schützen und sich in Kritik und Selbstkritik zu bewähren. Dies betraf sowohl sozial- und geisteswissenschaftliche als auch natur- und lebenswissenschaftliche Disziplinen.[40] Zur bekanntesten zählen sicherlich die Auseinandersetzungen um Trofim Lysenkos Agrobiologie (Juli/August 1948). Hier wie in den anderen Diskussionen intervenierte Stalin schließlich. Dabei verwarf er das auch von Lysenko und Present benutzte Theorem eines fundamentalen Unterschiedes zwischen einer bürgerlich und einer proletarisch-sozialistischen Wissenschaft; stattdessen schrieb er von reaktionären und progressiven Wissenschaften, die nicht einem der Lager des Kalten Krieges zugeordnet werden mussten.[41] Im Falle der Physiker ging es um die Geltung der Relativitätstheorie und der Quantenmechanik, die von ihren Kritikern auch in der Sowjetunion für jüdisches Teufelswerk gehalten wurde. Hier agierte man vor allem hinter den Kulissen. Beteiligt waren Wissenschaftler aus dem Umfeld der Atomprojekte, Wissenschafts- und Projektfunktionäre, Berija und Stalin und ideologische Heißsporne vor allem aus der Moskauer Universität. Obwohl Andrej Schdanow, u. a. für Ideologie zuständiger Parteisekretär, als auch Stalin eher mit den Moskauer Professoren, also den Gegnern der Relativitätstheorie und Quantenmechanik, sympathisierten, wurde eine öffentliche Debatte nach dem Muster derjenigen über Lysenkos Agrobiologie mit Blick auf die Atomprojekte unterbunden. Stalin und Berija wollten die zumeist jüdischen Physiker fürs erste in Ruhe lassen: „Wir können sie auch später erschießen".[42]

---

[39] Joravsky, David, The Stalinist Mentality and the Higher Learning, in: Slavic Review 42, 1983, 4, 575–600, 583; Clark, Katerina, The Changing Image of Science and Technology in Soviet Literature, In: Graham, Loren R. (ed.), Science and the Soviet Social Order, Cambridge/Mass. – London 1990, 259–98, 283; Poljanski, Das Unbehagen, 71–113.
[40] Pollok, Ethan, Stalin and the Soviet Science Wars. Princeton/N. J. 2006.
[41] Rossijanov, Stalin kak redaktor; ders, Editing Nature (s. Anm 22).
[42] Pollok, Stalin, 91.

In den Antikosmopolitismus-Kampagnen seit 1947/48 wurden die populären Vorurteile gegen den hohen Anteil jüdischer Wissenschaftler losgelassen. Ein prominentes Opfer war u. a. A. F. Joffe, Leiter des von ihm schon 1918 gegründeten, später nach ihm benannten Physikalisch-Technischen Institutes in Leningrad. Auf Befehl Berijas hatte Sergej Wawilow den Physiker von der Leitung des Institutes zu entbinden, er durfte im Institut allerdings weiter arbeiten. Nach 1954 richtete man ihm ein Institut für Halbleiter-Physik ein. Von den Angriffen scheint sich der immer loyale Physiker, der die Protektion wichtiger Volkskommissariate bzw. Ministerien genossen hatte, nie recht erholt zu haben. Dabei erging es ihm wohl nur deshalb besser als anderen jüdischen Wissenschaftlern, weil zu seinen Schülern u. a. I. W. Kurtschatow gehörte, der das Atombomben-Projekt wissenschaftlich leitete.[43]

Im Falle Pawlows fällt der vehemente Einsatz des Parteiapparates (hinter den Kulissen) für die Sanktionierung des Erbes Pawlows auf. Der Angriff richtete sich gegen seine zumeist kritischen Nachfolger, hier vor allem gegen den Physiologen Leon Orbeli (1882–1958), aber auch im weiteren Umfeld gegen Nikolaj A. Bernstein. Sie hatten sich von den Hypothesen ihres Lehrers längst verabschiedet.

Wenn Stalin und seine Berater in den natur- und lebenswissenschaftlichen Debatten insgesamt eher zurückhaltend und hinter den Kulissen agierten und nur ihre Funktion als letzte Entscheidungsinstanz wahrnahmen, so sah sich Stalin in anderen Debatten wie über die Sprachtheorien N. Ja. Marrs (1865–1934)[44] oder auch in Fragen der „Gesetze" der sozialistischen Wirtschaft eher als gleichberechtigter Diskussionspartner. Als solcher deklarierte er ex officio, was richtig und was die „Wahrheit" sei. Dies galt ungeachtet der Tatsache, dass Stalin und seine Entourage in der Physik hinnahmen, dass ideologische Gewissheit und wissenschaftliche „Wahrheit" nicht kongruent sein mussten. Andererseits hatten die Wissenschaftler zu lernen, wenn sie es denn lernen mussten, dass die „Spiele der sowjetischen Demokratie"[45] mehr ein Kampf um die Anerkennung in den Machtsphären als um Anerkennung in der scientific community war.

---

[43] Sominskij, Monus, Akademik A. F. Ioffe, Jerusalem 1986.
[44] Slezkine, Yuri, N. Ia. Marr and the National Origins of Soviet Ethnogenetics, in: Slavic Review 55, 1996, 4, 826–862.
[45] Kojevnikov, Stalin's Great Science, 186–216.

Ad Marginem: The Controversial History of Nikolai Bernstein's Book, "Contemporary Inquiries into the Physiology of the Nervous Process"

Irina Sirotkina

The author hesitated: he introduced an epigraph from Stalin but later circled it in red and scribbled on the margins, "Do not print!" He did the same with the last phrase of the book, which expressed gratitude to "the person whose words begin the book" – that is, to Stalin.[1] On the yellow pages with broken edge-line there are numerous marks in red, blue and black pencil or in light-blue and violet ink: the editor, proof readers, the author and, perhaps, his critically minded friends, all left their notes on the margins. The editing developed into a long and painful process of doubt and reflection; the author kept altering the manuscript substantially even at the proof stage. Allegedly, finally, he decided not to publish the book and ordered the press to destroy the typeset. The only copy that ever existed is the proofs now lying in front of me.

The book, *Contemporary Inquiries into the Physiology of the Nervous Process*, by Nikolai Aleksandrovich Bernstein, remained unpublished for almost seventy years. Bernstein's student, Iosif Moiseevich (Josef) Feigenberg, preserved the manuscript and, in the new century, initiated its publication.[2] There were rumours that several people read Bernstein's book: someone had photographed all the pages with a camera (in the Soviet Union, it was the pre-Xerox era), and the copy passed from hand to hand.[3] The majority of scientists, however, did not

---

[1] Prof. N. Bernstein, *Sovremennye iskaniia v fiziologii nervnogo protsessa* (Moscow and Leningrad: Gosudarstvennoe izdatel'stvo biologicheskoi i meditsinskoi literatury, 1936), p. 7; 444. The date on the title page is 1936, yet the book was not published at that time, and only the one copy of the proofs exists. I quote here and further on from the proof copy.

[2] N.A. Bernstein, *Sovremennye iskaniia v fiziologii nervnogo protsessa*. Edited by Josef Feigenberg and Irina Sirotkina (Moscow: Smysl, 2003). I would like to thank Professor Feigenberg for the opportunity to use the proof copy and for his guidance in my early studies of Nikolai Bernstein. I also thank Elena Biryukova, Roger Smith and Daniel Todes for their comments.

[3] My interview with Bernstein's former student, Prof. Viktor Semenovich Gurfinkel, 21 May 2012, Portland, USA.

know that the book survived, and its publication in the twenty-first century appeared almost a miracle. The mystery of the book was all the greater because it dared to criticise Ivan Petrovich Pavlov, the first Russian Nobel Prize winner. Judging by the book's title, it contained an up-to-date overview of theories of nervous control. Yet, throughout the book, the author criticised the theory of conditional reflexes as erroneous and passé. In the Soviet Union after the Great Break, this was a risky affair. Just before the book was due to appear, Pavlov was praised at the International Physiology Congress which, in 1935, took place in Moscow and Leningrad. Any critique of the figurehead of Russian science inevitably became a political action. Moreover, the death of the "alderman of world physiology", in February 1936, made the book an ethical deed: *De mortuis aut bene aut nihil.*

According to Bernstein's sister-in-law, medical researcher and close assistant, Tatiana Sergeevna Popova, Nikolai Aleksandrovich wished not to insult Pavlov's memory and therefore cancelled the publication.[4] Her words were passed down, creating a legend to which the author of this paper has also contributed.[5] In addition, for a long time it was not known when exactly Bernstein took his dramatic decision (let us assume that he did it): immediately after Pavlov's death or some time later. When Josef Feigenberg made the copy available to the public, it became clear that at least in April 1936,

---

[4] «In the early 1930s, Bernstein met Pavlov. Their conversation lasted over three hours, yet they did not come to an understanding. In response to their colleagues' questions, each of them talked abruptly about the other. Bernstein made his objections to Pavlov explicit in his book, *Contempopary Inquiries into the Physiology of the Nervous Process*. A discussion was planned at the All-Union Institute for Experimental Medicine. Yet Pavlov did not live to take part in it. When Nikolai Aleksandrovich learned that his opponent would no longer be able to respond, he ordered the press to destroy the type-set». V. Levin, "The Man Who Solved the Puzzle of Living Movement", *Nauka i Zhizn'* 10 (2005) http://www.nkj.ru/archive/articles/2099/
[5] Irina Sirotkina, "Nikolai Bernstein: the years before and after 'Pavlovian Session'", *Russian Studies in History*, vol. 34, no 2 (1995): 24–36. Quite recently, Josef Feigenberg confirmed the opinion: "I heard the story of Bernstein finally refusing to publish *Contemporary Inquires* from Tatiana Sergeevna Popova. I remember the pencil marks on the margins. It seems to me they were made by a person who was thinking like N.A. [Nikolai Aleksandrovich Bernstein] but believed that harsh criticism of the late Pavlov was in those circumstances untimely. And N.A. would not allow misrepresentation in public of what he thought was in fact right. Your suggestion that his refusal to publish in that situation resulted from the discussion with the reviewer, unknown to us but friendly with the author, appears very likely. As to the "danger" of the criticism, I do not think so. The canonisation of "Pavlov's doctrine" and the real threat to his critics did not begin before late 1940s – early 1950s. I am sure that ethical reasons and not fear made Bernstein stop publication. And the discussion with the friendly opponent (or opponents) naturally took time" (in a letter to the author, April 2012).

two months after Pavlov's death, Bernstein still wanted to publish the book and worked on the proofs. Indeed, in the concluding part (p. 425), he referred to "the deceased academician Pavlov". Nevertheless, for some reason, the publication kept being delayed, it was rescheduled to 1937 and finally did not happen at all. To understand the reasons, let us reconstruct the chronology of events and examine briefly the relationship between the younger scientist and the "alderman of physiology".

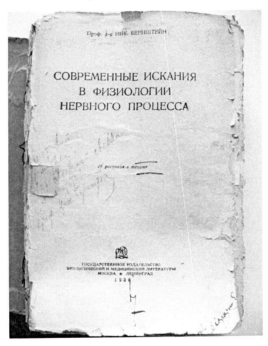

Figure 1

My task is facilitated by the fact that several researchers have written on the subject.[6] Josef Feigenberg told the story of the book both in his preface to its

---

[6] Elena Biryukova, "Movement mechanics as a key for understanding nervous control: a historical retrospective", *History of the neurosciences in France and Russia: From Charcot and Sechenov to IBRO*. Ed. by J.-G. Barbara, J.-C. Dupont, I. Sirotkina (Paris: Hermann, 2011), p. 195–224; Alex Kozulin, *Psychology in Utopia : Toward a Social History of Soviet Psycholo-*

2003 edition and in his excellent biography of Bernstein.[7] Yet the biographers did not pay sufficient attention to the moment – which happened to stretch in time – when Pavlov was already dead, and Bernstein still wanted to publish the book. I believe that this moment of indecision or delay could throw additional light on the story – a pause is sometimes more eloquent than words. And, in this particular pause, a lot of things happened both in Bernstein's life and in the country's history.

We do not know when Bernstein and Pavlov met, and there is no direct evidence that they met at all. According to Feigenberg (who does not quote any particular source), the Muscovite Bernstein went to Leningrad to see Pavlov's laboratory in 1924.[8] At this time the young scientist worked in the Central Institute of Labour where he studied biomechanics of movements. He registered and examined in particular two worker's operations, the hammer stroke and chiselling. Already during his second year in the Institute, the results of his research had led him to some hypothesis about motor control.[9] These hypotheses differed from what the theory of the conditional reflex could offer. Bernstein therefore started questioning Pavlov's concept as inadequate for explaining the way movements are organised or, in Bernstein's own terms, "constructed" or "built". By contrast, the Institute director, Aleksei Gastev, tended to accept the theory of conditional reflexes as the basis for movement studies within the Institute's walls. A gifted person – poet, metal worker, and utopian thinker – Gastev was not confident as a scientist. In opposition to Pavlov, Bernstein argued that a theory made to explain salivation in dogs was not relevant to wilful and pursposeful human movements.

---

gy (Cambridge, MA : The MIT Press, 1984), p. 62–82; Luciano Mecacci, *Brain and History: The Relationship Between Neurophysiology and Psychology in Soviet Research* (New York: Brunner/Mazel, 1979), p. 89–93; Onno G. Meijer, S. Bruijn, "The Loyal dissident: N. A. Bernstein and the double-edged sword of Stalinism", *Journal of the History of the Neurosciences*, vol. 16, no. 1 (2007): 206–224; Onno G. Meijer, "Bernstein versus Pavlovianism. An Interpretation", in Mark L. Latash, *Progress in Motor Control*. Vol. 2 (Champaign, IL: Human Kinetics, 2002), p. 229–250; V.P. Zinchenko, "Nikolai Aleksandrovich Bernstein: psychological physiology", *Stil' myshleniia: problema istoricheskogo edinstva nauchnogo znaniia. K 80-letiiu Vladimira Petrovicha Zinchenko* (Moscow: ROSSPEN, 2011), p. 300–319.

[7] I.M. Feigenberg, *Nikolai Bernstein: From the Reflex to the Model of the Future* (Moscow: Smysl, 2004).

[8] *Ibid*, p. 70.

[9] N. Bernstein, "Issledovaniia po biomekhanike udara s pomoshchiiu svetovoi zapisi", *Issledovaniia Tsentral'nogo instituta truda*. Vol. 1, no. 1 (1924): 78.

On 9 May 1924, he gave a talk, "Work training and conditional reflexes", at the Institute's seminar. There he warned to use cautiously "the theory of salivary reflexes for interpreting the mechanisms of work training".[10] By contrast with classical conditioning in dogs, in which the conditional reaction is identical with the unconditional one, when a person acquires a skill, unconditional reflexes play a much lesser role. All in all, human movement is much more complex than any of the conditional reflexes the Pavlovians studied, and motor activity could become an "excellent, promising indicator for studying the processes in the central nervous system", much better than the salivary glands.[11]

As a result of his disagreement with Gastev, soon afterwards Bernstein left the Central Institute of Labour. Yet he found there a subject for life-long research: from now on, he examined the co-ordination and regulation of movements on the basis of nervous commands, feedback from the moving organs, and the sensory corrections to them. During the next fifteen years, Bernstein changed employers several times: the Institute of Experimental Psychology (1925–1927), the Institute for the Protection of Labour (1927–1933), the Institute for Music Studies (1926–1940), and the Central Institute of Handicapped Work (1932–1941). In November 1933, he was invited to join the All-Union Institute for Experimental Medicine (AIEM) where he headed the laboratory for movement physiology. When the laboratory expanded into a larger unit – a section, with two laboratories, one for the physiology of movements and the other for the pathophysiology of movements – he headed the latter and passed the former laboratory over to Tatiana Popova. At that particular period, and giving the opportunities the Institute of Experimental Medicine provided, Bernstein intended to analyse pathological gaits in order to reveal the laws of normal walking. Unfortunately, we do not know how the invitation to the AIEM came about, but we can suggest that Bernstein's reputation as an innovative physiologist and a pioneer of biomechanics in Russia had played a role. And, in the early 1930s, his resistance to Pavlov's ideas was neither well known nor as compromising as it became a few years later.

---

[10] N. Bernstein, "Trudovye trenirovki i uslovnye refleksy. Avtoreferat doklada na seminarii po trudovym ustanovkam TsIT", *Organizatsiia truda*, no 4 (1924): 34.
[11] N. Bernstein, *Osnovy obshchei fiziologii truda* (Moscow, 1940), quoted in Feigenberg, *op.cit.*, p. 70.

Pavlov's role in the history of the Institute for Experimental Medicine is well established: in 1891, he was appointed head of its Physiology Department, in 1904 he received the Nobel Prize for the work on digestion carried out in the Institute, and by 1913 he was elected its Honorary Director. He continued to work at the Institute through its re-organisation under to Soviets, the most drastic of which took place in 1932. In that year, on 7 October, the writer, Maxim Gorky, hosted at his house the legendary meeting of Stalin, Molotov and Voroshilov with the scientists who wanted substantially to refurbish the Institute. Henceforth, the All-Union Institute of Experimental Medicine (AIEM) no longer expanded from Leningrad to several other cities, and its administration moved to Moscow (it was now administered directly by the SovNarKom, the cabinet of Soviet ministers). The new objective of the Institute was to "set up wide and comprehensive research of ... human organism ... in concrete social environment".[12] The reformers envisaged strengthening its academic and theoretical sides, using the latest achievements of chemistry and physics, and modernising its equipment and research methodology. Already in his eighties, Pavlov could hardly be seen as the leader of such a large-scale reorganisation. Besides, he let the authorities know how he despised the official philosophy, dialectical materialism, and the ambitions of Party ideologists to prescribe the scientists what to do.[13] Pavlov remained head of the Physiology Department. Yet, in 1934, the AIEM opened its branches in four other cities, and the significance of the Leningrad institute diminished substantially.

When the AIEM headquarters opened in Moscow in 1934, there was a talk about organising a public debate between Pavlov and Bernstein.[14] We do not know why this did not happen. And then it was too late: on 1 December, Sergei Kirov, the charismatic Party leader, was murdered in Leningrad. The repression was immediate and terrifying: in only two months, nine hundred persons were arrested, and later in 1935 thousands of intelligentsia were im-

---

[12] T.I. Grekova, K.A. Lange, "Tragicheskie stranitsy istorii Instituta eksperimental'noi meditsiny (20–30-e gody)", in *Repressirovannaia nauka*. Ed. by M.G. Yaroshevky. Vol. 2 (Saint–Petersburg: Nauka, 1994), p. 9–23.

[13] Pavlov in a letter to Nikolai Bukharin: "Dialectical materialism is the greatest violation of scientific thought... In its contemporary formulation, dialectical materialism is not a grain different from theology, cosmology and the Inquisition" (1931), quoted in: V.O. Samoilov, "O patriotizme i dissidentsve Pavlova", *Priroda*, no. 8 (1999) http://vivovoco.rsl.ru/VV/PAPERS/BIO/PAV_PATR.HTM

[14] Feigenberg, *op.cit.*, p. 92.

prisoned or exiled. Leningrad was the most affected, and the AIEM received its share of repression. On 21 December Pavlov wrote in a protest letter to Molotov: "...I see great resemblance between our life and Asiatic despotisms... Those who wickedly condemn masses of people to death and realise the sentence with satisfaction, can hardly remain human beings... Those who are tranformed into cowed animals can hardly keep their human dignity... Have mercy for our motherland and us!"[15] Yet the arrests of intelligentsia continued. In January 1935, at the AIEM, the Section for Folk (Oriental) Medicine was closed down; eventually, its head, N.N. Badmaev and his colleagues, specialists in Tibetan medicine, were arrested and shot dead. In February and March there were the first arrests in the AIEM: of A.I. Kuznetsov, head of the Vaccination and Serum Section, and I.A. Remezov, head of the Physical Chemistry and Electrochemisty Section.[16] On 17 March Pavlov sent his second letter to Molotov in which he continued to defend Leningradian intelligentsia, including his daughter-in-law's family, the Miklashevky. And on 12 July he wrote another letter, in support of I.M. Sechenov's niece, Maria Lemnitskaya who was repressed as a widow of a tsarist army general. In response to his protests, there was some mitigation. Pavlov knew what the game was about: the authorities set out a role for him at the International Physiology Congress which was to take place in Moscow and Leningrad in August 1935. He agreed to be cheered and praised at the congress receiving the title of "the first physiologist of the world". Internationally known physiologists, including D. Barcroft, W. Gantt, L. Lapique, W.B. Cannon, O. Frank, A.V. Hill and others visited Pavlov's laboratories in Koltushi and named it "the capital of conditional reflexes".

Bernstein also took part in the Congress, co-chairing the Section on Work Physiology with the Nobel Prize winner, Archibald Vivian Hill, at the time the secretary of the Royal Society of London, and the French physiologist and psychologist, Henri Piéron. The Section opened with Bernstein's talk on the physiology and pathology of movements and continued with two more papers by the AIEM employees, K. Kekcheev («Proprioception and its role in motor action») and D. Shatenshtein («The analysis of the impact of the central nervous system on physiological processes during work»).

---

[15] N. Kovaleva, S. Mel'chin, A. Stepanov, "'Poshchadite zhe rodinu i nas'. Protesty akademika I.P. Pavlova protiv bol'shevistskikh nasilii", *Istochnik*, no 1 (1995): 138–144.

[16] Grekova, Lange, *op.cit.*, p. 15.

The medical doctor and researcher, Lev Lazarevich Shik – then a very young man – also assisted at the Congress. Many years later he recalled how he accompanied Bernstein home after the gala-concert at the Bolshoi Theatre in honour of the congress participants.[17] It was a warm August night; both men were under impressions from the concert of arias, folk songs and ballet pieces. Bernstein shared with his young colleague his thoughts about brain localisation. Although phrenology had been declared a pseudo-science, he said, its founder, Franz Gall, was basically correct. He made only one mistake – choosing which functions to locate and claiming that for each function there should be a special bump of the skull. Gall believed there was a bump of mathematics or a bump of stinginess. What was needed, Bernstein commented, was to modernise our views of the functions. Pavlov failed to do this: as in the old days, he conceived of a one-to-one correspondence between a function and a neurone in the brain; in this way, he did not differ much from Gall. By contrast, Bernstein envisaged brain organisation as much more complex and sophisticated. He had in mind a new theoretical framework, the outlines of which he drew in his book.

The Physiological Congress came and went. In November 1935 there was the First All-Soviet Meeting of Stakhanovites; it was clear that it would give another pretext for repression. Stalin opened the meeting with his speech, a passage from which Bernstein first chose as an epigraph to his book and then deleted. At the meeting the workers "criticised" specialists in psychotechnics who, fixing the norms for the length of work intervals, made the intervals too long. One head of a railway station, N.A. Pichugin, claimed that "the idle scientists who found themselves comfortable hide-outs in academic institutes and management departments of the NKPS (the Railway Ministry), to our shame, diminished our capabilities by exaggerating rest norms. At the moment, Comrade Kaganovich has unmasked these idle scientists".[18] The leader of psychotechnics, Isaak Spil'rein, has been "unmasked" and arrested earlier in that year.[19] Repression against the scientific community continued. On 8 December 1935 Pavlov wrote his last letter to Molotov asking to "return to

---

[17] Irina Sirotkina, "Vydaiushchiisia fiziolog. Klassik psikhologii? (K 100-letiiu N.A. Bernsteina)", *Psikhologicheskii zhurnal*, no. 5 (1996): 116–127.

[18] *Pervoe Vsesoiuznoe soveshchanie rabochikh i rabotnits stakhanovtsev. 14—17 noiabria 1935. Stenograficheskii otchet* (Moscow: Partizdat, 1935), p. 63.

[19] V.A. Kol'tsova, O.G. Noskova, Yu.N. Oleinik, "I.N. Spil'rein i sovetskaia psikhotekhnika", *Psikhologicheskii zhurnal*, vol. 11, no 2 (1990): 111–133.

their home just a few persons from a large group who suffer innocently". Protesting against repression, Pavlov rejected the authorities' request to him to speak at the General Meeting of the Academy of Sciences. And, a few weeks later, on 27 February 1936, he died.

In March 1936, an obituary by Pavlov's former student and close colleague, P.K. Denisov, was published in the *Herald of the Academy of Sciences*.[20] Titled, "A great materialist, scientist, and citizen", it became one of the first landmarks in Pavlov's canonisation. For Bernstein, Pavlov's death presented a trial. His book, the result of long and thorough labour, had been typeset. Both he and professional proof-readers checked the proofs against the manuscript after Pavlov's death, and the editor made his final remarks. Hardly surprisingly, the editor now questioned Bernstein's critique of Pavlov. In response to the editorial comments, Bernstein rephrased some of his most critical and ironic statements while keeping his arguments.

Bernstein's objections to Pavlov were made from the point of view of a mathematician rather than a physiologist.[21] (Although very knowledgeable about what had been done in his own area of physiology, Bernstein himself never made vivisection experiments; he studied nervous control indirectly, through movements.) Thinking as a mathematician was to think in models, and Bernstein's models of control surpassed many existing physiological ones. One of his models was called the "principle of equal simplicity".[22] Bernstein illustrated it thus: let us take a round mirror, a pair of compasses and an ellipsograph (an instrument for drawing ellipses). Using the round mirror, we can draw a circle of one particular radius, which coincides with the radius of the mirror; by contrast, the pair of compasses can draw a circle of any radius. Like the mirror, the ellipsograph can draw a circle of only one radius but of any eccentricity. And if we want to draw an ellipse, we can make it with the same simplicity with which we drew a circle; by contrast, working with the pair of compasses and the mirror will not achieve this. Thus, we can draw a circle with the radius of the mirror with any of these devices, yet the simplicity with which we draw circles of various radii or

---

[20] P.K. Denisov, "Velikii materialist, uchenyi, grazhdanin", *Vestnik AN SSSR*, no. 3 (1936): 37–43.
[21] The idea was suggested to me by L.L. Shik in a personal conversation (Moscow, 1987).
[22] N.A. Bernstein, "Problema otnoshenii koordinatsii i lokalizatsii" [1935], in *Fiziologiia dvizhenii i aktivnost'*. Ed. by O.G. Gazenko, I.M. Feigenberg (Moscow: Nauka, 1966): 266–296.

various eccentricities differs in each case. In other words, each device has its "line of equal simplicity" where the passage from one element of the executed variety to the next does not alter the simplicity of manipulation. The line corresponds to the device configuration. Bernstein mentioned a story by Leonid Andreev, where a village dean faces the "principle of equal simplicity" when he sees a gramophone. The dean was not able to believe that a gramophone could reproduce with equal simplicity both a chansonette and the voice of the Son of Man (*ibid*, p. 291–292).

The theory of conditional reflexes, Bernstein argued, explained how connections are made in one particular case: when the conditional stimulus coincides in time or slightly precedes the unconditional one, and when the shape of the conditional response coincides with the shape of the unconditional one. In all other cases the theory faces difficulties and requires amendments. In the introduction to his book, Bernstein described the evolution of scientific theories precisely in these terms. When the theory cannot accommodate a new fact, it, so to say, builds an "attic under the roof" (p. 8). The attic temporarily rescues the building from destruction yet it makes the construction look ugly. This is what happened to the theory of conditional reflexes when it came to explain speech: it had to postulate "the second signal system" on top of the "first one". Bernstein found Pavlov's models more than just clumsy – they insulted his aesthetic sense as a mathematician. In particular, he criticised two models central for Pavlov: the first, the reflex in the shape of an open arch (when the impulse passes from the receptor up to the centre and from there down to the effector), and the second, the so-called "cell localisation" (finding for each function a single neurone and the only one centre – a cell – in the brain hemispheres). Bernstein wrote: "I have a funny example [for the second model] in mind. If one of my partners in the imagined conversation [with Pavlov and his pupils, beginning with A.G. Ivanov-Smolensky] had got his own brain hemispheres organised as a one-layer somatotopic projection, and if he acquired the conditional reflex for saying tender words in response to the visual stimulus of his fiancée, he would express his love the more passionately, the brighter she were lit up" (p. 437). Later he crossed out this exceedingly ironic phrase. Similarly, on the editor's suggestion, Bernstein either deleted or softened his other attacks on Pavlov, replacing the words, «false» with «erroneous» (p. 109), «vice» with «insufficience», and "absurdity" with "contradiction" (p. 435). Yet, disregarding editorial question marks, he stopped here and would not go any further. Thus, he continued to call Pavlov's ambitions to explain all nervous activity in terms of conditional reflexes a "great misunderstanding". «It is a great misunderstanding to interpret the theory of conditional reflexes as a general theory of higher nervous activity and not a doctrine about a group of specific pathophysiological phenomena» (ibid.). With all the reservations and provisos added while correcting the proofs in Spring 1936, he made it unambiguously clear that the theory of conditional reflexes was simply out of date. Throughout his book, Bernstein quoted Pavlov in parallel with Theodor Meynert, the German neurologist of the preceding generation, in order to show that Pavlov repeated Meynert without adding anything new (p. 114–129). Further, by calling the theory of conditional reflexes "associationist", Bernstein located it in prehistoric times and therefore totally dismissed it.

In the long run, Bernstein was right. In the second half of the twentieth century, his models of control gained him a reputation as the most innovative movement researcher. Alongside a few other physiologists, he transformed the "reflex arc" into the "reflex circle", and the model became widely accepted. And other features of movement control that he suggested – coordinating degrees of freedom and making adaptive synergies, spreading control into several levels, some of which lead and others serve as a background – were enthusiastically received. These ideas became classics of motor control studies.[23] At the end of the book, Bernstein suggested his own model of how physiological functions correspond to particular structures: "qualities of the nervous process are not a sum of qualities of various bits of the underlying structure; by contrast, they emerge out of their united, system organisation" (p. 448). This is one of the first attempts to formulate the systems principle that eventually became a new paradigm in the life sciences.[24]

In the politicised circumstances, it certainly played against Bernstein that in his critique of Pavlov he chose "wrong" allies. In the book, he often refers to Wolfgang Köhler, Kurt Goldstein, Jacob von Uexküll, and Frederik Buytendijk. Firstly, they were foreigners, and referring to them was not patriotic. Secondly, Pavlov made them his target – for instance, in order to undermine Köhler's views about Gestalt phenomena, Pavlov started working with primates. The neurologist, Goldstein, and the phenomenologically oriented

---

[23] The International Society of Motor Control awards the Bernstein Prize and publishes the series, *Progress in Motor Control*, which began with the issue: Vol. 1: Bernstein's Traditions in Movement Studies. Ed. by M.L.Latash (Urbana, IL: Human Kinetics, 1998).
[24] One of the first statements he made in 1935, in "Problema otnoshenii koordinatsii i lokalizatsii".

psychologist, Buytendijk, in their own turn, criticised the conditional reflex for artificiality and called it a laboratory artefact. Bernstein sympathetically quoted both scientists. "It appears – as Goldstein has already noticed – that experimentalists found what they were looking for: to isolated stimuli, they received responses which, providing some tolerance to detail, can be seen as isolated reactions" (p. 246); in Buytendijk's elegant expression, 'the reflex is not an element of action, but its extreme case'" (p. 247). These scientists – including Uexküll, who coined the term *Umwelt* – believed that the conditional reflex could not describe the organism's functioning in vivo, in real life, as opposed to in the lab. The "holists" opposed mechanicism, and not materialism; yet the narrow-minded Soviet ideologists labelled them "vitalists" and "idealists". Although Bernstein drew a boundary between himself and these scientists,[25] were the book to have come out, he would have joined their company. The editor had already marked out his expression, "more dynamic interpretation of phenomena", as "a touch of idealism" (p. 405).

It appears that Bernstein made the very last corrections when he added a preface (not preserved) and erased the epigraph and the last phrase of the book with thanks to Stalin. In the speech to the Stakhanovites meeting, Stalin said: "Science is called science because it does not recognise fetishes, is not afraid of raising its hand at the old and outliving, and is keen to hear the voice of experience and practice. If things were otherwise, we would have no science at all, would have no, let us say, astronomy and would still have to make do with Ptolemy's decrepit system; we would have no biology and would have to make do with the legend of Creationism; we would have no chemistry and would have to make do with alchemists' foretelling" (p. 7). Speaking about scientific theories, Bernstein, however, used the metaphor of becoming old and dying: "each theory goes in its life through three ages. In its youth, the theory brings together and summarises facts accumulated by the time of its birth... Then the mature age comes, the age of predictions and prognoses... And later, after maturity, the inevitable old age arrives" (*ibid.*). The implication was that the theory of conditional reflexes would die by a "natural death", therefore opening the way for new conceptions.

The metaphor of dying stood up while Pavlov was alive. But now he could not argue back. And, in his last year – perhaps more than ever in his life –

---

[25] "Neither atomism nor holism are able to express *the struggle* between the primary integrity and the higher structure, which is the core of the nervous process" (p. 444, italics in the original).

Pavlov had become a moral model, showing integrity, courage and resistance and simply saving people's lives. At the same time, Stalin's speech, which Bernstein quoted, served to justify expanding repression. Clearly, Bernstein had nothing to do with it, so he deleted both the quote and the concluding thanks. At the same time, he could not renounce his critical argument against Pavlov's theory. There was only one way out: not to publish the book. Yet, perhaps, nursing a slight hope for changes, the publication was postponed to 1937. Helas, in July 1936, the infamous "Pedological Decree", a Party instruction, brought about repression in pedology and child psychology.[26] Several of Bernstein's colleagues, including Lev Vygotsky, suffered as a result. (Vygotsky was already dead, but his pedological works were taken out of libraries and destroyed.)[27] Repression in the AIEM also continued: in September 1936, the head of the laboratory of experimental psychophysiology, N.N. Nikitin, killed himself and his lab was closed. A few years earlier, he had attacked Pavlov in connection with the notion of the "freedom reflex" and criticised him for understanding "freedom as freedom to slander the Soviet authorities, our Party, all our building of socialism".[28] There were rumours that Nikitin was mentally disturbed. And in November 1936 there was a direct assault on Bernstein. Polina Spilberg worked in the Movement Physiology Section, which he headed; she wrote an open letter to the Institute's newspaper accusing her colleague, Dr Farfel, and therefore Bernstein, of mismanagment. Bernstein had to account to the Institute's director, the Party Bureau and to the newsletter, and to resolve the controversy, a commission of senior members of the Institute was assembled. On 28 March 1937, the newspaper published another article against Bernstein, this time anonymous, and he yet again had to write a long letter to acquit himself and his colleagues of the accusations.[29] Finally, a month later, the newspaper published an article, "On the fight with wrecking and on watchfulness", a signal of the true devastation of the AIEM.[30] In the summer several leading researchers, including Denisov, Pavlov's close colleague and

---

[26] A.V. Petrovsky, "Zapret na kompleksnoe issledovanie detstva", in *Repressiropannaia nauka*. Ed. by M.G. Yaroshevky. Vol. 1 (Leningrad: Nauka, 1991), p. 126–135.
[27] Irina Sirotkina, Roger Smith, "Russian Federation", *The Oxford Handbook of the History of Psychology*. Ed. by David B. Baker (New York: Oxford University Press, 2012), p. 412–441.
[28] Quoted in Grekova, Lange, *op.cit.*, p. 17.
[29] Quoted in Feigenberg, *op.cit.*, p. 57–58.
[30] Grekova, Lange, *op.cit.*, p. 17.

the author of his obituary mentioned earlier, was arrested on the accusation of political terrorism. In Leningrad, following mass arrests in the AIEM, whole departments were shut down – of general biology, of developmental pathology, and of X-Ray-and-structural analysis. Bernstein left the Institute in July. By that time no one, including the author himself, could think of resuming the publication of the book.

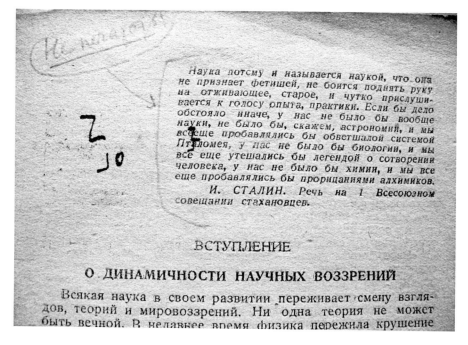

Fig. 2

Thus, the time span between Pavlov's death and Bernstein's definitive decision not to publish the book was indeed rich with disasters. The disciplines of psychotechnics and pedology no longer existed, and the life sciences were devastated by arrests of researchers and institutional closure. Although Bernstein could not help respecting Pavlov as a person, his death by itself would not have made him stop the publication. We have seen that Bernstein worked on the proofs well into the spring of 1936, when Pavlov had already passed away. Yet, in the circumstances in which the "alderman of physiologists" became subject to political canonisation, the editor (or editors) required Bernstein either to soften his criticism or to remove it completely. This was against the whole point of the book which the author conceived as overtly polemical, a critical comment to the theory of conditional reflexes, a debate if not with a living scientist than with his ideas (indeed, ideas do not die). But in the historical circumstances the theory of conditional reflexes epitomised the materialist approach to human beings, and any critical comment signalled to the Soviet ideologists and their academic supporters an "idealist" deviation.

To be fair, in 1936, Pavlov had not yet become the scare-crow which he was made into by the organisers of the infamous "Pavlovian" Joint Session of the Academy of Sciences and the Academy of the Medical Sciences in 1950, and he even had a reputation as an opponent to the Bolsheviks.[31] Yet Pavlov was represented as a true materialist, and anyone who criticised him was an enemy. Besides, Bernstein did not hide his sympathy with the alternatives to Pavlov's approaches, including Gestalttheory, phenomenology and "holism". In 1936, the press, where Bernstein's book was to be published, anxiously required the removal of this kind of reference. In the atmosphere of Stalinist terror which started after Kirov's murder and continued like a snow-ball during following years, editorial notes on the margins were more than comments – they were conditions on which the publication was to be allowed. In these circumstances, Bernstein took the only possible decision for himself: not to publish the book.

---

[31] For a detailed and balanced examination of Pavlov's relationships with the Bolsheviks, see: Daniel P. Todes, "Pavlov and the Bolsheviks," *History and Philosophy of the Life Sciences* 17 (1995): 384–386, and Samoilov, *op. cit.*

Geschichte der deutschen Bernstein-Rezeption von 1952 bis zur Gegenwart

Eberhard Loosch

Zusammenfassung

Bis Mitte der 50er Jahre waren im Schriftgut der DDR zu Nikolai Bernstein lediglich kritische und äußerst abwertende Auffassungen auszumachen, die sich klar an die Meinungsbilder in der UdSSR anlehnten bzw. von russischen Sportwissenschaftlern vertreten wurden. Erst Ende der 50er Jahre begann eine zögerliche Rezeption des wissenschaftlichen Gehalts, jedoch ohne Veröffentlichungscharakter. In den 60er Jahre finden sich erste positive Bewertungen (Hacker, 1962; Pöhlmann, 1966; Schnabel, 1968), die in der Folge zu einer Akzeptanz der Ansätze Bernsteins führten. Die Veröffentlichung eines Bandes mit einer Reihe essentieller Texte Bernsteins durch Pickenhain und Schnabel im Jahre 1975 kann als Durchbruch der positiven Sicht auf seine Ideen in der DDR und in Deutschland gelten. In der Folgezeit entwickelten sich wahrnehmbare Aktivitäten zur Erbepflege, die bis heute anhalten. Zudem finden sich aktuelle Forschungen, die gezielt und explizit auf die Erkenntnisse Bernsteins zurückgreifen.

1 1949–1953: Repression und Polemik

Bernstein stand um 1948 auf dem Höhepunkt seines wissenschaftlichen Schaffens und seiner öffentlichen Anerkennung. Selbst seine Ansätze einer Kritik an Iwan Pawlow in den 30er Jahren hatten seiner Karriere und seinem Leben bis zu diesem Zeitpunkt keinen bedeutsamen Schaden zugefügt (vgl. Feigenberg, 2004). 1948 erhielt Bernstein den Stalinpreis, die höchste Auszeichnung für herausragende Leistungen in Kunst, Kultur und Wissenschaft in der UdSSR. Ungeachtet dieser Würdigung begann um 1949 die politisch motivierte Verfolgung Bernsteins (Sirotkina, 1989, 1995; Feigenberg, 2004), welche praktisch mit einem Berufs- und Publikationsverbot einherging. Im Zentrum der Kritik standen die Abweichungen seiner Ansichten zur menschlichen Bewegung von den Ideen Pawlows zu den bedingten Reflexen (vgl. Sirotkina, 1995; Meijer, 2002).

Von 1949 bis 1950 gab es in fast jeder Ausgabe der führenden sowjetischen sportwissenschaftlichen *Zeitschrift Teorija i praktika fizičeskoj kultury* Angriffe und Stellungnahmen gegen ihn (Zaciorskij, 1991, S. 6). Eine Schlüsselstellung in der Kritik der Pawlow-Opponenten nahm die Pawlow-Tagung der *Akademie der Wissenschaften* und der *Akademie der Medizinischen Wissenschaften der UdSSR* 1950 in Moskau ein. Diese Tagung diente jedoch weniger einer kritischen Problemsicht, sondern vor allem dazu, die Pawlowsche Lehre zu glorifizieren und den Kern dogmatisch zu fixieren. Zudem arteten viele Beiträge in regelrechte Huldigungsorgien für Stalin aus (vgl. Akademie der Wissenschaften 1950/1954).

Als Hauptstoßrichtung der Kritik an Bernstein kann dessen Vorstellung von der Autonomie subcortikaler Bereiche, also Bereiche unterhalb der Hirnrinde im Zentralnervensystem, angesehen werden. Die in den 40er und 50er Jahren vorherrschende Meinung russischer Physiologen, Biologen und Philosophen lehnte sich an die Ideen Pawlows an, welche der Hirnrinde als dem höchstentwickelten Teil des Zentralnervensystems absolute Priorität und primäres Überwachungspotential zuordneten und zwar mittels der Ausbildung bedingter Reflexe (vgl. Rüting, 2000, 2002). Rüting (2000, S. 332) analysierte die Aussagen differenzierter und kam zu dem Schluss, dass diese Vorstellungen eine Art „Diktatur der Hirnrinde" propagieren. Das Mehrebenenmodell der Bewegungsregulation von Bernstein bot auf Basis dieser Prämisse Angriffspunkte für seine Kritiker, ebenso wie Bernsteins *Prinzip der Nichteindeutigkeit von Zentrum und Peripherie* mit der zentralen Idee, dass die endgültige Form von Bewegungsimpulsen in der Peripherie entschieden wird und nicht eine 1-zu-1-Umsetzung zentralnervaler Kommandos ist. Man erkennt an den vorgebrachten Kritiken unschwer die Parallelwelt der Politik, die sich mittels griffiger Metaphern in der Wissenschaft legitimieren wollte. Auch überraschen in den Argumentationen der Bernstein-Kritiker die enorme Überschätzung des Werts der Pawlowschen Experimente, die fehlende Methodenkritik an Pawlows Arbeiten und die letztlich kritiklose Übertragung von ausschließlich Tierexperimenten auf den Menschen.

1954 erfolgte in der DDR eine komplette Übersetzung der Beiträge der Pawlow-Tagung von 1950 im *Verlag Kultur und Fortschritt*. Im Vorwort heißt es:

Wir versprechen Ihnen, lieber Genosse Stalin, keine Anstrengungen zu scheuen, um die Fehler bei der Weiterentwicklung der Lehre Pawlows schnellstens auszumerzen und diese Lehre für den kommunistischen Aufbau in unserem Lande nach Kräften anzuwenden. (Akademie der Wissenschaften, 1954, S. 6)

Damit wurde nicht nur das Programm der Tagung vorgegeben, sondern zugleich die Rahmenbedingungen für die zukünftigen Forschungen skizziert, die sich strikt an Pawlows Ideen zu orientieren hatten (vgl. auch Rüting, 2000, 2002).

In den 50er Jahren erfolgte eine weitgehende Angleichung der wissenschaftspolitischen Strömungen in der UdSSR und der 1949 gegründeten DDR. Im Kontext der Sportwissenschaft dominierten wenige zentrale Einrichtungen und Fachzeitschriften Ausrichtung und Inhalt der Sportwissenschaft. Hierzu zählten die 1952 gegründete *Deutsche Hochschule für Körperkultur und Sport in Leipzig (DHfK)* sowie die Zeitschrift *Theorie und Praxis der Körperkultur (TPKK)*, welche beide eine Art Leitfunktion inne hatten (vgl. Hinsching, 1996). Die TPKK fungierte als *Organ des Wissenschaftlichen Rates beim Staatssekretariat für Körperkultur und Sport*. Die Benennung erfolgte in Anlehnung an die russischsprachige *Teorija i praktika fizičeskoj kultury*.

Bereits in den ersten zwei Jahrgängen (1952/1953) werden die politischen Weichen für den Sport und die Sportwissenschaft gestellt und das Erbe Pawlows als bedeutender Bezugspunkt herausgearbeitet. In den ersten beiden Ausgaben der TPKK findet sich eine Reihe von Arbeiten, die sich positiv mit den Erkenntnissen Pawlows beschäftigen. Zudem wird das Ideal der Pawlowschen Theorie speziell gegen die Auffassungen Bernsteins gestellt, so in Beiträgen der sowjetischen Sportwissenschaftler M. L. Ukran (1952) und L. J. Jewgenjewa (1953).[1] Der Oberassistent Dr. G. Kirsten veröffentlichte 1953 einen Beitrag mit dem Titel: „Gegen die Verfälschung der Lehren Pawlows". Inhaltlich wird gegen eine sogenannte *idealistische Physiologie* argumentiert, zu der auch die Ansätze Bernsteins gezählt werden. Jewgenjewa, eine russische Sportwissenschaftlerin, schreibt in einer Publikation zu den motorischen Fertigkeiten (TUPKK, 1953/2, S.70; vgl. auch Hirtz, 1995, S. 2):

---

[1] Hirtz (1995) kommt das Verdienst zu, in einem bisher unveröffentlichten und lediglich auf Wikipedia zugänglichen Beitrag die Geschichte der Bernstein-Kritik in der DDR der 50er Jahre erstmalig aufbereitet zu haben. In den Darstellungen wird an dieser Stelle seinen Ausführungen bzw. den von ihm herausgehobenen Zitaten aus den Artikeln der TPKK gefolgt.

So steht zum Beispiel N.A. Bernstein auf dem antipawlowschen, idealistischen Standpunkt ..., daß die reflektorische Tätigkeit nur das Tun und Treiben der Tiere charakterisiere, für den Menschen aber kompliziertere Formen der koordinierten Bewegungen charakteristisch seien.
An seinen fehlerhaften Ansichten festhaltend, löst Bernstein die grundlegenden Probleme der Unterrichtsmethodik nicht richtig. ... Diese Behauptungen erklären die Erscheinungen des sportlichen Lebens nicht nur nicht, sondern widersprechen ihnen geradezu. (S. 75)

Die DDR-Sportwissenschaft greift diese Aussagen kritiklos auf. Bei Günter Erbach, von 1956 bis 1963 Rektor der Deutschen Hochschule für Körperkultur und Sport Leipzig, kann man im ersten Jahrgang der TPKK nachlesen: „In den bisherigen Diskussionen wurden die wissenschaftsfeindlichen idealistischen Theorien auf dem Gebiet der Theorie der Körpererziehung, die besonders in den Arbeiten von Bernstein und Nowikow enthalten waren, entlarvt ..." (TUPKK, 1952/1, S.23/24).

Erst 1954 erschien in der UdSSR nach Jahren des Publikationsverbots erstmals wieder ein Artikel Bernsteins. Von da an veröffentlichte Bernstein wieder regelmäßig, wenngleich die Nachwirkungen der Repressionen seine volle Akzeptanz in der Wissenschaftsgemeinschaft über lange Zeit verhinderten. Ende der 50er Jahre wurden Bernsteins Arbeiten in der UdSSR von einer kreativen und aufstrebenden Wissenschaftlergeneration in der Neurophysiologie und Philosophie aufgegriffen und einer positiven Neubewertung unterworfen. Seine Erkenntnisse wurden in gewissen Grenzen akzeptiert, auch wenn seine wissenschaftliche Position als Anti-Pawlowianer durchaus bekannt war.

2 1957–1960: Kurt Meinel – Übersetzungen und erste Annäherung

1957 erfolgte in der DDR die nachweislich erste Übersetzung eines Artikels von Bernstein mit dem Titel „Einige heranreifende Probleme der Regulation motorischer Akte" aus der russischen Zeitschrift *Fragen der Philosophie (Voprossii Psichologii)* von 1957 (Übersetzung 2915; Angabe bei Pöhlmann, 1966, S. 62). Zudem gab es auf Initiative Kurt Meinels an der DHfK im Jahre 1958 eine fast vollständige Rohübersetzung der legendären Monographie „Über den Aufbau der Bewegung" aus dem Jahre 1947. Meinel wurde durch einen polnischen Kollegen, den Sportphilosophen Andrej Wohl, auf die

Schrift aufmerksam gemacht (persönliche Mitteilung Günter Schnabel). 1996 initiierte Schnabel am *Institut für Angewandte Trainingswissenschaft* in Leipzig eine Neuübersetzung von Kapiteln der frühen Fassung.

Das bekannte Lehrbuch *Bewegungslehre* von Kurt Meinel von 1960 reflektiert den frühen Stand der Rezeption wissenschaftlich jedoch nicht. Es finden sich nur wenige Bezüge zu Bernstein, die auf Aspekte der Entwicklung von Methoden zur Erfassung von Bewegungsvollzügen eingeengt sind. Möglicherweise war die Zeit politisch noch nicht reif für eine faire und sachliche Diskussion um das Werk Bernsteins.

Ende der 50er Jahre sind im DDR–Schrifttum zumindest erste Kristallisationspunkte eines positiven Verständnisses der Ideen Bernsteins erkennbar. Erst ab Beginn der 60er Jahre war vermutlich ein solches Bekenntnis zu Bernstein ohne gravierende Folgen für die wissenschaftliche Karriere möglich.

3 1962, 1966, 1968: Hacker, Pöhlmann und Schnabel – Positive Neubewertungen Bernsteins

Im Mai 1962 fand in Moskau eine Konferenz mit der Beteiligung führender wissenschaftlicher Einrichtungen und Akademien statt. Fedoseev schreibt im Vorwort: „Die Tagung stand im Zeichen der Festigung der Positionen des dialektischen Materialismus und der besonderen Bedeutung der Pawlowschen Lehre über die höhere Nerventätigkeit." (1963, S. 3)

Umso mehr überrascht es, dass im Berichtsband der Tagung zu „Philosophischen Fragen der Physiologie der Höheren Nerventätigkeit und der Psychologie" (ebd., 1963), herausgegeben von der Akademie der Wissenschaften der UdSSR, auch ein Beitrag Bernsteins enthalten ist, was auf zumindest eine geduldete Akzeptanz schließen lässt.

Parallel gab es Anfang der 60er Jahre in der DDR erste positive Bewertungen der Ideen und Forschungen Bernsteins (vgl. auch Hirtz, 1995)[2], die

---

[2] Ein Beitrag von Peter Hirtz aus dem Jahre 1995, der die frühen Würdigungen Bernsteins durch Pöhlmann und Schnabel aufgreift, wurde leider nie gedruckt und ist erst in jüngster Zeit der Fachöffentlichkeit über Wikipedia zugänglich. Ohne Zweifel ist dies dem in Deutschland nachlassenden Interesse an Bernstein und seinem Werk geschuldet, was nicht zuletzt auch den massiven Veränderungen und Einbrüchen der ostdeutschen Sportwissenschaft nach 1989 und speziell dem weitgehenden Zusammenbruch essentieller Kontakte in die osteuropäischen Staaten geschuldet sein mag.

zunächst von der Arbeitspsychologie aufgegriffen wurden. Winfried Hacker, ein sehr bekannter Arbeitspsychologe, schreibt 1962 in einem Artikel zur *Modifikation des Lidschlags im Handlungsvollzug*:

Damit kann auch auf dem Gebiete der Rezeptormotorik Bernsteins Fundamentalhypothese bestätigt und zugleich eine Erweiterung vorgeschlagen werden. Bernstein versicherte bekanntlich, daß der Sinngehalt einer motorischen Aufgabe ... die Struktur der Willkürbewegung bestimmt. Unser Erweiterungsvorschlag betrifft die Feststellung der überformenden Rolle des Psychischen auch über bestimmte unwillkürliche Bewegungsstrukturen; ... (S. 33, II)

1966 würdigte Pöhlmann, einer der bedeutendsten Sportmotoriker der DDR, Bernsteins Werk explizit. In einem Beitrag zu Struktur- und Rhythmusproblemen der Motorik merkt er an, man müsse erstaunt sein, „inwieweit es möglich war, daß das Gedankengut Bernsteins über die Struktur der Bewegung solch lange Zeit unbeachtet bleiben konnte." (S. 58)

Zudem weist er global auf unsachlich geführte Kritik gegen Bernstein hin, die trotz einiger Irrtümer der Vorstellungen Bernsteins in keinem Verhältnis zum Nutzen stünden, den dessen Darlegungen aus moderner Sicht hätten (ebd.). Es kann für diese Zeit als durchaus beachtlich und mutig angesehen werden, eine solche Position zu beziehen. Pöhlmanns Anmerkungen stellen sich komplett gegen die Bernstein-Kritik in den 50er Jahren in der UdSSR und in der DDR, welche vor allem mit materialistischen Positionen begründet wurde. Auffälligerweise befürwortet er in seinem Artikel ausdrücklich das Studium der marxistischen Philosophie und den dialektischen Materialismus als Grundlage seines Herangehens an die Struktur- und Rhythmusproblem der Motorik (S. 53). Es scheint geradezu paradox, dass Pöhlmann definitiv auf dem Boden jener Positionen steht, die in den 50er Jahre ganz wesentlich als Basis für die Bernsteinkritik herhalten mussten.

1968 positioniert sich zudem Schnabel positiv in der Wissenschaftlichen Zeitschrift der DHfK:

Dialektisch denkende Naturwissenschaftler haben die Notwendigkeit seit langem erkannt, den Koordinationsvorgang der menschlichen ... Bewegung jeweils auf einen Zweck, eine sinnvolle Aufgabe zu beziehen... An hervorragender Stelle ist hier Bernstein zu nennen, der durch seine Untersuchungen und scharfsinnigen Überlegungen nicht nur einen umfangreichen Beitrag zur Erforschung der menschlichen Motorik geleistet hat, sondern darüber hinaus in seiner Theorie vom Aufbau der Bewegung ... wesentliche Gedanken der Kybernetik vorweggenommen hat. (1968, S. 13)

In seinem Artikel bezieht sich Schnabel umfangreich auf die Arbeiten und Erkenntnisse Bernsteins.

Auch in der Sportwissenschaft der UdSSR kann man eine veränderte Sichtweise zu Bernstein beobachten. In der Monographie des bekannten Biomechanikers Zaciorksij von 1966 zu den „Körperlichen Eigenschaften des Sportlers" wird umfangreich und positiv auf dessen Erkenntnisse eingegangen. 1968 erschien diese Schrift übersetzt in einem Sonderheft der *Theorie und Praxis der Körperkultur*. Parallel dazu nahm man Bernsteins Arbeiten auch international wahr. 1967 erschien eine Übersetzung wichtiger Arbeiten bei Pergamon Press, Oxford.

4   1975: Pickenhain und Schnabel – Akzeptanz und Entpolitisierung

Die erste veröffentlichte Übersetzung von zwei Bernstein-Artikeln ins Deutsche erfolgte 1971 in der Schweiz (Hans Huber Bern) in einem Sammelband von Kussmann (Bonn) und Kölling (Göttingen). 1972 folgte in der DDR die Übersetzung eines Sammelbands der *Akademie der Wissenschaften der UdSSR, Sektion philosophische Probleme biologischer Wissenschaften*, herausgegeben von Matthies und Pliquett. Er enthält die Referate einer Konferenz von 1966 zum Thema der Mathematischen Modellierung von Lebensprozessen. In einem Beitrag handelte Bernstein Probleme der Modellierung in der Biologie der Aktivität ab, ein Ansatz, den er in den 60er Jahren entwickelt hatte.

Ab ca. 1970 kann man von einer fachlichen Akzeptanz Bernsteins in der DDR ausgehen. Allerdings geschah dies in einem weitgehend entpolitisierten Rahmen, in welchem die Repressionen gegen Bernstein und die Attacken gegen ihn seitens der Pawlow-Anhänger nicht thematisiert wurden. In dem 1975 (Zweitauflage 1988) von Pickenhain in der DDR herausgegebenen Band mit Arbeiten Bernsteins findet sich keinerlei Satz zur politischen Verfolgung ab 1949 und zur Kontroverse mit Pawlow. Bernstein bezeichnete man lediglich als einen „bedeutenden sowjetischen Physiologen und Biomechaniker" (Pickenhain & Schnabel, 1988, Vorwort).

Man kann darüber spekulieren, ob es trotz der politischen Vorgeschichte nicht ein Erfolg war, wichtige Werke des Pawlow-Opponenten Bernstein in der DDR herauszugeben. Meijer und Bruijn (2007, S. 220) deuten aus den

Aktivitäten Pickenhains taktisches Geschick, die Werke eines „Dissidenten" in der DDR öffentlich zu machen.

Pickenhain hatte pikanterweise 1953 die Gesamtredaktion der deutschen Ausgabe der Pawlow-Werke inne, ohne dass in der Edition eine kritische Distanz erkennbar wird. 1998 in einer Neuedition der Werke Pawlows merkt er bezüglich dieses Sachverhalts an, es sei unmöglich gewesen, 1953 am russischen Originaltext, der der Übersetzung zugrunde lag, „irgendwelche Veränderungen vorzunehmen oder gar kritische Bemerkungen anzubringen", weil hierfür die „erforderlichen Informationen und notwendige Kompetenz" fehlten (Pickenhain, Vorwort zu Pawlow, 1998, S. 8). Zumindest wird 1998 das Ziel eines „von politischer Ideologie freien Sammelbandes" postuliert (ebd.).

5   1988, 1996, 2012: Bernsteinkonferenzen und Erbepflege

Die erste internationale Konferenz zu Bernstein und seinem Werk fand vom 2. bis 3. November 1988 auf deutschen Boden in Trassenheide in der DDR mit mehr als 100 Teilnehmern statt (vgl. Hirtz & Pöhlmann, 1989). Die Organisation lag bei der Fachkommission Sportmotorik und dem Greifswalder Forschungszirkel *Nikolai Alexandrowitsch Bernstein* (Kuhfeldt, 2010, S. 134).

Eine zweite Bernsteinkonferenz wurde 1996 in Zinnowitz durchgeführt (vgl. Hirtz & Nüske, 1997). An diesen Aktivitäten hatte Hirtz wesentlichen Anteil. Wichtige Aspekte aktueller Forschungen wurden umfassend auf ihren fachlichen und fachhistorischen Kontext geprüft. Damit wurde das Erbe Bernsteins nicht nur lebendig erhalten, es hat sich auch gezeigt, wie bedeutsam dessen Vorstellungen und Theorien für das heutige Verständnis von Bewegung sind. 2012 fand in Leipzig unter Federführung der *Deutschen Gesellschaft für Geschichte der Sportwissenschaft* e.V. die dritte Bernstein-Konferenz statt, die sich speziell historischen Aspekten einer Aufbereitung des Bernstein-Erbes widmete.

Seit ca. zwei Jahrzehnten setzt zudem eine fundierte und international getragene Biographieforschung zu Bernstein ein. In den USA haben sich insbesondere Turvey und Latash um die Pflege des Bernstein-Erbes verdient gemacht (vgl. Sternad, 1997). Die bekannte Zeitschrift *Motor Control* hat durch Mark Latash initiiert eine Sektion *Klassisches Erbe* gegründet, in welchem regelmäßig Arbeiten von Bernstein übersetzt, nachgedruckt, zitiert und besprochen werden. Zudem fand 1996 in den USA eine Internationale

Konferenz zu Bernstein statt (vgl. Latash, 1998, 2002, 2004).[3] Ebenso sind die diversen Schriften Feigenbergs erwähnenswert, der durchgängig Ideen Bernsteins aufgreift und referiert. Zudem liegt aus seiner Feder die erste Bernstein-Biographie vor (2004). In den Kontext der Forschungen gehört auch die Arbeit von Schneider (1989), in welcher experimentell die Koordinationshypothese Bernsteins überprüft wurde. Hoch zu würdigen sind die Arbeiten von Onno Meijer von der *Fakultät für Bewegungswissenschaften der Freien Universität Amsterdam* (u.a. 2002) sowie seines Mitarbeiters Bongaardt (1996). Seit 1989 veröffentlichte Irina Sirotkina vom *Institut für Geschichte der Wissenschaft und Technologie* in Moskau eine ganze Reihe fundierter Beiträge zu Bernstein und seinem wissenschaftlichen Wirken (zusammengestellt bei Loosch, 2012). Zudem finden sich im russischen Sprachraum aktuell viele Internetbeiträge zu Leben und Werk Bernsteins.

Nicht unerwähnt soll eine Jahrzehnte währende institutionelle Verankerung der Erbe-Pflege bleiben. Am 16. Januar 1971 erfolgte an der Greifswalder Ernst-Moritz-Arndt Universität, initiiert durch Peter Hirtz, die Gründung eines wissenschaftlichen Studentenzirkels, der sich speziell mit Fragen der Sportmotorik und Koordination beschäftigt. 1975 bekam der Forschungszirkel, der heute noch besteht, den Namen *Nikolai Alexandrowitsch Bernstein*. 2011 fand eine Festveranstaltung zum 40jährigen Bestehen des Zirkels statt. Das Institut für Sportwissenschaft der Ernst-Moritz-Arndt Universität, eines der traditionsreichsten sportwissenschaftlichen Institute in Deutschland und Basiseinrichtung für die Forschungen des Bernsteinzirkels, wurde 2009 geschlossen. Dass Bernsteins Forschungen nicht nur historischen Wert haben, sondern bleibende Erkenntnisse schufen, die aktuell noch von Nutzen sind, zeigen Arbeiten zur Robotik (u.a. Manoonpong, 2007), Musikwissenschaft (Kursell, 2010) und der aktuelle Diskurs um die Tätigkeitstheorie (vgl. Nikolaev, 2012), welche sich explizit auf die Erkenntnisse Bernsteins beziehen. Zudem sind die Arbeiten Bernsteins in der deutschen Sport- und Bewegungswissenschaft kontinuierlich präsent und werden in vielen trainings- und bewegungswissenschaftlichen Texten zitiert.

---

[3] Latash forscht seit 1974 zu Problemen der Motorik. Er lebte und arbeitete in Moskau, hatte viele Jahre auf Grund eines Emigrationsantrages seiner Familie Berufsverbot und wanderte 1987 in die USA aus.

6 Literatur

Akademie der Wissenschaften und Akademie der Medizinischen Wissenschaften der UdSSR (1954). Wissenschaftliche Tagung über die Probleme der physiologischen Lehre I. P. Pawlows. Moskau, 28. Juni bis. 4. Juli 1950. Stenographischer Bericht in deutscher Übersetzung (5 Hefte), 40. Beiheft zur „Sowjetwissenschaft". Berlin: Kultur und Fortschritt.

Bernstein, N. A. (1967). The co-ordination and regulation of movements. Oxford: Pergamon Press.

Bernstein, N. A. (1963). Novye linii razvitija v fiziologii ich sootnošenie s kibernetikoj (Neue Entwicklungslinien in der Physiologie und ihr Verhältnis zur Kybernetik). In P. N. Fedoseev (Red.), Filosofskie voprosy fiziologii vyssej nervnoj deâtel'nosti i psihologii (S. 229–322). Moskva: Akademii nauk CCCP.

Bernstein, N. A. (1971 a). Psychophysiologie und psychologische Bionik. In T. Kussmann & H. Kölling (Hrsg.), Biologie und Verhalten. Ein Reader zur sowjetischen Psychophysiologie (S. 17–37). Bern: Huber.

Bernstein, N. A. (1971 b). Bewegungskontrolle. In T. Kussmann & H. Kölling (Hrsg.), Biologie und Verhalten. Ein Reader zur sowjetischen Psychophysiologie (S. 146–172). Bern: Huber.

Bernstein, N. A. (1972). Probleme der Modellierung in der Biologie der Aktivität. In H. Matthies & F. Pliquett (Hrsg.), Mathematische Modellierung von Lebensprozessen (S. 163–173). Berlin: Akademie-Verlag.

Bernstein, N. A. (1975/1988). Bewegungsphysiologie (1. und 2. Aufl., Hrsg. L. Pickenhain & G. Schnabel). Leipzig: Johann Ambrosius Barth.

Bernstein, N. A. (1996). Die Entwicklung der Bewegungsfertigkeiten. Kapitel VIII aus N. A. Bernstein (1947), O postrojenii dviženij (Über den Aufbau der Bewegungen). Mozkva: Medgiz. Bearbeitung: G. Schnabel & H. Sandner, Übersetzung: J. Schlief 1958, C. Bauer 1996. Leipzig: IAT, dvs.

Bongaardt, R. (1996). Shifting Focus: The Bernstein Tradition in Movement Science. Amsterdam: Druk 80.

Erbach, G. (1952). Bemerkungen zu den Fragen der Theorie der Körpererziehung. Theorie und Praxis der Körperkultur, 1. Jg., H. 1, S. 23–31.

Fedoseev, P. N. (Red.). (1963). Filosofskie voprosy fiziologii vyssej nervnoj deâtel'nosti i psihologii. Moskva: Akademii nauk CCCP.

Feigenberg, I. M. (2004). Nikolai Bernstein: Ot refleksa k modeli budušego. Moskau: Smysl.

Hacker, W. (1962 a). Zur Modifikation des sogenannten Spontanen Lidschlags im Handlungsvollzug (II). Probleme und Ergebnisse der Psychologie, 1962, H. VI., S. 1–38.

Hacker, W. (1962 b). Zur Modifikation des sogenannten Spontanen Lidschlags im Handlungsvollzug (I). Probleme und Ergebnisse der Psychologie, 1962, H. V., S. 7–43.

Hinsching, J. (1996). Ostdeutsche Sportwissenschaft vor und nach 1960. dvs-informationen, 4, S. 15–25.

Hirtz. P. & Pöhlmann, R. (Red.). (1989). Aktuelle sportmotorische Forschungen im Lichte der Lehren N. A. Bernsteins [Themenheft]. Theorie und Praxis der Körperkultur, 38, Beiheft 2.

Hirtz, P. (1995). N. A. Bernsteins Werk und Wirkung auf die Entwicklung der Sportmotorik. Unveröff. Referat auf dem Sportwissenschaftlichen Hochschultag 1995 Frankfurt/M.

(Quelle: http://www2.uni-erfurt.de/ sport/download-all/ Hirtz_Bernstein-Referat._Frankfurt-1995.pdf)

Hirtz, P. & Nüske, F. (Hrsg.). (1997). Bewegungskoordination und sportliche Leistung integrativ betrachtet. Hamburg: Czwalina.

Jewgenjewa, L. J. (1953). Über die motorischen Fertigkeiten. Theorie und Praxis der Körperkultur, 2. Jg., H. 2, S. 69–76.

Kirsten, G. (1953 a). Gegen die Verfälschung der Lehren Pawlows. Theorie und Praxis der Körperkultur, 2. Jg., H. 1, S. 72–74.

Kirsten G. (1953 b). Die Aneignung und Vervollkommnung der Bewegungsfertigkeiten im Lichte der Lehre Pawlows. Theorie und Praxis der Körperkultur, 2 Jg., H. 5, S. 33–55.

Kuhfeldt, C. (2010). Die Entwicklung der Bewegungslehre und Sportmotorik in Deutschland. Marburg: Tectum.

Kursell, J. (2010). Moscow Eye and Ear Control. Über die neurophysiologischen Arbeiten von Nikolaj Bernštejn zum Klavierspiel. In S. Flach & M. Vöhringer (Hrsg.), Ultravision. Zum Wissenschaftsverständnis der Avantgarde (S. 83–105). München: Wilhelm Fink.

Latash, M. L. (Ed.). (1998). Progress in Motor Control: Bernstein's Traditions in Movement Studies, Vol. 1. Champaign, IL: Human Kinetics.

Latash, M. L. (Ed.). (2002). Progress in Motor Control: Structure-Function Relations in Voluntary Movements, Vol. 2. Champaign, IL: Human Kinetics.

Latash, M. L. (Ed.). (2004). Progress in Motor Control: Effects of Age, Disorder, and Rehabilitation, Vol. 3. Champaign, IL: Human Kinetics.

Loosch, E. (2012). Nikolai Alexandrowitsch Bernstein. Notizen zu Leben und Werk. In J. Court, A. Müller & W. Pyta (Hrsg.), Jahrbuch 2010 der Deutschen Gesellschaft für Geschichte der Sportwissenschaft e.V. (S. 41–74). Berlin: LIT.

Manoonpong, P., Geng, T., Kulvicius, T., Porr, B. & Wörgötter, F. (2007). Adaptive, Fast Walking in a Bipedal Robot under Neuronal Control and Learning. In: PLoS Computational Biology. Vol. 3, Issue 7, S. 1–16.

Meijer, O.G. (2002). Bernstein versus Pavlovianism: An Interpretation. In M. L. Latash (Ed.), Progress in Motor Control (Volume Two), Structure-Function Relations in Voluntary Movements, (S. 229–250), Champaign, Il.: Human Kinetics.

Meijer, O. G. & Bruijn, S. (2007). The Loyal Dissident: N. A. Bernstein and the Double-Edged Sword of Stalinism. Journal of the History of the Neurosciences, 16 (1), S. 206–224.

Nikolaev, B. (2012). Von der psychophysiologischen Theorie in der Sowjetunion zum expansiven Lernen der modernen Pädagogik. Unveröff. Hausarbeit, Universität Erfurt.

Pawlow, I. P. (1998). Gesammelte Werke über die Physiologie und Pathologie der höheren Nerventätigkeit. Herausgegeben von L. Pickenhain. Würzburg: Ergon.

Pickenhain, L. & Schnabel, G. (1988). Vorwort. In N. A. Bernstein, Bewegungsphysiologie (S. 9, 2. durchgesehene und erweiterte Aufl., Hrsg. L. Pickenhain & G. Schnabel). Leipzig: Johann Ambrosius Barth.

Pickenhain, L. (1998). Das Schicksal der PAWLOWschen Ideen in der UdSSR. In I. P. Pawlow, Gesammelte Werke über die Physiologie und Pathologie der höheren Nerventätigkeit (S. 375–408). Würzburg: Ergon.

Pöhlmann, R. (1966). Struktur- und Rhythmusprobleme der Motorik – eine kybernetische Darstellung unter philosophischem Aspekt. Wissenschaftliche Zeitschrift der Deutschen Hochschule für Körperkultur Leipzig, 8. Jg., H. 4, S. 54–63.

Rüting, T. (2000). Der Kampf um Pawlows Erbe: Die Karriere des Physiologen Leon Orbeli. In D. Beyrau (Hg.), Im Dschungel des Macht. Intellektuelle Professionen unter Stalin und Hitler (S. 319–339). Göttingen: Vandenhoeck & Ruprecht.

Rüting, T. (2002). Pavlov und der Neue Mensch. Diskurse über Disziplinierung in Sowjetrussland. München: Oldenbourg.

Schnabel, G. (1968). Zur Bewegungskoordination. Wissenschaftliche Zeitschrift der Deutschen Hochschule für Körperkultur Leipzig, 10. Jg., H. 1, S. 13–32.

Schneider, K. (1989). Koordination und Lernen von Bewegungen. Eine experimentelle Bestätigung von Bernsteins Koordinationshypothese. Frankfurt/M.: Deutsch.

Sirotkina, I. E. (1989). Rol' issledovanij N. A. Bernštejna v pazvitii otečestvennoj psihologii (Die Bedeutung der Forschungen N. A. Bernsteins für die Entwicklung der einheimischen Psychologie). Unveröff. Dissertation, Lomonossow-Universität Moskau.

Sirotkina, I. E. (1995). N. A. Bernshtein. The years before and after "Pavlov Session". Russian Studies in History: a journal of translation 34, 2, S. 24–36.

Sternad, D. (1997). Die amerikanische Bernstein-Rezeption und die US-Konferenz „Bernstein's Traditions in Motor Control". In P. Hirtz & F. Nüske (Hrsg.), Bewegungskoordination und sportliche Leistung integrativ betrachtet (S. 22–32). Hamburg: Czwalina.

Ukran, M. L. (1952). Die Rolle der Vorstellungen von den Bewegungen in der Beherrschung der Sporttechnik. Theorie und Praxis der Körperkultur, 1. Jg., H. 2, S. 26–30.

Zaciorskij, V. M. (1968). Die körperlichen Eigenschaften des Sportlers. Theorie und Praxis der Körperkultur, 17. Jg., Sonderheft, (Original: Fizičeskie kačestva sportsmena, 1966, Moskau: Fiskultura i sport).

Zaciorskij, V. M. (1991). Ob etoj knige, ee avtore i teh vremenah (Über dieses Buch, seinen Autor und seine Zeit. In N. A. Bernstein, O Lovkosti i ee razvitii (Über die Geschicklichkeit und ihre Entwicklung, S. 5–8, Übersetzung S. Fricke & E. Loosch). Moskau: Fiskultura i sport, (Manuskript 1947, russ.).

The Reception of Bernstein in Poland

Wacław Petryński

> Motto:
> *It has often been stated that ideas of Bernstein (...)*
> *placed him ahead of his time by 20-50 years.*
> Gerrit Jan van Ingen Schenau,
> Arthur J. van Soest

Abstract

The author presents the influence of the scientific achievements and views of N.A. Bernstein on development of kinesiology (in Poland termed "antropomotoryka") on Polish sciences on physical culture. In pre-war time Bernstein's achievements were completely not known in Poland – some Polish scientists were fascinated rather by I.P. Pavlov – and after the 2nd world war Bernstein was not known due to political reasons. Only in 1971 first his concepts have been presented in Polish literature. Until end of 20th century only few papers on his achievements appeared in Poland. Moreover, what he himself regarded as his greatest success, i.e. five-level movements' construction system, was nearly completely not known both in Poland and the whole non-Russian speaking countries. Only at the beginning of 21st century Bernstein's works were popularized in Poland and they make important source of both scientific knowledge and scientific inspiration.

Keywords: Bernstein's legacy, inspiration from Bernstein, motor science in Poland

1 Introduction

Nikolai Aleksandrovich Bernstein (1896–1966) is no doubt very important person in the contemporary motor science. Unfortunately, during whole his life he remained in the shadow of Ivan Petrovich Pavlov, though already in thirties of 20th century his theoretical achievements went ahead of those by Pavlov. Not without significance was also the fact that Bernstein was of Jewish origin and – as his friend and disciple Iosif Moiseevich Feigenberg has stated – "*he has never been allowed to forget it*". Until Pavlov's death in

1936 the scientific dispute between both scientists was possible, and then came the 2nd world war. Thereafter the adherents of Pavlov's ideas absolutely rejected views other than Pavlovian. As a result, during the infamous "Pavlovian Session" of the USSR Academy of Sciences and the USSR Academy of Medical Sciences (18.06.–04.07.1950) Bernstein, along with many other scientists, has been labelled "anti-Pavlovian" and discharged from his position.

Another obstacle in promoting Bernstein's views was the language barrier. Though he spoke 8 languages, he wrote his works mainly in Russian.

In 1939 Bernstein began to develop the bases of the discipline which he termed "physiology of activity". In 1947 he wrote his greatest work "*O postroyenii dvizheniy*" ("*On Construction of Movements*"). Bernstein himself argued that the theory of movements' construction levels makes the "central part" of the book. Not less than 217 pages from among 255 (i.e. 85%) have been devoted to description of the five-levels system of movements' construction.

Only in 1967 (i.e. already after Bernstein's death) the first English translation of several Bernstein works has been published. Unfortunately, in this collection of Bernstein's works there were no papers concerning the five-level movements' construction system. Accordingly, one cannot help feeling that in the West that system has not been noticed and Bernstein's name had been associated mainly with his minor achievement, i.e. the problem of freedom degrees reduction. From among whole his scientific property this issue was no doubts most "tangible" and liable to physical and mathematical description (the term "degree of freedom" has been borrowed from theoretical mechanics).

Summing up, Bernstein suffered the worst possible fate of a scientist: he became a classic, i.e. a scientist whom all other scientists refer to, but very few know his/her writings. And what more, it happened before his works had been understood.

2 Bernstein's ideas in Poland and in other countries before the end of 20th century

In pre-war period the works by Bernstein were completely not known in Poland. At that time Poland regained independence after nearly 130 years of partition, so also in science the necessary organizational structures were then just developing.

At that time the achievements by I.P. Pavlov were more commonly known. Two Polish young scientists, Jerzy Konorski and Stefan Miller, were fascinated with the concepts by Pavlov [Konorski, 1977]. Despite many obstacles – the relations between Poland and Soviet Russia were far from being ideal – they were invited by Pavlov and worked in his laboratory in Leningrad (Miller – 6 months, Konorski – 2 years).

One might roughly state that according to Pavlov's concept, each motor performance may be assembled with primary "bricks", i.e. reflexes. However, such a mental structure needed corrections and modifications to adjust it to observable reality. So, already in pre-war period Konorski developed the concept of "type II conditioned reflex". As a matter of fact, it resulted from shortage of Pavlov's theory and made a step towards ideas expressed later by Bernstein. In short, Konorski showed that there are other mechanisms of motor behaviour control than merely simple chains of Pavlovian conditioned and unconditioned reflexes.

After the 2nd world war Polish science was subordinated to the Russian direction. In the Soviet Union, especially after infamous "Pavlovian Session", the Bernstein's ideas have been labelled "pseudo-scientific". Nikolai Aleksandrovich was deprived of research possibilities. As a result, his achievements were completely not known in Poland.

Fortunately enough, he retained the ability to think and at that period he turned towards new – then – cybernetics. Nowadays one might assume that it was a step back in his development. The cybernetics, originated in the field of biology, started to make its way towards mathematical reality representations, whereas the motor control processes in humans are too complicated to be described by contemporary mathematics. In short, physical reality is liable to mathematical descriptions, but the biological reality is not. Accordingly, the five-level movements' control system (1947) is no doubt much more advanced scientific achievement than Bernstein's model of motor control termed "reflex circle" [Bernstein, 1957], probably the first cybernetic motor control depiction in science. It based on the sequence of events in a motor operation, but did not take into account different information processing modalities at different levels of movements' construction that make an essence of the five-level movements' construction system.

The greatest Bernstein's achievement, the book "*O postroyenii dvizheniy*", appeared in 1947. It is worth to mention that the "*Cybernetics: Or Control and Communication in the Animal and the Machine"* by Norbert Wiener, universally regarded as the first presentation of the idea of cybernetics, has been published in 1948. Only in 1968, i.e. two years after Bernstein's death, appeared the *"General System Theory: Foundations, Development, Applications"* by Ludwig von Bertalanffy, the first book about the theory of systems. Nevertheless, the Bernstein's ideas are fully coherent with the cybernetic and systemic concepts presented in the both works, by Wiener and von Bertalanffy [Wiener, 1948; von Bertalanffy, 1968].

In 1962 in Poland has been published the paper *"Koordynacja ruchów dowolnych i powstanie nawyków ruchowych człowieka w świetle ogólnych zasad sterowania i układów sterowanych"* (*"Co-ordination of Voluntary Movements and Formation of Motor Habits in Humans in the Light of General Principies of Control and Controlled Systems"*), by Levan Vladimirovich Tschaidze, doctoral student of Bernstein. The paper followed the "cybernetic path" of Bernstein's heritage, but – unlike the original "reflex circle" by Bernstein of 1957 – the concept by Tschaidze consist of two information processing rings: sensory and verbal-symbolic one [Tschaidze, 1962].

In 1967 the collection of Bernstein's papers entitled *"The Co-ordination and Regulation of Movements"* has been published in English in the West. Unfortunately, this book did not contain the description of five-level movements' construction system.

In 1971 the book *"Bionika ruchu"* (*"Bionics of the Movement"*) by Adam Morecki, Juliusz Ekiel and Kazimierz Fidelus has been published in Poland. The authors presented briefly the five-level movements' construction system by Bernstein [Morecki, Ekiel, Fidelus, 1971, pp. 315-317].

In 1975 in Germany appeared the book *"Bewegungsphysiologie"* containing collection of selected papers by Bernstein. Also in this book there was no description of the movements' construction system.

In 1984 Harold T.A. Whiting edited a book *"Human Motor Actions; Bernstein Reassessed"*, with critical comments to selected Bernstein's papers.

In 1992 Zbigniew Czajkowski has published the paper *"O dziwnych losach ludzi i książek oraz pośmiertnym zwycięstwie Bernsteina*" (*"On the Strange Fate of Books and Humans and the Posthumous Victory of Bernstein"*). It has quite strange history. In 1947 Bernstein won the highest national prize (so called "Stalin Prize") for his book "O postroyenii dvizheniy". Shortly thereafter he wrote a much more accessible (and even wittily) book "*O lovkosti i yeyo razvitii*" (*"On Dexterity and Its Development"*). Unfortunately in the meantime he was hailed as being cosmopolitan and the publication of the book became impossible. It was regarded as lost. Only after Bernstein's death his friend and disciple, Iosif Moiseevich Feigenberg, found a copy and in 1991 the book for the first time appeared in Russia. At that time Polish scientist, outstanding fencing coach Czajkowski (who learned Russian during 2nd world war in Vorkuta) received one copy as a present and wrote this paper.

In 1996 *"On Dexterity and Its Development"* appeared in English translation (by Mark L. Latash) in the United States.

In 2001 Vladimir Iosifovich Lyakh and Zbigniew Czajkowski published a paper entitled *"Znaczenie badań i poglądów Mikołaja A. Bernsteina w nauce o działalności ruchowej człowieka"* (*"The Meaning of Researches and Views by Nikolai Bernstein in the Science about Human Motor Activity"*).

3 Bernstein's in Poland in 21st century

In the first decade of 21st century I've discovered Bernstein's achievements. Since then I've presented 8 papers about Bernstein theory in five international and three domestic conferences, published 14 articles in scientific and methodological journals and wrote three books based on scientific achievements of Nikolai Aleksandrovich. It has to be noted that I've got a great support from friend and disciple of Nikolai the Great – Professor Iosif Moiseevich Feigenberg.

Probably the most desired "product" of the science is the predictability. It may be achieved either by induction, or by deduction. The former consists in building simple cause-effect chains at low level of abstraction. The latter includes reduction of highly abstract theory to the level of practice. Here the question appears: How the abstract theory is developed? It results from the other process, i.e. the abduction [Destexhe, Rudolph-Lilith, 2012]. The relations of induction, deduction and abduction are shown in figure 1.

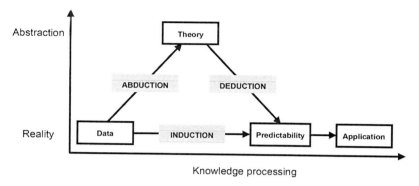

Figure 1. Knowledge processing in science: induction, abduction and deduction.

As seen in this figure, the abduction path leads away from reality and from the safe and "tangible" real facts. However, it seems to be instructive to quote two citations from biologist Jack Cohen and mathematician Ian Stewart, who argued:

A theory is a kind of code that transforms complicated „messages" from nature into much simpler ones [Cohen, Stewart, 2000, p. 363].

Complexity at lower level can generate new simplicities at a higher one [Cohen, Stewart, 2000, p. 246].

The induction may give some predictability, but it does not include understanding the processes and phenomena under research. The latter needs usually some simplification (self-limiting of science, as by Michał Heller) to create a theory, part of which is understanding the internal mechanisms of real events; this is why Kent "Sparky" Gregory stated that *"without an adequate theory reality is irrelevant"*. It is worth noticing that the abduction uses the "real facts" (i.e. observations or measurements) as a mental "springboard", indeed, but it needs detaching from them and operating only with more and more abstract representations of them. This marks the limits of empirical methodology in motor science researches.

4 Bernstein yesterday: exploration

To take advantage of Bernstein's achievements – as fully as possible – it is necessary to understand his concepts in more detail. Especially important – and at the same time not commonly known – is the five-level movements' construction concept. The schematic presentation of this model is shown in figure 2.

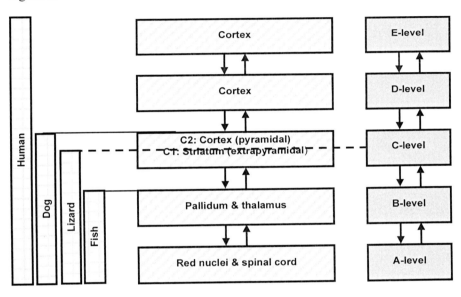

Figure 2. Bernstein's five-level movements' construction system: relation of evolutionary (leftcolumn), neurophysiological (middle column) and information processing factors (right column).

The detailed analysis of this seemingly simple diagram goes far beyond humble limits of this paper. Moreover, it seems too complicated for the whole contemporary science. Accordingly, it is necessary to simplify it in order to make it useful for science.

5 Bernstein today: inspiration

Taking into account the statement by Heller, that science needs self-limiting to achieve understandability [Heller, 2011, p. 101], I propose to take only the right column in figure 2 to develop a two-dimensional, matrix-like representation of formal relations between particular elements of human motor action. The "information processing ladder", consisting of A, B, C, D and E levels, may be used as a structural axis of such a matrix-like structure. The functional axis may be built by the sequence of events in a motor action. The latter contains the following links:
1. Stimuli reception and neural sensory inputs production (sensitivity),
2. Sensory inputs identification and evaluation (attention),
3. Pre-amplification of information processing (motivation),
4. Information processing and response production (intellect: intelligence, intuition, instinct),
5. Response evaluation (prudence),
6. Response construction (skills),
7. Response "archiving" (efferent copies),
8. Response execution (motor organs) [Petryński, Feigenberg, 2011].

Such premises enable creation of what may be termed movement's management matrix (MMM) that represents formal relations between possible components of human motor action (figure 3).

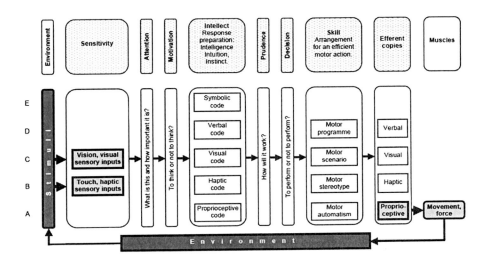

Figure 3. The movements' management matrix (simplified). The vertical axis is made of Bernstein's levels of information processing, whereas the horizontal one – of events sequence in a human motor action.

6 Bernstein tomorrow: application

The MMM makes one of many possible representations of human motor activities and information processing associated with them. Clearly visible is the fact that there are only two "input gates" from environment to the system, i.e. haptic at B-level and remote at C-level. However, on the "output side" there is merely one such "gate": motor one at A-level. Only at those "gates" it is possible to make any empirical observations or measurements. Unfortunately the most significant information processing occurs "somewhere inside", i.e. beyond the capabilities of any observations or measurements. This is why Richard Dawkins wrote: *"...Careful inference can be more reliable than 'actual observation', however strongly our intuition protests at admitting it"* [Dawkins, 2009, p. 15].

It is worth noticing that some regions of contemporary physics are "available" only by means of mathematics, and the motor control issues in humans are by far more complicated than those of physics. For example, in physics one has to do with two basic descriptions: of macro- and micro-world. The former uses the Euclidean image of reality, whereas the latter happens in the Hilbert space. So, in each of them there are different spatial and temporal relations, energy flows descriptions etc. In short, both these spheres need different modalities of description. Probably the best known is the uncertainty principle, specific to micro-world and not observed in the macro-world. They meet each other at the border and the communication between them is being described with the *"correspondence principle"* by Niels Bohr [Jammer, 1966].

In the MMM one has to do with five such spheres (each of them corresponds to one Bernstein's level) and, consequently, with four changes of modality. Moreover, here arises a new element, not existing in physics: the intentionality, basing on previous experiences of a given living being (including a human individual).

The "translatability" of one modality into another one seems to be possible only between adjacent levels. For example, it is not possible to explain verbally (D-level), how to keep equilibrium (B-level) while cycling. But even between adjacent levels it has severe limitations; here, may be, appear "uncertainties" analogous to that discovered in physics by Werner Heisenberg. It seems e.g. hardly possible to make an identikit portrait with phone communication only. These issues have been researched and analysed by Pawan Sinha and his colleagues [Held et al., 2011].

The MMM seems to be useful e.g. in description of motor learning and motor control processes. However, the more detailed analysis of those issues would go beyond the limits of this paper.

7 Final conclusions

The works by Nikolai Bernstein make a vast body of knowledge, to great extent – probably – yet not discovered. Here quite instructive may be history of physics. Philosopher and physicist Michał Heller wrote:

In the history of physics it is almost regularity that mathematical structure of a given theory becomes fully known only when this theory is already substituted with a new one. Just that next physical theory determines the limits of applicability of the previous one. So to speak, the structure of the old theory may be fully identified only ex post. For example, Cartan was able to reconstruct the geometrical structure of classical mechanics only when he already knew the mathematical structure of theory of relativity [Heller, 2011, p. 48].

Analogously, the further development seems to be necessary for full understanding the Bernstein's legacy. So, his works make not only a great body of knowledge, but also still greater source of intellectual inspiration. I am convinced that Nikolai the Great would regard just the latter as the most valuable part of his scientific legacy. And just there the message for his successors is to be found.

8 References

Bernstein N.A. (1947), *O postroyenii dvizheniy*, Medgiz, Moscow.
Bernstein N.A. (1957): *Nekotoryje nazrevayushchyje problemy regulacii dvigatielnych aktov* (*Some Emergent Problems of the Regulation of Motor Acts*), "Voprosy Psikhologii", 1957; 3 H. 6: 70–90.
Bernstein N.A. (1967): *The Co-ordination and Regulation of Movements"*, Oxford, Pergamon Press.
Bernstein N.A. (1975): *Bewegungsphysiologie*, Johann Ambrosius Barth, Leipzig.
Bernstein N.A. (1996): *On Dexterity and Its Development* (in:) M.L. Latash, M.T. Turvey (Eds.), *Dexterity and Its Development*, Lawrence Erlbaum Associates, Publishers, Mahwah, NJ.
Bertalanffy L. von (2001): *General System Theory: Foundations, Development, Applications*, George Braziller, New York, NY.
Cohen J., Stewart I. (2000): *The Collapse of Chaos. Discovering Simplicity in a Complex World*, Penguin Books, London.
Czajkowski Z. (1992): *O dziwnych losach ludzi i książek oraz pośmiertnym zwycięstwie Bernsteina*, „Sport Wyczynowy" nr 3–4.
Dawkins R. (2009): *The Greatest Show in The World. The Evidence for Evolution*, Free Press, Simon & Schuster, New York.
Destexhe A., Rudolph-Lilith M. (2012): *Neural Noise*, Springer, New York – Dordrecht – Heidelberg – London.
Held R., Ostrovsky Y., de Gelder B., Gandhi T., Ganesh S., Mathur U., Sinha P. (2011): *The Newly Sighted Fail to Match Seen With Felt*, "Nature Neuroscience", 14, p. 551–553.
Heller M. (2011): *Filozofia nauki. Wprowadzenie*, Petrus, Krakow.
Jammer M. (1966): *The Conceptual Development of Quantum Theory*, McGraw Hill Book Co., New York, NY.
Konorski J. (1977), *Autobiografia*, "Kwartalnik historii nauki i techniki", rok XXII, nr 2, pp. 215–250.
Lyakh V.I., Czajkowski Z. (2001): *Znaczenie badań i poglądów MIKOŁAJA BERNSTEINA w nauce o działalności ruchowej człowieka* (*Meaning of Works and Views by NIKOLAI BERNSTEIN in the Science on Human Motor Activity*), Rocznik Naukowy, AWF Gdańsk, Vol. X, pp. 111–139.
Morecki A., Ekiel J., Fidelus K. (1971): *Bionika ruchu*, Państwowe Wydawnictwo Naukowe, Warszawa.

Petryński W., Feigenberg I,M. (2011): *Emocionalnyje faktory v upravlenii dvizheniyami cheloveka (Emotional Factors in Motor Control in Humans)*, "Teoriya i Praktika Fizicheskoy Kultury", 1/2011, pp. 3–9 (in Russian).

Tschaidze L.V. (1962): *Koordynacja ruchów dowolnych i powstanie nawyków ruchowych człowieka w świetle ogólnych zasad sterowania i układów sterowalnych*, „Wychowanie fizyczne i sport", 2, pp. 155–161.

Whiting H.T.A. (1984): *Human Motor Operations; Bernstein Reassessed*, Elsevier Science Publishers B.V., Amsterdam.

Wiener N. (1948): *Cybernetics or Control and Communication in the Animal and the Machine*, John Wiley & Sons, Inc., New York.

The Common Path of Nikolai Bernstein and Andrzej Wohl

Wacław Petryński[1]
Antoni Pilawski[2]
Mirosław Szyndera[3]

Motto:
*You and I speak different languages, as usual (...),
but the things we say don't change for all that.*
Mikhail Bulhakov

Abstract

The authors present a specific comparison of the scientific achievements by N.A. Bernstein and A. Wohl. The former was highly independent scientist, whereas the latter tried to follow the officially accepted line of thinking, marked by the adherents of I.P. Pavlov. Both they were in some sense tragic figures. Because of political reasons, Bernstein has been deprived of organizational bases of his scientific work, whereas Wohl – of freedom of his intellectual penetrations. Symptomatically enough, the Wohl's considerations often deviated towards the Bernstein's way of thinking, despite his ideological views. The authors have showed the common elements in Bernstein's and Wohl's legacy. Indirectly it becomes visible, how harmful to science may be the political intervention. Nowadays such a devastating role may be played by economics.

Keywords: Bernstein's legacy, Wohl's legacy, "Pavlovian Session"

---

[1] Dr., Katowice School of Economics, Harcerzy Wrzesnia 3, 40-659 Katowice, Poland, waclaw.petrynski@interia.pl.
[2] Dr., Katowice School of Economics, Harcerzy Wrzesnia 3, 40-659 Katowice, Poland.
[3] Dr., University School of Physical Education, al. Jana Pawła II 78, 31-571 Krakow, Poland.

1 Introduction

Andrzej Wohl (1911–1998) was a philosopher and sociologist. He was also active member of communist party. Before the 2nd world war he was an activist of the communist party of Western Ukraine. During the war he was imprisoned in Soviet Union. Then he continued his political activity. However, in 1958 he completed the studies into philosophy, in 1967 received PhD degree, and in 1984 – the title of professor.

Most of his papers were devoted to philosophical and sociological issues. He was labelled "*komuch*" ("*comookh*", untranslatable, highly pejorative Polish epithet for the people with communistic views), so his papers were often regarded as "communistic propaganda". In fact, many of them were firmly rooted in "red" ideology. However, some of his highly intellectual works about cultural and psychological bases for motor activity in humans even nowadays – when we are flooded with deluge of empirical trivia – deserve detailed analysis.

It is worth noticing that already long ago this informational deluge – more or less valuable – became unmanageable for scientists. The only way to regain the control over the already possessed and newly acquired knowledge is to unchain the science from the ballast of rough "empirical facts". As Sir Peter Medawar stated, "*theories destroy facts*". Jack Cohen and Ian Stewart described the notion of theory as follows:

"A theory is a kind of code that transforms complicated 'messages' from nature into much simpler ones" [Cohen, Stewart, 2000, p. 363].

The scientific activity of Wohl was directed exactly towards theory development. He was one of very few scientists who wanted not to intensify the nearly useless informational deluge – scientific or pseudo-scientific – but to harness it and thus make it useful for humans.

2 Time and atmosphere – the political face of science

In Russian physiology – since the very beginning of the Soviet Union – the "Number One" was Ivan Petrovich Pavlov. Just he determined the directions of development. Jerzy Konorski, who worked in Pavlov's laboratory in Leningrad in 1931–1933, wrote:

Rarely was Pavlov opposed. The criticism, which was very feeble, would be circumlocuted by such phrases as: "How do you explain, Ivan Petrovich, this or that fact?"

Generally speaking, to openly criticize Pavlov was rather a shocking act and required some courage. First, Pavlov himself was a very strong debater, quite aggressive and not quite fair in discussion. Besides, if anybody dared to criticize Pavlov, the entire group would side against the critic. In such a situation, it was no wonder that Pavlov always prevailed. However, in spite of this, Pavlov truly esteemed those people who did oppose him and he highly respected the independence of one's own views, as long as he did not consider them to be nonsense. After arguing strongly and defending his own viewpoint, and after cooling down, Pavlov would often accept the view of his opponent and would openly admit that he had been wrong [Konorski, 1977].

Nevertheless, some cracks of his theory were visible even to his adherents. For example, to fill one of such "cracks", Aleksey Alekseevich Ukhtomsky developed the notion of "dominant" [Feigenberg, 2004, p. 38]. However, already in mid-thirties of 20th century Konorski, the co-worker and disciple of Pavlov, while compared the theories by two Nobel Prize winners, Ivan Petrovich Pavlov and Sir Charles S. Sherrington, came to such conclusion:

By that time I already had no doubt that it was Pavlov's theory that should be rejected. The more I pondered Pavlovian explanations of various facts in the field of conditional reflexes and tried to analyse the explanations, the more I discovered inconsistencies and contradictions in the Pavlovian interpretation of the facts. Thus, the idea grew in my mind to try to explain the whole bulk of experimental work collected by Pavlov's school by the Sherringtonian principles of functioning of the central nervous system [Konorski, 1977].

However, after Pavlov's death his followers have put him on a pedestal, and transformed his theory into liturgy. Accordingly, nobody disputed with the views other than those by Pavlov: they were rejected at once. This liturgy might be termed "concrete Pavlovism". It flickered in the science already since the death of Ivan Petrovich, but it exploded with full power in 1950 during the infamous "Pavlovian Session". At that session condemned was not only Bernstein [Sirotkina, 1991], but many other scientists, e.g. Leon Abgarovich Orbeli (close co-worker of Pavlov; director of Pavlov's Institute after death of Ivan Petrovich in 1936), Ivan Solomonovich Beritashvili and even Pyotr Kuzmich Anokhin, probably the most outstanding disciple of Pavlov.

By the way: The term "Pavlovian Session" seems to be highly unfair to Ivan Petrovich. He was no doubts open-minded scientist [Asratyan, 2001] and a great (though authoritarian) person. The "concrete Pavlovism" had been created by his followers, only after his death. Putting science in political constraints, caging it in empty, pseudo-scientific liturgy, was profoundly contradictory to the very spirit of Pavlov's way of thinking.

Nevertheless, the "concrete Pavlovism" was the dominant scientific paradigm in fifties and sixties of 20th century in the Soviet Russia and other socialistic countries. Accordingly, Wohl, as a scientist and communist, had to follow the lines of development officially regarded as being the "only right" ones. However, it was not easy to him...

3 The issues of human motor activity in the papers by A. Wohl

As already mentioned, the scientific activities of Wohl in the field of human motoricity were directed just towards theory creation. He clearly tried to develop his inquiries basing on Pavlov's theory [Wohl, 1964; Wohl, 1965a; Wohl, 1965b; Wohl, 1968; Wohl, 1972]. Nowadays his struggle for expressing with Pavlovian terminology what is clearly beyond the Pavlovian vision of science seems to be both heroic and hopeless. However, even today it is no doubts much more instructive than the empirical researches about "influence of something over something" or "measuring something in somebody"[4].

Probably the most significant and extensive work by Wohl in this field is his book "*Słowo a ruch. Z zagadnień teorii motoryczności ludzkiej*" ("*Word and Movement: From the Issues of Theory of Human Motoricity*"). It seems to be instructive to quote its list of contents:

From the author
Gnoseological aspect of Pavlovian concept of second signal system
Second signal system as a signal-movement mechanism
Systemization of verbal-signal resource
Specificity of formation of verbal-signal reflexes
The nature of verbal-signal associations contained in images
Time and space in images
The part of verbal context in images
The verbal signals as understandable signs and generalizations of reality
The conversion of first signal system message into verbal and motor-sound signalling
The reflexive nature of voluntary movements

---

[4] As a Polish proverb has it, "*It is better to loose with a wise man than to find with a fool*".

Cause-effect basis of voluntary movements versus their purpose
Programming of voluntary movements
Voluntary motor acts as manifestation of self-control
Motor images – the first stage of movements' elimination
Confrontation between verbal signals and extrinsic stimuli, the second stage of elimination
Motor memory
The determining of motor actions versus motor freedom
Conclusions [Wohl, 1965a].

The simple analysis of this list leads to conclusion that it would be hardly possible to describe such contents in terms of Pavlovian theory. Inserting anything between stimulus and response destroys the notion of reflex.

The list of references includes, of course, the papers by Marx, Engels, Lenin and Stalin, but also "*O postroyeni dvizheniy*" by Bernstein[5]. Wohl wrote:

Among other scientists, also Bernstein came across important difficulties. He is the author of one of the most insightful works concerning human motor activity. His concepts of multi-level structure of harmonized sets of movements and his attempt at establishing the phylogenetic sequence of formation of these levels explains to great extent the movements' structures of living creatures. It shows the immense complexity of each motor act and the role of numerous, phylogenetically various motor functions. However, when the author comes eventually to the E-level, i.e. phylogenetically youngest sets of movements, specific exclusively to humans (level, where – according to Bernstein – the motivation for movements are images and notions), it turns out that he has amazingly little to say about this issue [Wohl, 1965a, p. 69].

This needs a comment. According to Bernstein, E-level does not control any real motor action [Bernstein, 1947, p. 148]. Still more clearly he expressed this views in his other book "*O lovkosti i yeyo razvitii*"[6]:

In this book, we shall not touch on those factors proving the existence of at least one more cortical level (E) in our brain, which is the actual leading level for the acts of human communication, because it is unrelated to the main topic, dexterity [Bernstein, 1991, p. 165; Bernstein, 1996, p. 165][7].

---

[5] In his greatest work Bernstein refers to Lenin, indeed, but not to Stalin, Marx and Engels.
[6] Wohl did not know *O lovkosti*, because he wrote his book in 1965, and the Bernstein's book was then regarded as being lost. Only in 1991, thanks to I.M. Feigenberg, it was for the first time published in Russia, and in 1996 in English in the USA.
[7] Translation from Russian by M.L. LATASH.

It seemed very odd to me that such a great mind regarded the E-level, being in fact the most powerful level in the terms of information processing, as not important. Fortunately enough, I (WP) was able to ask a great authority, Professor Iosif Moiseevich Feigenberg, what actually Bernstein thought about the E-level. He answered that in fact Bernstein very highly valued just this level. Unfortunately, he lived in highly "behaviouristic" environment. John B. Watson, the founder of behaviourism, was strongly influenced by the theory of Pavlov. According to this paradigm, the scientific is only what might be observed, measured and calculated; the other issues had to be put into "black box" and were not eligible for scientific analyses. The E-level issues have to be positioned so deep in the "black box" that any attempt to research them would be labelled "daydreaming" (though in physics already at the beginning of 20th century just such "daydreaming" resulted with creation of e.g. quantum theory). So, in forties, in Soviet Union ("concrete Pavlovism"!), Bernstein was no in position to declare openly what he really thinks about this issue.

Paradoxically enough, while analysing in detail the informational and motor aspects of human behaviour, Wohl had often to enter the Bernstein's patch. On the same page he wrote:

There are no doubts that physiology or anatomy of the brain cortex may unveil in the future many new elements of human motoricity. However, the proper solution of the task, or at least making a significant turn in this discipline (motor science – W.P.), needs no more physiological data, but finding a bridge between physiology, as well as other sciences cooperating with it, and social sciences [Wohl, 1965a, p. 69].

An attempt to find such a bridge in the frames of theory of reflexes seems to be absolutely hopeless.

In the whole book Wohl uses the term "reflex". He discerns at least three different "kinds" of them, i.e. unconditioned, conditioned and conditionally-conditioned. This conforms to the theory by Pavlov, indeed, but on the other hand is highly misleading. Terming all these motor act "reflexes" suggests that they are three varieties of essentially the same phenomenon. In fact, each of them is controlled by another level of the central nervous system, each has other attributes, and finally each plays different function in the whole structure of motor activities. So, they may be termed "reflexes", "automatisms" and "habits", respectively. Moreover, they might be ascribed to A-, B- and C-level, respectively, according to Bernstein's theory.

In Pavlov's theory the clear border between information processing in humans and animals (only the former deserves the term "thinking") is roughly coherent with Cartesian division into *res cogitans* and *res extensa*, pyramidal and extrapyramidal systems by Samuel A. Kinnier Wilson, or Pavlovian second and first signal system. The comparison of those categorizations with the Bernstein's classification is shown in table 1.

	Sensory mode			Mental mode	
Descartes	*Res extensa*			*Res cogitans*	
Kinnier Wilson	Extrapyramidal system			Pyramidal system	
Pavlov	First signal system			Second signal system	
Bernstein	Proprioceptive	Contact-ceptive	Teleceptive	Verbal	Symbolic

Table 1. Relations between various categorizations of information processing modes.

Accordingly, it is generally coherent with the following statement by Immanuel Kant (quoted by Wohl, 1965a, p. 52): "Hence, it is as necessary for the mind to make its conceptions sensuous (that is, to join to them the object in intuition), as to make its intuitions intelligible (that is, to bring them under conceptions)" [Kant, 2003, p. 45].

However, the Bernstein's concept is the most detailed from among all the classifications presented in table 1, and at the same time it testifies to the fact that the whole information processing system in humans makes one coherent (though not homogenous) unity, from the primitive patellar reflex to the creation of the theory of relativity.

Despite of this, Wohl – to remain in the circle of Pavlovian vision of motor control – clearly divided the whole system of information processing and wrote:

However, the human perception process itself is inseparable from thinking, and it is inseparable from verbal form [Wohl, 1965a, p. 28].

The latter cannot be accepted. Already in mid-thirties of 20th century Beritashvili has showed that in animals the memory is of image-driven nature [Tsagareli, 2007]. So, if such mechanism is efficient in animals, there is no need to abandon it in humans only because they dispose of more advanced information processing techniques. All the more, using the information processing mode more complex (and more time-consuming) than necessary results with... deterioration of a motor performance and decreasing its efficiency. In sport it is termed "choking" [Schmidt, Wrisberg, 2008, p. 15].

Moreover, in Wohl's interpretation sharp dividing the motor control processes into sensory and mental categories is additionally being deepened by emphasizing the association of verbal processing with the social behaviour of *Homo sapiens*. On the other hand, the Bernstein's theory includes five such steps, so here it is much easier to notice the coherent structure of information processing in living beings, and not only two nearly separate mechanisms as in Pavlov's theory.

Nevertheless, in other part of his book Wohl wrote: "... it would be clear that the intellectual memory is only a transformed motor memory, and both they are equally connected with the goal-aimed action and cognition" [Wohl, 1965a, p. 89].

This is coherent not only with the already quoted statement by Kant, but also with the motor theory of language by Robin Allott [Allott, 1991].

In Wohl's book quite disputable is also identification of the terms "verbal" and "abstract". It is worth noticing that also purely sensory experiences may be "abstract", i.e. detached from direct sensory stimuli.

Wohl has to build very intricate mental structures to justify introduction of anticipation into the reflex theory. He wrote: "If reflex contains exclusively response to a stimulus as a phenomenon in itself, i.e. response to the past event, as a matter of fact it would be unnecessary. The essence of reflex consists in reaction to a signal, i.e. reaction to forecast of what only comes" [Wohl, 1965a, p. 65].

Each motor activity, even the most primitive reflexes, is directed into future, indeed. But understanding the function of anticipation that includes both specific code of information processing, as well as space and time perception, cannot be reduced to simple reflex reactions.

On the other hand, the problem of anticipation (or even probabilistic prognosis; the term coined by Feigenberg) makes an inseparable part of Bernstein's theory. So, while analysing those issues, Wohl enters in fact the Bernstein's and not Pavlov's patch.

While describing verbal code, Wohl wrote: "In the process of communication, verbal context is especially important. It is a 'common denominator' that unifies various visual contexts. It makes a higher level of reality generalization, termed 'notion'" [Wohl, 1965a, p. 35].

While looking from the Bernstein's theory perspective, it is simply "translation" of C-level code (visual) into D-level code (verbal).

In chapter 9 Wohl presents probably most important construct in motor control mechanism in humans and animals, i.e. the system. He wrote:

(...) a superior system consists of elementary systems, but it disposes of information resource being not merely a sum of particular elementary system. It disposes also of the information resulting from its own action, both as a superior system, and as a developing system [Wohl, 1965a, p. 58].

Here Wohl describes the main attributes of a system (in terms of the theory of systems), being one of the main foundations of Bernstein's theory. It is worth noticing that both Bernstein and Wohl described their ideas before in 1968 Ludwig von Bertalanffy described his theory of systems in full.

In chapter 13 Wohl wrote:

... bringing motor reflexes to the end, to their movements' stage, needs (...) passing those reflexes through the phase of verbal signal – of course, only when the movement is conscious and its performing has not been transferred to the lower, sub-cortical or spinal motor centres (our emphasis, W.P., M.S. and A.P.) [Wohl, 1965a, p. 70].

Then, in chapter 13a, he argued: "So, during performing movements consciously, the consciousness does not concern the course of movement performing itself. The course is controlled by consciousness, indeed, but it is realized by agency of sub-cortical motor centres and thus the whole performance is being automated" [Wohl, 1965a, p. 73].

While analysing this problem, Bernstein does not use the term "consciousness" but "attention". According to his "main level principle", the attention is focused only on the main level of a given motor activity, whereas the lower levels work as "background", i.e. without attention concentration.

The same problem made a bone of contention between Jack A. Adams and his student Richard A. Schmidt. Attention concentration is necessary in feedback control mode (closed loop control), and it is not needed in feedforward control mode (open loop control). Adams was supporter of the former, whereas Schmidt – of the latter. As a result, he developed his famous schema theory [Schmidt, Wrisberg, 2009; Schmidt, Lee, 2011].

In Wohl's book there is another excellent illustration of the "main level principle" by Bernstein: "... it is clearly visible the dominant role of motor habit (as a specific resource of memory) over direct perception" [Wohl, 1965a, p. 87].

By the way. It seems worth noticing that in Wohl's book there is such sentence on p. 76:

The space as a space in itself, existing independently of motor ability and ability to perception of objects, does not exist for an animal.

This formulation is intellectually identical with the notion of "affordance" by James J. Gibson [Gibson, 1979]. However, the formulation by Wohl is 12 years older.

While taking into account the Wohl's critique of Bernstein's theory (and especially the concept of E-level), quite instructive seems to be the following statement: "As long as the images exist beyond the sphere of realization, i.e. they don't exist as direct stimuli for action that closes the final stage of a reflex, they are not limited by clear directing and they are not adjusted to current capabilities" [Wohl, 1965a, p. 83].

Paradoxically enough, it is good description of the information processing at E-level that cannot control any real performance.

The very important component of the Bernstein's theory may be traced in the following statement by Wohl: "Each voluntary act is, then, a process of elimination of unnecessary possibilities. It results in difficulty of decision taking in the case of great cognitive range and while noticing numerous possibilities, mutually excluding each other" [Wohl, 1965a, p. 108].

This might be regarded as the process of freedom degrees reduction at higher levels of the Bernstein's system of movements' construction.

4 Final conclusions

Very symptomatic is the following statement by Wohl: "Human motor actions are, then, far from that notion of reflex which had been formulated on the basis of early researches into reflexes being observed in animals. However, the human actions might be understood only on the basis of reflex theory" [Wohl, 1965a, p. 109].

The former of the two sentences means that the Pavlov's theory should be regarded as obsolete. However, the latter may be regarded as an attempt to defend that theory. Three years later Wohl wrote:

One cannot forget that many terms being currently used in science are inherited as a legacy from the past, along with whole the ballast of ambiguity which they are burdened with. They free themselves of this load only gradually and with difficulty. Each level of knowledge development is usually accompanied either by changing the notional content of already existing terms, or by development of new terms mirroring new, not known up to then aspects of phenomena. Without properly applied terms that precisely denote the essence and character of the phenomena, the cognition of objective reality is not possible [Wohl, 1968, p. 9].

Such a declaration, assuming some "plasticity" of the terms used in science, gives him much freedom in his further analyses. Accordingly, it might be interpreted as an attempt to liberate himself from ideological constraints that restricted freedom of science.

By the way: such a freedom is necessary for science development and progress. It is to be noted, too, that the empirical researches have to be tightly associated with the experimental data, what makes sometimes great constraints or even ballast preventing a researcher from noticing more general aspects of phenomena and processes under research. On the other hand, the freedom of interpretation – that cannot be reconciled with the "concrete Pavlovism" – is absolutely necessary for intellectual work at higher level of abstraction, where the theories are being born. Those regions are often inaccessible for direct observation or laboratory measurements; hence, they are visited only by scientific mavericks. And this is just the field of Wohl's scientific penetrations.

Here it comes to mind rather melancholic reflection. Besides profound expertise in motor control issues, Bernstein had also a sound mathematical and physical knowledge, whereas Wohl – a thorough grasp of philosophy. How fruitful would have been the cooperation of both these intellectual Giants...

Pavlov was the giant of science not because he managed to solve the problems of human motoricity, but because he turned our attention to what may be regarded as a specific glasses enabling looking into mind activities. The main error of his followers is looking for problem solutions in Pavlov's legacy.

The virtual dispute between three great scientists – Pavlov, Bernstein and Wohl – may be summed up with a more general reflection. Michał Heller wrote: "In the history of physics it is almost regularity that mathematical structure of a given theory becomes fully known only when this theory becomes already substituted with a new one. Just that next physical theory determines the limits of applicability of the previous one" [Heller, 2011, p. 48].

The scientists are longing for "philosopher's stone" or "versatile problems' solver". Often they don't notice that a theory of all would be the theory of nothing. The biologist Jack Cohen and mathematician Ian Stewart wrote: "A Theory of Everything would have the whole universe wrapped up. And that's precisely what would make it useless" [Cohen, Stewart, 2000, p. 365].

Accordingly, a computer is no doubts highly versatile device, but a primitive hammer is much better suitable to driving in a nail. So, paradoxically enough, while placing Pavlov's theory on its right position in science and not expecting it to explain the issues which it is not able to explain, then – and only then – it shows in full its genuine value and usefulness.

Accordingly, it seems that Bernstein's theory unveiled the limits of the Pavlov's ideas. So, Wohl's attempts at "pushing back" the theory of human motoricity towards the rigid frames of Pavlov's theory were rather hopeless enterprise. Nevertheless, Wohl made no doubt the best of it.

Summing up, Professor Andrzej Wohl was probably the first "full blooded" theorist dealing with human motoricity in Polish science on physical education. His highly intellectual works were clearly different from pseudoscientific "empirical rubbish", i.e. data about "influence of something over something" or "measuring something in somebody". Unfortunately – partly probably because of pigeonholing him as a "comookh" – he has very few followers and his achievements are nowadays covered with a dust. He tried to adjust his works to the "officially acknowledged views" and to reduce all the human motor actions to the level of reflexes, indeed. Nevertheless, his analyses crushed the rigid frames of "concrete Pavlovism" and *nolens volens* directed his reasoning to the Bernstein's theory. Even today, the intellectual travel along his mental paths – including those assumed nowadays to be erroneous – is no doubt much more instructive than mechanical calculating a next arithmetic average, standard deviation or correlation coefficient.

The story of Bernstein and Wohl show evidently, how harmful for science may be extra-scientific influences. In their cases they were political ones, but nowadays similarly dangerous seem to be the economical ones.

5 References

Allott R. (1991): *The Motor Theory of Language* (in:) W. von Raffler-Engel, J. Wind, A. Jonker (Eds.): *Studies in Language Origins*, Vol. 2, John Benjamins Publishing Company, Amsterdam/Philadelphia, 1991, pp. 123–157.

Asratyan E.A. (2001): *I.P. Pavlov. His Life and Work*, University Press of the Pacific, Honolulu, HI.
Bernstein N.A. (1947): *O postroyenii dvizheniy*, Medgiz, Moscow.
Bernstein N.A. (1991): *O lovkosti i yeyo razvitii*, Fizkultura i Sport, Moscow.
Bernstein N.A. (1996): *On Dexterity and Its Development* (in:) M.L. Latash, M.T. Turvey (Eds.), *Dexterity and Its Development*, Lawrence Erlbaum Associates, Publishers, Mahwah, NJ.
Cohen J., Stewart I. (2000): *The Collapse of Chaos. Discovering Simplicity in a Complex World*, Penguin Books, London.
Feigenberg I.M. (2004): *Nikolai Bernstein: ot refleksa k modeli buduschego*, Smysl, Moscow.
Gibson J.J. (1979): *The Ecological Approach to Visual Perception*, Houghton Mifflin, Boston, MA.
Heller M. (2011): *Filozofia nauki. Wprowadzenie*, Petrus, Krakow.
Kant I. (2003): *Critique of Pure Reason*, Dover Publications, Inc., Mineola New York, NY, 2003, translation by John Miller Dow Meiklejohn.
Konorski J. (1977): *Autobiografia*, Kwartalnik historii nauki i techniki, rok XXII, nr 2, Polska Akademia Nauk, Warszawa, pp. 215–250.
Schmidt R.A., Lee T.D. (2011): *Motor Control and Learning. A Behavioral Emphasis*, Human Kinetics, Champaign. IL.
Schmidt R.A., Wrisberg C.A. (2008): *Motor Learning and Performance. A Situation-Based Learning Approach*, Human Kinetics, Champaign, IL.
Sirotkina I.E. (1991): BERNSTEIN: *gody do i posle "Pavlovskoy sessii"* (BERNSTEIN: *The Years Before and After the "Pavlovian Session"*), (in:) M.G. Yaroshevsky (Ed.), *Represirovannaya nauka*, "Nauka", Sankt Petersburg, pp. 319–326.
Tsagareli M.G. (2007): *Ivane Beritashvili: Founder of Physiology and Neuroscience in Georgia*, "Journal of the History of the Neurosciences", 16, pp. 288–306.
Wohl A. (1964): *Współdziałanie pierwszego i drugiego układu sygnałowego w świetle teorii informacji*, „Wychowanie fizyczne i sport", tom VIII, nr 4, pp. 427–437, Państwowe Wydawnictwo Naukowe, Warszawa.
Wohl A. (1965a): *Słowo a ruch: z zagadnień teorii motoryczności ludzkiej*, Państwowe Wydawnictwo Naukowe, Warszawa 1965.
Wohl A. (1965b): *Pamięć ruchowa a pamięć intelektualna*, „Wychowanie fizyczne i sport", tom IX, nr 2, pp. 229–241, Państwowe Wydawnictwo Naukowe, Warszawa.
Wohl A. (1968): *Kultura – kultura fizyczna – wychowanie fizyczne* (in:) A. Wohl, *Społeczne problemy kultury fizycznej*, Wydawnictwa Akademii Wychowania Fizycznego, Warsaw.
Wohl A. (1972): *Informacja – układ ruchowy – samosterowanie*, pp. 81–108, Roczniki Naukowe AWF w Warszawie, tom XVI, Warszawa.

Zur Personalpolitik an der Deutschen Hochschule für Leibesübungen

Jürgen Court

1 Einführung

Der vorliegende Aufsatz ist eine unmittelbare Fortsetzung meiner Überlegungen zur Finanzierung der Deutschen Hochschule für Leibesübungen (DHfL), die am 5. Mai 1920 als private Einrichtung des Deutschen Reichsausschusses für Leibesübungen (DRA) in Berlin-Charlottenburg eröffnet wurde. Nicht nur für die Zeit der Hyperinflation, sondern auch die Jahre davor und die Jahre danach konnte festgehalten werden: „Die DHfL war ein Zuschußbetrieb, der sich aus eigenen Einnahmen bzw. denen ihres Trägers DRA nicht selbst finanzieren konnte und daher auf private und staatliche Zuschüsse angewiesen war."[1]

Wenn wir uns diesmal – anhand von zwei Exempeln – mit der Personalpolitik ihrer Gründungsphase beschäftigen, soll zum einen gezeigt werden, daß Fragen der Personalgewinnung und des Personalverbleibs selbstverständlich als besonderer Anwendungsfall jenes allgemeinen finanziellen Hintergrundes verstanden werden müssen: Personalpolitik hängt stets von den finanziellen Möglichkeiten der jeweiligen Institution ab.[2] Zum anderen wäre es jedoch methodisch verkürzt, Personalpolitik *bloß* als Ausdruck finanzieller Bedingungen zu verstehen, denn in sie fließen auch persönliche, politische, ideologische oder (wie hier) wissenschaftliche Motive ein, die jene finanziellen Fragen beeinflussen oder sogar überlagern können.[3] Das erste Beispiel

---

[1] Court, Finanzierung, S. 14.
[2] Ein schlagendes Beispiel für eine der neueren großen Universitätsgeschichten: Auch wenn Hammerstein, Johann-Wolfgang-Goethe-Universität, Bd. I, Vorwort, explizit die Personen- der Institutionengeschichte vorzieht, durchzieht die Frage ihrer Finanzierung sein Werk wie ein roter Faden. Siehe meine Rezension: Court, Hammerstein.
[3] Dies war beispielsweise der Fall beim am 21. Oktober 1921 abgeschlossenen Vertrag zwischen dem Kaiser-Wilhelm-Institut für Arbeitsphysiologie und der DHfL; siehe den Brief seines Leiters Maximilian Rubner vom 17.7.1921 an Adolf von Harnack: „Die Hochschule für Leibesübungen ist an mich herangetreten und hat mich gebeten, Untersuchungen über die physiologischen Vorgänge bei den körperlichen Arbeitsleistungen bei Turnen und Sport in Angriff zu nehmen. Ich trage kein Bedenken, eine solche lockere Verbindung mit der Hochschule für Leibesübungen zu empfehlen, weil dadurch die Interessen des Instituts für Ar-

betont stärker die finanzielle Seite und das zweite dieses Motivbündel. Da die Aktenlage zu beiden als sehr gut anzusehen ist, werden zur ihrer Illustration zahlreiche Zitate verwenden können.

Zum Verständnis des folgenden sind einige grundsätzliche Vorbemerkungen zur Gliederung der DHfL nötig. Die Organisation und Leitung ihrer Lehre und Forschung oblag vier Abteilungen: I. Abteilung: Übungslehre, II. Abteilung: Gesundheitslehre, III. Abteilung: Erziehungslehre, IV. Abteilung: Verwaltungslehre.[4] Während die Satzung der DHfL von 1924 vorschrieb, daß die jeweiligen Leiter der Abteilungen „aus der Zahl der ordentlichen Lehrer bzw. Dozenten vom Senat für drei Jahre ernannt"[5] werden, enthielt hierfür die im Sommersemester 1920 gültige Ordnung vom 10. Januar 1920 mangels eines solchen Personals natürlich noch keine Regelung, und die Besetzung aller Stellen erfolgte gemäß einer umfangreichen Stellenausschreibung vom 2. März 1920. Bereits sie läßt eindeutig erkennen, daß dem DRA die großen finanziellen Probleme seiner Hochschule schon in der Gründungsphase vollkommen bewußt waren: das in der Ausschreibung am häufigsten vorkommende Adjektiv lautet ‚opferwillig'.[6]

Vor diesem Hintergrund steht der Ort ihrer Eröffnungsfeier, die Aula der Berliner Universität, als Symbol für die enge und facettenreiche Verbindung vor allem zwischen ihrer Medizinischen Fakultät und der DHfL.[7] So zielt seine wissenschaftsmethodische Seite auf die Überzeugung, daß die „typische Querschnittswissenschaft"[8] Sportwissenschaft neben der Pädagogik vor allem aus der Medizin gespeist werden muß[9], und die personelle Seite

---

beitsphysiologie nur gefördert werden. Die Hochschule für Leibesübungen kann jederzeit Versuchspersonen für arbeitsphysiologische Experimente zur Verfügung stellen. [...] Studien über die gewerbliche Arbeit lassen sich leicht an die in Aussicht genommenen Versuche aus Sportleistungen anschliessen und dadurch weiteren Kreisen die Bedeutung der Arbeitsphysiologie vor Augen führen"; zit. n. Uhlmann, Kohlrausch, S. 93.

[4] § 7 der Satzung von 1924; abgedruckt in Diem, Hochschule, S. 57.

[5] § 7 der Satzung von 1924; abgedruckt in Diem, Hochschule, S. 57; vgl. § 8 der Ordnung der DHfL v. 10.1.1920 (CuLDA, Mappe 186).

[6] Der Text ist enthalten in: CuLDA, Mappe 185 [o. P.]).

[7] Zu diesem Symbolcharakter bündig Becker, Leben, Bd. II, S. 51: Im Grunde führte die DHfL „eine parasitäre Existenz: ihre Wirte waren die Friedrich-Wilhelm-Universität, das Kaiser-Wilhelm-Institut für Arbeitsphysiologie und das Deutsche Stadion."

[8] Diem, Schriften, Bd. 1, S. 93 [1940]; zu seiner Bedeutung auch Hausmann, Geisteswissenschaften, S. 17, 218–219.

[9] Vgl. Diem, Hochschule, S. 6: „Wohl hatten Ärzte und Erzieher, ja Männer aller Stände schon immer vor dem einseitigen ‚Intellektualismus' gewarnt. Aber erst die mächtige Er-

darauf, daß der renommierte Chirurg der Berliner Charité, August Bier, zum ersten Rektor der DHfL ernannt wurde. Diese Symbiose zwischen Berliner Universität und DHfL stärkte aber nicht nur ihr Ansehen,[10] sondern war zudem auch für die finanzielle Seite ihrer Personalpolitik von größter Wichtigkeit. Sie bedeutete nämlich beste Rekrutierungsmöglichkeiten von Personal aus dem Kreise der Universität sowohl in Form von preiswerten Lehraufträgen wie der Wahrnehmung von nebenamtlichen Abteilungsleitungen. Das solcherart gewonnene Lehrpersonal der DHfL konnte daher gleichzeitig als eine große Kostenersparnis[11] *und* ein „Who is who' der Sportmedizin [...] der Weimarer Republik"[12] aufgefaßt werden: Friedrich Kopsch, René du Bois-Reymond, Franz Kirchberg, Rudolf Klapp, Wilhelm Baetzner, Herbert Herxheimer und Max Rubner lehrten an ihr. Als renommierter Vertreter der Pädagogik trat Eduard Spranger seit dem Sommersemester 1923 hinzu.[13]

2 Beispiel I: Die Besetzung der Abteilungsleitung Übungslehre

Blicken wir für das erste Beispiel – die Nichtbesetzung einer Stelle aus finanziellen Gründen – zunächst auf die allgemeine Lohnpolitik von DRA und DHfL, so bildete zwar der Teiltarifvertrag bei den Reichs- und preußischen Staatsverwaltungen vom 4. Juni 1920 die Grundlage der Löhne ihrer Angestellten.[14] Der DRA zahlte jedoch prinzipiell „nicht die ortsüblichen Gehälter"[15], sondern – auf der Grundlage der Festsetzungen durch seinen Wirt-

---

schütterung des Weltkrieges erhellte die Erkenntnis, daß die geheimnisvolle Abhängigkeit von Körper, Verstand und Seele sich nicht ungestraft auf die Dauer zugunsten einer Seite vergewaltigen lasse. Diese Erkenntnis mußte aus der Naturwissenschaft entstehen, und so waren es nicht die Pädagogen, sondern die Mediziner, die die Notwendigkeit einer Forschungsanstalt für das Gebiet der Leibesübungen fühlten."
[10] So nannte Diem Rubner in einem Brief v. 20.6.1924 an Richard Franz den „größten Physiologen"; zit. n. Becker, Leben, Bd. II, S. 98.
[11] Ebenso Becker, ebd., S. 45.
[12] Uhlmann, Kohlrausch, S. 80.
[13] Bericht über das 1. Sommersemester 1923, in Tätigkeitsbericht DHfL Wintersemester 1922/23, S. 3 (CuLDA, Mappe 188).
[14] Bericht über die Sitzung des Wirtschafts-Ausschusses des DRA am 8.2.1921 v. 10.2.1921, S. 2, TOP 3 (CuLDA, Mappe 4).
[15] Vgl. Kassenbericht zur Vorstandssitzung des DRA am 30.10.1920 v. 28.10.1920, S. 3: „Wenn der Reichsausschuss nicht die ortsüblichen Gehälter zahlen will, kann er nicht auf den

schaftsausschuß – lediglich 75% der tarifmäßigen Bezüge.[16] Die Ausnahmen waren zum einen vertragliche Bindungen bei „Beurlaubungen aus dem Staatsdienst pp."[17] und zum anderen das Interesse des DRA an der Gewinnung bzw. am Verbleib besonders wichtig erscheinender Personen. Mit diesen wurden dann auch individuelle Verhandlungen über besondere Zuschüsse bis zu 4 000 Mark geführt. Auf der Grundlage ihres Jahresgehaltes von 18 000 Mark konnten die Angestellten beispielsweise zusätzlich ein „mässiges Taschengeld" erhalten oder „Kosten der Unterstellung von Möbeln" bzw. der „Unterkunft und des Unterhalts"[18] erstattet bekommen. Mit Beginn der Hyperinflation mußten die Gehälter ständig neu angesetzt werden[19], bis sich ab 1923 die Situation allmählich entspannte[20]. Diem erhielt hier insofern eine Vorzugsbehandlung, als seine Bezüge früher als die des übrigen Per-

---

Verbleib bewährten Personals rechnen" (CuLDA, Mappe 3).
[16] Vgl. Bericht über die Sitzung des Wirtschafts-Ausschusses des DRA am 4.11.1921 v. 8.11.1921, S. 2, TOP 2 (CuLDA, Mappe 4); Bericht über die Sitzung des Wirtschafts-Ausschusses des DRA am 16.11.1922 v. 21.11.1922, S. 1, TOP 1 (ebd.). Dabei wurden die Angestellten im DRA schlechter als seine Beamten bezahlt; siehe den Brief Diems v. 1.3.1920 an seinen Wirtschauftsausschuß bei Becker, Leben, Bd. II, S. 40–41.
[17] Bericht über die Sitzung des Wirtschafts-Ausschusses des DRA am 15.9.1922 v. 21.9.1922, S. 2, TOP 2: „Der Wirtschaftsausschuss lehnt unter Berücksichtigung der augenblicklichen Finanzlage des DRA die Erhöhung der Bezüge auf die tarifmässigen Septembersätze ab, soweit nicht die Uebernahme staatlicher Bezüge bei Beurlaubungen aus dem Staatsdienst pp. vertraglich zugesichert ist" (CuLDA, Mappe 4).
[18] Tagesordnung zur Sitzung des Wirtschafts-Ausschusses des DRA am 4.11.1921 v. 8.11.1921, S. 1 (CuLDA, Mappe 4), vgl: den Bericht über die Sitzung des Wirtschafts-Ausschusses des DRA am 4.11.1921 v. 8.11.1921, Punkt 2, S. 2 (ebd.); Bericht über die Sitzung des Wirtschafts-Ausschusses des DRA am 8.2.1921 v. 10.2.1921, S. 4 (ebd). Die genannten Zuschüsse bezogen sich auf gleich drei Anträge von Kohlrausch, Klinge und Schulte auf die Neuregelung ihrer Bezüge in jener Sitzung vom 4.11.19121 und sind exemplarisch dafür, daß solche Anträge regelmäßig gestellt wurden. Die Höhe der Gewährung war außer von besonderen persönlichen Umständen von der Vorbildung der Antragsteller abhängig.
[19] Vgl. Bericht über die Sitzung des Wirtschafts-Ausschusses des DRA am 16.11.1922 v. 21.11.1922, S. 1 (CuLDA, Mappe 4): „Nach Darlegung der wirtschaftlichen Lage des D.R.A. beschloss der Wirtschaftsausschuss die Regelung der Gehaltsbezüge der Angestellten auszusetzen und zu diesem Zwecke eine neue Sitzung auf den 29. November anzuberaumen. Zur Erleichterung der Lage der Angestellten sollen die November-Bezüge in Höhe der im Oktober gezahlten Bezüge, soweit sich dies ermöglichen lässt, sofort zur Auszahlung gelangen."
[20] Siehe Tätigkeitsbericht des DRA v. 1.4.1922–31.3.1923, S. 5 (CuLDA, Mappe 13): „Die Anstellungsverhältnisse, die in den Monaten der Markkatastrophe außerordentlich schwierig waren, haben sich zur Zeit wieder gebessert, so daß eine Reihe von noch nicht erledigten Stellenangeboten vorliegt."

sonals festgelegt wurden; in ihnen war seine Dozententätigkeit für die DHfL bereits eingeschlossen.[21]

Bereits im Sommersemester 1920 traten die prinzipiellen Probleme der untertariflichen Bezahlung offen zutage. Während eine – vermutlich zur Eröffnung der DHfL angefertige Broschur – als Leiter der Abteilung I Josef Waitzer, der Abteilung II Arthur Mallwitz, der Abteilung III Paul Kunath und der Abteilung IV Carl Diem aufgeführt hatte[22], wurden tatsächlich im ersten Semester der DHfL nur die II. und die IV. Abteilung wie vorgesehen besetzt. Die I. Abteilung erhielt lediglich eine stellvertretende Leitung (durch Diem), während die Leitungsposition der III. Abteilung ganz unbesetzt blieb.[23] Am Beispiel der Abteilung I kann nun gezeigt werden, daß diese Broschur vermutlich wider besseres Wissen verfaßt wurde: wohl weil die DHfL vor Eröffnung unter enormen Zeitdruck stand und mit einer festen Besetzung Seriosität nach außen demonstrieren wollte – natürlich auch in der Hoffnung auf politische und finanzielle Unterstützung.

Diem hatte am 8. Januar 1920 im Wirtschafts-Ausschuß des DRA darüber berichtet, „dass er zunächst die Anstellung von drei Abteilungsleitern in Aussicht genommen habe und mit Herrn Waitzer als Abteilungsleiter für Uebungslehre sofort nach seiner Rückkehr aus der Gefangenschaft in Verhandlungen treten werde."[24] Diems „alter Freund"[25] Josef Waitzer war – ne-

---

[21] Vgl. den Bericht über die Sitzung des Wirtschafts-Ausschusses des DRA am 8.2.1921 v. 10.2.1921, S. 2 (CuLDA, Mappe 4); Bericht über die Sitzung des Wirtschafts-Ausschusses des DRA am 30.9.1921 v. 7.10.1921, S. 2 (ebd). Vgl. den Brief Diems an Westerhaus v. 1.10.1923, S. 1 (CuLDA, Mappe 207): „Ihr Restgehalt – in Summe 1.260.722 M – ist am Sonnabend an Sie abgegangen. Für den kommenden Monat beträgt Ihr Gehalt – nach den heutigen Feststellungen – 6.306.300.000 Mark. Es wird wieder in drei Raten ausgezahlt werden. Dass Sie von diesem Gehalt sich nicht viel anschaffen können, weiss ich auch, so geht es uns allen, und ich muss ganz genau wie Sie mir kümmerlich die Bücher, die ich mir sonst gekauft hätte, aus der Staatsbibliothek enteliehn. Gewiss ist mein Gehalt grösser als das Ihre; aber ich bin dafür in der Lage, schon für spätere Zeit etwas zurücklegen zu müssen." – Westerhaus war Diplom-Sportlehrer an der DHfL und produzierte 1928 im Auftrag des DRA einen Werbefilm über sie; dazu Becker, Leben, Bd. II, S. 172.
[22] Undatierte Broschur mit dem Titel „Deutsche Hochschule für Leibesübungen" und dem Stempel „8. Mai 1920", S. 8–9 (CuLDA, Mappe 187). Grundlage der Broschur war eine Vorlage zur Sitzung des Großen Rats (Kuratorium) der DHfL am 15.4.1920 v. 7.4.1920, Punkt 3 „Ernennung der Lehrerschaft und Bestätigung des Rektors", S. 8–9 (ebd.).
[23] Vgl. Tätigkeitsbericht DRA v. 1.4.1920–31.3.1921, S. 16 (CuLDA, Mappe 13).
[24] Bericht über die Sitzung des Wirtschafts-Ausschusses des DRA am 8.1.1920 v. 9.1.1920, Punkt 3 Finanzierung der DHfL, S. 1–2 (CuLDA, Mappe 4).
[25] Becker, Leben, Bd. II, S. 43.

ben Martin Berner und Walter von Reichenau – einer seiner Begleiter auf Diems Studienreise nach Amerika 1913 und galt als „bekanntester Übungsleiter des erfolgreichen Münchener Turnvereins von 1860"[26]. Nach der erwähnten Rückkehr aus der Kriegsgefangenschaft hielt sich Waitzer „zunächst mit dem Malen von Alpenbildern über Wasser"[27] und wechselte anschließend zur Firma Berg, eine Herstellerin von Sportgeräten.[28] Auf der Sitzung des Wirtschafts-Ausschusses am 5. März 1920 wurden Waitzer ein Grundgehalt von 12 000 Mark und eine Funktionszulage bewilligt, „über die der Generalsekretär noch zu verhandeln hat"[29]. Offensichtlich war Waitzer mit dem Grundgehalt nicht zufrieden, denn am 28. April 1920 richtete Diem (in Antwort auf ein leider nicht vorliegendes Schreiben von Waitzer) folgende Zeilen an ihn:

Ich muss sagen, dass der Inhalt Ihres Briefes mich recht verblüfft hat. Ich habe ja selbst es sehr bedauert, dass der Wirtschaftsausschuss trotz meiner dringenden Befürwortung Ihnen das verlangte Gehalt nicht bewilligt hat. Da wir bei der Verpflichtung für die Hochschule aber die entsprechenden Staatsbeamtengehälter zugrunde gelegt haben, glaubte der Finanzminister, so richtig zu handeln. Ich liess es dabei bewenden, weil ich das Vertrauen hegte, dass wir alles Weitere noch mündlich regeln können. Ich nahm an, dass Sie sich in der Beziehung ganz auf mich verlassen. Ich habe Ihnen nun zunächst nachstehendes Telegramm gesandt: „Rechne unbedingt auf Uebernahme der Lehrtätigkeit wenigstens für das erste Semester. Sie können mich vierzehn Tage vor Eröffnung nicht sitzen lassen, nehmen volles Gehalt auf meine Verantwortung telegrafische Zusage erbeten" und wiederhole, dass ich unbedingt darauf rechne, dass Sie wenigstens für das erste Halbjahr hier zur Verfügung stehen. Das Weitere wird sich dann ja finden. Ich habe von vornherein niemand anders als Sie für diese Stellung vorgesehen, alles daraufhin organisiert, dies auch bekanntgegeben und möchte nun nicht die Hochschule ohne eine ordentliche Leitung der praktischen Abteilung eröffnen. Ich habe auch nicht geglaubt, dass hier materielle Gründe bei Ihnen ausschlaggebend sein könnten. Dass eine Firma wie Berg Sie unter Umständen besser zu zahlen vermag als der Reichsausschuss, war mir von vornherein klar; auch einige Reichswehrformationen haben zeitweise höhere Gehälter gezahlt als der Deutsche Reichsausschuss. Ich glaubte aber, Sie würden die geradezu sport-historische Bedeutung Ihres Amtes als erster Abteilungsleiter an der

---

[26] Diem, Leben, S. 90–91; falsche Schreibweise bei Court, Vorgeschichte, S. 113.
[27] Lennartz/Reinhardt, 1928, S. 127.
[28] Ebd.; Eisenberg, „English sports", S. 327.
[29] Bericht über die Sitzung des Wirtschafts-Ausschusses des DRA am 5.3.1920 v. 9.3.1920, S. 3 (CuLDA, Mappe 4).

Hochschule gebührend mit in Rücksicht nehmen. Hier steht nicht nur eine Berufserfüllung, sondern hier steht eine grosse Aufgabe vor Ihnen, eine Aufgabe, für deren Lösung Sie mir der beste Mann zu sein scheinen. Ich wende mich daher noch einmal an Sie, um vor meinem Gewissen wenigstens alles getan zu haben, was man verlangen kann. Allerdings kommt die Aufgabe für Sie nur infrage, wenn Sie sich zu ihr berufen fühlen. Der Leiter der Abteilung Uebungslehre soll nicht nur schlechthin Sportlehrer sein, sondern er soll die gesamte Lehrtätigkeit als Hauptleiter organisieren, beaufsichtigen und in festen Händen haben. Das muss ein Führer unseres Gebietes sein, ein Mann, der für seine Aufgabe lebt. Ich appeliere [sic] nun noch einmal an Sie und hoffe, es nicht vergeblich zu tun, vor allem muss mir aber daran liegen, von Ihnen schnellstmöglich endgültige Entscheidung zu erhalten, da auch ich im Falle Ihrer Absage schnell zu handeln habe."[30]

Offensichtlich teilte Waitzer, wie erbeten, seine Antwort rasch mit, denn am 6. Mai 1920 informierte Diem den Senat[31] und eine Woche später den Haushaltsausschuß der DHfL über sie. Dort berichtete er, daß Waitzer „wegen der geringen Besoldung" die Berufung abgelehnt, wenigstens aber seine Anwesenheit „während der ersten 14 Tage nach der Eröffnung der Hochschule im Stadion"[32] zugesagt habe. Ein letzter Vermittlungsversuch scheiterte[33], denn „den praktischen Unterricht leitete im Sommersemester, nachdem der ursprünglich in Aussicht genommene Abteilungsleiter Waitzer sein Amt nicht antreten konnte, Generalsekretär Diem"[34]. Ab dem Wintersemester 1920/21 wurde die vakante Führungsposition der Abteilung I vom Leichtathletikdozenten Willy Steinhof eingenommen.[35] Waitzer blieb dem DRA wenigstens durch seine Tätigkeit als Reichssportlehrer beim Leichtathletikverband ab 1925 und als Gastlehrer an der DHfL ab 1926 verbunden.[36]

---

[30] Schreiben Diems an Waitzer v. 28.4.1920, o. P. (CuLDA, Mappe 207).
[31] Siehe den Bericht über die Sitzung des Senats der DHfL am 6.5.1920 v. 4.6.1920, S. 2 (CuLDA, Mappe 187).
[32] Bericht über die Sitzung des Wirtschafts-Ausschusses des DRA am 14.5.1920 v. 18.5.1920, S. 1 (CuLDA, Mappe 4).
[33] Siehe den Bericht über die Sitzung des Senates der DHfL am 6.5.1920 v. 4.6.1920, S. 2 (CuLDA, Mappe 187): „Zu Punkt 3 der Tagesordnung macht der Generalsekretär die Mitteilung, dass Herr Waitzer die Lehrberufung abgelehnt hat. Nach längerer Aussprache wird Herr Dr. Mallwitz ersucht mit den Beteiligten direkt in Verbindung zu treten. Dr. Mallwitz sagt dies zu."
[34] Tätigkeitsbericht des DRA v. 1.4.1920–31.3.1921, S. 12 (CuLDA, Mappe 13).
[35] Das folgt aus den entsprechenden Tätigkeitsberichten der DHfL (CuLDA, Mappe 188).
[36] Siehe Tätigkeitsbericht DRA v. 1.4.1920–31.3.1921, S. 12 (CuLDA, Mappe 13); Tätigkeitsbericht DRA v. 1.4.1926–31.3.1927, S. 23 (ebd.); Lennartz/Reinhardt, 1928, S. 127.

3 Beispiel II: Das Scheitern einer Dozentur für Carl Krümmel

Während das Mißlingen einer Besetzung im Beispiel Josef Waitzer ausdrücklich auf finanzielle Gründe zurückgeführt werden kann, ist die Sachlage im zweiten Beispiel weitaus komplexer: das Scheitern der Bewerbung von Carl Krümmel, das im übrigen alleine dadurch Interesse gewinnt, daß Krümmel aufgrund seiner Ernennung 1934 durch Bernhard Rust zum Leiter des Amtes „Körperliche Erziehung" (Amt „K") im Reichsministerium für Wissenschaft, Erziehung und Volksbildung[37] ein weitaus höheres Maß an Prominenz besitzt als Waitzer.

Um die Verbindungen zwischen Krümmel und der DHfL zu verstehen, ist zu erwähnen, daß eine gute Personalpolitik gerade unter begrenzten finanziellen Rahmenbedingungen auch etwas besitzen muß, was man üblicherweise ein ‚Händchen' für die richtigen Leute nennt. Wenn Carl Diem in einem Schreiben vom 27. August 1921 an das Preußische Kultusministerium schreibt, daß die DHfL „die besten Lehrkräfte des ganzen Gebietes zurzeit schon vereinigt"[38], dann ist es in der Tat so, daß diese Beschreibung nicht nur auf die erwähnten Professoren der Berliner Universität trifft, sondern auch auf die Gastdozenten, die die DHfL zur Absicherung des Lehrangebots benötigte. Hervorzuheben ist hier der Münchner Anthropologe Rudolf Martin, der gleich aus zwei Gründen sehr gut in das Profil der DHfL paßte: zum einen war er der angesehenste Vertreter der wissenschaftlichen Richtung, die von der DHfL als das maßgebliche Bindeglied zwischen Theorie und Praxis gesehen wurde: der Anthropometrie. Zum anderen setzte er sich ebenso wie das Führungspersonal der DHfL vehement für einen studentischen Pflichtsport ein, der für beide ein wesentliches volkshygienisches Kompensationsmittel der durch den (von ihnen heftig gescholtenenen) Vertrag von Versailles abgeschafften Wehrpflicht war.[39]

Das Verbindungsglied zwischen Martin und der DHfL war nun Carl Krümmel. Krümmel hatte im Wintersemester 1920/21 an der DHfL in der Abteilung Erziehungslehre als Gastlehrer für Leichtathletik eine einführende

---

[37] An aktueller Literatur zu dieser Ernennung siehe Nagel, Bildungsreformer, S. 121.
[38] Siehe das von Diem gezeichnete Schreiben des DRA an das MWKV v. 27.8.1921 (CuLDA, Mappe 207).
[39] Siehe Bäumler, Krümmel, S. 155; Court, Anthropometrie, S. 406; Martin, Körpererziehung, S. 17–19.

Vorlesung in die Theorie der Leibeserziehung gehalten[40] und war für die Hochschule gleich aus mehreren Motiven ein höchst interessanter Kandidat: als Deutscher Meister 1919 über 5 000 Meter und als Leichtathletiktrainer im „Turn- und Sportverein München 1860", als Sportlehrer an der Münchener Infanterieschule seit 1920, als frischdiplomierter Volkswirt der Münchener Universität sowie als Student und Assistent an Martins Anthropologischem Institut.[41] Hier nahm er an Messungen von Sporttypen teil und wurde 1922 mit einer Dissertation „Arbeitsfähigkeit und Körpererziehung.– Ein Beitrag zum qualitativen Bevölkerungsproblem und ein Versuch über die Mitarbeit biologischer Disziplinen an der Sozialwissenschaft" zum Dr. oec. pol. promoviert. In dieser Arbeit, die „ein frühes Beispiel interdisziplinärer Forschung ist"[42], versuchte er als einer der ersten „eine sozialpolitische Problemstellung anhand der Ergebnisse der biologischen Wissenschaften"[43] zu beantworten. Seine These von den Leibesübungen als wesentlicher Bestandteil der Volkshygiene hatte er durch Messungen an 4 000 bayrischen Schulkindern überprüft.[44] Zu ergänzen ist, daß Krümmel im Krieg Kompanieführer einer MG-Scharfschützenabteilung gewesen war, sich 1919 dem Freikorps Epp angeschlossen und an der Niederschlagung der Münchner Räterepublik mitgewirkt hatte.[45]

Vor diesem Hintergrund ist es nicht verwunderlich, daß Diem schon im Wintersemester 1920/21 einen Versuch unternahm, Krümmel an die DHfL „als Lehrer für Leichtathletik und Anthropometrie"[46] zu berufen. Krümmels

---

[40] Tätigkeitsbericht DRA 1.4.1920–31.3.1921, S. 14, 16 (CuLDA, Mappe 13); Tätigkeitsbericht DHfL WS 1920/21, S. 9 (CuLDA, Mappe 188); Bäumler, Krümmel, S. 155.
[41] Zusammenfassend Ueberhorst, Krümmel, S. 11: „In München widmete sich Krümmel drei Tätigkeitsbereichen, die – obwohl sie weit auseinander zu liegen scheinen – doch in innerer Beziehung zueinander stehen: dem Studium und der Forschung auf dem Gebiete der Staatswissenschaften und der Anthropologie, dem sportlichen Training im Verein und der wehrsportlichen Lehre und Organisation bei der Reichswehr"; siehe ausführlich, auch zu Krümmels politischer Haltung, ebd., S. 10–42; Bäumler, Krümmel, S. 155–157.
[42] Ueberhorst, Krümmel, S. 11.
[43] Bäumler, Krümmel, S. 155.
[44] Siehe Court, Anthropometrie, S. 406; Krümmel, Ueberhorst, S. 11; eine Zusammenfassung gibt Martin, Körpererziehung, S. 16.
[45] Vgl. Becker, Leben, Bd. II, S. 61.
[46] Bericht über die Sitzung des Wirtschafts-Ausschusses des DRA am 3.3.1921 v. 5.3.1921, S. 1 (CuLDA, Mappe 4). Vgl. Diem, Leben, S. 137, über Krümmel: „Er war ein genialer Kerl, und ich hatte oft versucht, ihn durch von uns gestellten Aufgaben zu interessieren. So hatte ich ihn auch eingeladen, an unserer Hochschule Vorlesungen über sportliche Methodik zu halten.

Schreiben vom 18. Januar 1921 an Diem ist zum einen zu entnehmen, daß die Sache bereits zu einem Vertragsentwurf gediehen war. Zum anderen bestätigt es, daß Diem an Krümmel nicht bloß wegen seiner Lehrfähigkeit und seines wissenschaftlichen Schwerpunktes interessiert war, sondern auch wegen seiner Passungsfähigkeit in die rechtskonservative Ideologie des zivilen und militärischen Netzwerks der DHfL:

Beiliegend sende ich Ihnen besprochenen Vertragsentwurf, den Sie in vielen Punkten so auffassen wollen, wie er gemeint ist. Vielleicht sind Sie so liebenswürdig, mir mitzuteilen, was Sie noch benötigen an Gesuchen, Lebensläufen und ähnlichen Sachen mit Angabe des äusserlichen Wie und an wen. Zweitens hätte ich eine Bitte, nämlich, mir einige gute und neue Filme baldmöglichst für meine Infanterieschule zu verschaffen oder mir die Adresse einer Sportfilmgesellschaft anzugeben. [...] Wollen Sie Prof. Martin eine Einladung zu der Dozenten-Versammlung Mitte bis Ende Februar, wenn die Instrumente da sind, übermitteln? Wollen Sie sich mit dem Reichswehrministerium, Major Fitting und der Sanitätsinspektion in Verbindung setzen, die ähnliches planen, oder soll ich die Sache allein machen, das heisst mit Martin für die Hochschule allein? Vielleicht kann ich Ihnen eine Gastvorlesung halten, etwa „Aus der Uebungslehre: Wintertraining." Ich habe da einiges in Arbeit. Wenn Martin länger Zeit hätte, könnte er ja vielleicht drei Doppelstunden Somatologie lesen (Körperform) mit Körpermessübungen unter meiner Assistenz.[47]

Diems zwei Tage später, am 20. Januar 1921, gegebener Antwort ist zu entnehmen, daß Krümmels Vertragsentwurf offensichtlich sehr hohe Forderungen enthielt:

Lieber Herr Krümmel, besten Dank für Ihr Schreiben vom 18. Januar.– Ich habe daraufhin mit Herrn Geheimrat Bier Rücksprache genommen. Er hat sich, wie die Anlage zeigt, an Herrn Professor Martin gewandt.– Zu Ihrem Vertragsentwurf meine herzlichen Glückwünsche. Alle Achtung! Sie waren vorsichtig nach jeder Richtung

---

Er übernahm die Aufgabe mit Begeisterung, hatte zunächst großen Zulauf; die Studenten erfreuten sich an seiner treffenden Kritik. Vor ihm zerstoben alle Phrasen, an denen die Lehre der Methodik so reich ist, aber nachdem die Gebäude der anderen niedergerissen waren, fehlte der eigene Baustoff." Diese Behauptung, daß die Initiative, Krümmel für die DHfL zu verpflichten, von Diem ausging, wird gestützt durch einen Brief Krümmels v. 15.2.1921 an Diem, der gleich zitiert wird. Anderer Auffassung ist, jedoch ohne Beleg, Becker, Leben, Bd. II, S. 61, der Krümmels Interesse als Ausgangspunkt anführt.

[47] Schreiben Krümmels an Diem v. 18.1.1921 (CuLDA, Mappe 207). Zum Kontakt zwischen Fitting und Krümmel siehe Eisenberg, „English sports", S. 326; die Anspielung auf die Spiele von 1912 könnte bedeuten, daß Krümmel den entsprechenden Film schon besaß, weil sie sein sportliches Erweckungserlebnis waren; dazu Ueberhorst, Krümmel, S. 10, 18.

hin und haben Ihre Stellung gepanzert wie eine Bank. Ich glaube, verschiedene Paragraphen müssten doch noch einmal gemeinsam revidiert werden. Die Sache selbst werde ich demnächst mit den zuständigen Instanzen besprechen.[48]

Während dem Bericht über die Sitzung des Wirtschafts-Ausschusses des DRA vom 3. März 1921 zu entnehmen ist, daß Krümmel in der Tat ein – den üblichen Rahmen der DHfL sprengendes – Gehalt von 30 000 Mark und die Übernahme der Umzugskosten in Höhe von 2 000 Mark gefordert hatte[49], zeigt Krümmels Brief vom 15. Februar 1921, daß über diese finanzielle Seite hinaus weitere sachliche, aber auch persönliche Aspekte eine Rolle spielten:

Mit grossem Bedauern habe ich Ihren Brief gelesen. Ich schrieb Ihnen damals, als ich den Vertragsentwurf nach der in Berlin getroffenen mündlichen Vereinbarung beilegte, dass Sie ihn so auffassen möchten, wie er gemeint sei und ferner, was Sie zu seiner Vervollständigung zu seiner Bewerbung um Anstellung noch benötigen würden. Hierauf antworteten Sie mir etwas anscheinend Liebenswürdiges, und dass wir verschiedene Punkte noch einmal gemeinsam revidieren müssten. Umso erstaunter bin ich, dass Sie den Vertrag – ohne Kommentar, wie Sie schrieben – hinübergegeben haben. Wenn schon, dann wäre Ihr „Kommentar" doch wohl das Entscheidende gewesen, auf das ich zu rechnen gehabt hätte. Ich bin mir deshalb über Ihre persönlichen Gefühle so wenig oder so sehr klar, dass über die nunmehr erledigte Angelegenheit kein Wort mehr zu verlieren sein würde, wenn Ihre an mich gerichteten „offenen Worte" über das Selbstvertrauen zu mir selbst, das Misstrauen gegenüber dem D.R.A. und den Mangel an verwaltungstechnischer Erfahrung mich nicht dazu veranlassen würden. Ich bin Ihnen, lieber Herr Diem, aufrichtig dankbar dafür, weil meine Erwägungen über Ihre Worte mir endlich die Klarheit über unser Verhältnis, bezw. mein Verhältnis als freiwilliger Mitarbeiter zum D.R.A. verschafften, die allmählich (sic) nötig wurde. Und ich will Ihnen das Resultat nicht verschweigen. Sie wollen bitte einen Unterschied machen zwischen dem aus Liebhaberei sportlehrenden Studenten, der Ihnen vielleicht an der Hochschule mit seiner Spezialerfahrung helfen könnte und dem fertigen Volkswirt und Dr. oec. publ., den Sie glaube ich, beim D.R.A. haben wollten. Ich glaube, dass gerade Sie mit mir darüber übereinstimmen, dass das Selbstvertrauen zu sich selbst und dem Rohmaterial, das man mitbringt, Bedingung für den Arbeitserfolg ist, wenn man vor eine Aufgabe gestellt wird. Sie wollen das nicht zu den Passiva rechnen. Die natürlich fehlende verwaltungstechnische Schulung hoffte ich mir in der Zusammenarbeit mit Ihnen aneignen zu können. Von Misstrauen gegenüber dem D.R.A. zu reden, war von Ihrer

---

[48] Schreiben Diems an Krümmel v. 20.1.1921 (CuLDA, Mappe 207).
[49] Vgl. den Bericht über die Sitzung des Wirtschafts-Ausschusses des DRA am 3.3.1921 v. 5.3.1921, S. 1 (ebd., Mappe 4).

Seite entschieden unangebracht, wenn Sie „Diem" statt D.R.A. setzen, wie ich es bisher tat. Im Uebrigen bin ich kein Arbeitsloser und auch noch gewissermassen „Amateur" in der Sportbewegung. In dem Augenblick, wo ich meinen Hauptberuf in den Dienst des D.R.A. stelle, ist es Ihre Sache mir Vertrauen zu schenken und mir das Arbeitsgebiet zu gewähren, das ich mir vertraglich ausbitte, umsomehr, als es der D.R.A. war, der an mich herangetreten ist und nicht umgekehrt. Gegen eine Probezeit hätte ich nie etwas einzuwenden gehabt, weil dies der übliche Weg im Beruf des Volkswirtschaftlichen Fachbeamten ist, um den Befähigungsnachweis zu liefern, auch nicht gegen ein Verhandeln über pekuniäre Fragen, wohl aber stets gegen eine Beschränkung meiner Selbständigkeit und meines Arbeitsgebietes. Sie wollen Vorstehendem bitte sinngemäß auf Ihr neues Anerbieten bezüglich der Hochschule anwenden und meine Dilletanteneigenschaften als praktischer Sportlehrer nicht zur Grundlage Ihrer etwaigen weiteren Bemühungen machen. Wenn nicht, dann bin ich wie immer gern bereit in der Sportbewegung mitzuarbeiten, wenn auch nicht in deren Kopforganisation. Von diesem Brief dürfen Sie gern gegenüber allen Ausschüssen den ausgedehntesten Gebrauch machen. Darf ich Ihnen zum Schluss noch ohne Liebeserklärung mitteilen, dass dieser letzte Versuch mit Ihnen zu einer „guten Sportgemeinschaft" zu kommen, wie Sie mir einmal als Widmung in ein Buch schrieben, im wesentlichen entstanden ist aus einer Unterredung mit Ihrem Vetter, Hauptmann Born, der mir in einer stillen Stunde von Ihnen und Martin Berner erzählte? Ich hoffe Sie in Kürze über die Absichten Professor Martin's unterrichten zu können.[50]

Diesen Brief muß man sich ein wenig genauer anschauen. Während in den ersten Passagen übliche Fragen wie die nach Besoldung, nach Erfahrung, nach dem Aufgabengebiet oder nach der Selbständigkeit des Arbeitens angerissen werden, ist der letzte Abschnitt nicht ohne weiteres verständlich. Die bisher noch übliche Verhandlung zwischen zwei Vertragspartnern erhält hier nämlich dadurch eine ganz besondere Note, daß Krümmel mit den Ausdrücken „Liebeserklärung" und der „stillen Stunde" auf ein homoerotisches Verhältnis zwischen Diem und seinem Jugendfreund Martin Berner anspielt, für das der Diem-Biograph Frank Becker zahlreiche Indizien geliefert hat.[51] Indem Krümmel durchblicken läßt, daß er von diesem Verhältnis weiß, han-

---

[50] Dieses Schreiben (CuLDA, Filmrolle 15) wurde mir freundlicherweise von Frank Becker als Ablichtung zur Verfügung gestellt; er zitiert es ausschnittsweise in Becker, Leben, Bd. II, S. 61–62. Eisenberg, „English sports", S. 361, Anm. 90, deutet diesen Brief so, als sei Krümmel zu der Zeit schon an der Heeressportschule Wünsdorf gewesen, was aber nach Ueberhorst, Krümmel, S. 44, und Bäumler, Krümmel, S. 156, erst ab 1924 der Fall war. Becker, Leben, Bd. II, S. 62, nennt das Jahr 1923.
[51] Vor allem Becker, Leben, Bd. I, S. 143–146.

delt er nach Becker mit „erpresserischer Absicht", um Diem in den festgefahrenen Verhandlungen „einen Schlag zu versetzen"[52].

Während Becker aber nun keine Antwort Diems finden konnte und daher schließt, Diem habe sich ihr möglicherweise entzogen,[53] hatte der Verfasser dieser Zeilen das Glück, im Carl und Liselott Diem-Archiv die unmittelbare Antwort Diems vom 17. Februar 1921 zu entdecken. Diem greift explizit den Begriff der „Liebeserklärung" wieder auf und zeigt damit, daß er Krümmels entsprechende Anspielung durchaus verstanden hat. Nur vor diesem Hintergrund ist verständlich, daß Diems Reaktion sehr harsch ausfällt:

Uff, ich schreibe sogar mit der Hand; ich bitte, das als eine dicke Liebeserklärung anzusehen. Ihren Brief, so gestatten Sie mir, darf ich allen Ausschüssen zeigen. Ich werde mich hüten. Es wäre Ihnen nicht von Nutzen. Sie sind zwar ein „fertiger Volkswirt", aber noch kein fertiger Mensch! Von mir dürfen Sie es sich ruhig sagen lassen. Es ist herzlich gut gemeint. Sie werden in Ihrer Umgebung niemand haben, der Ihre Fähigkeiten schneller und sicherer gekannt hat als ich. Nicht nur das, ich schätze Sie persönlich als einen, nun, sage ich es Ihnen doch, feinen, schneidigen Kerl. Aber einen, der noch im Gärungsprozess ist. Ihnen fehlt noch das Augenmass. Manche Leute haben es von Natur. Sie müssen es erst noch sich erwerben. So war Ihre Vertragsvorlage ohne Augenmass, und so haben Sie in Ihren Ausführungen mir gegenüber oft das Augenmass verloren und nie gemerkt, wenn ich in meiner Art zu stoppen und zu lenken mich mühte. Auch Ihr Brief an mich fordert direkt Studium (was meint er eigentlich) und auch meine Unbeirrbarkeit heraus. Ich fürchte, Sie müssen mit mir noch manchen weiteren Versuch machen, ehe Sie den letzten ansagen. Pech war, dass ich Ihren Brief erst nach der Senatssitzung in die Finger gedrückt bekam und mir den Senatsbeschluss zur Unterstützung Ihrer Sache beim Wirtschaftsausschuss nicht erwirken konnte. Ich prozediere aber weiter und sage Ihnen schriftlich oder mündlich Bescheid. Ganz ins Reine kommen wir beide erstens nur mündlich und zweitens erst, wenn Sie hier tieferen Einblick in die Möglichkeiten gewonnen haben. Ihr unverändert (minderwertiger) getreuer Carl Diem[54]

Was ist die Folge dieses Briefwechsels? Obzwar der Wirtschafts-Ausschuß des DRA im März 1921 Krümmels Forderungen akzeptierte und er anschließend einen Ruf an die DHfL zum Wintersemester 1921/22 annahm[55], wurde

---

[52] So Becker, ebd., Bd. II, S. 62.
[53] Ebd.
[54] Schreiben Diems an Krümmel v. 17.2.1921 (CuLDA, Mappe 207).
[55] Siehe den Bericht über die Sitzung des Wirtschafts-Ausschusses des DRA am 3.3.1921 v. 5.3.1921, S. 1 (ebd., Mappe 4): „Der Wirtsch.-Ausschuss erklärt sich bereit, falls der Senat Herrn Krümmel als Lehrer für Leichtathletik und Anthropometrie an der Hochschule berufen

seine Berufung offensichtlich nicht vollzogen.[56] Was Krümmels Forschung an der DHfL angeht, hat er lediglich in der Forschungsübersicht für ihr Sommersemester 1922 darüber berichtet, daß das Gebiet der Sporttypenforschung von Martins Münchener Anthropometrischen Laboratorium abgeschlossen wurde und Krümmel 872 Messungen des Sommers 1921 ausgewertet habe.[57] In bezug auf die Lehre wurde Krümmel im September 1921 als Lehrer vom Senat bestätigt und eine Lehrveranstaltung zum „Waldlauf" bzw. „Geländemarsch mit Trainingsverpflichtung" und zur „Einführung in die Theorie der Leibesübungen" für das Wintersemester 1921/22 angekündigt, aber nicht gehalten.[58]

Weil entgegen allen Üblichkeiten in den entsprechenden Berichten der DHfL keine Notiz darüber zu finden ist, daß Krümmel doch nicht in den Lehrkörper der DHfL eingetreten ist, ist nicht auszuschließen, daß die offizielle Meldung über seine Rufannahme in diesen Berichten lediglich auf einer Interpretations Diems in seinen Verhandlungen mit Krümmel beruhte und Diem daran gelegen war, Krümmels Absage mit Stillschweigen zu übergehen. Möglicherweise führte das gute Verhältnis zwischen der DHfL und Martins Institut dazu, daß an die Stelle einer Berufung Krümmels an die DHfL eine Übereinkunft zwischen der DHfL und Martin trat, in der Krümmel von München aus für den Austausch von Forschungsergebnissen

---

sollte, ein Gehalt von 30 000 M zu bewilligen, ausserdem Umzugskosten in Höhe von 2000 M." Vgl. ferner DHfL. 2. Monatsbericht. Juli 1921. 1. Senatssitzung v. 27.7.1921. In: Monatsschrift für Turnen, Spiel und Sport 1921, S. 305: „Diem teilt mit, daß Krümmel die Berufung an die Hochschule ab Wintersemester angenommen habe."
[56] So wird im Tätigkeitsbericht der DHfL für das Wintersemester 1921/22 einerseits auf S. 8 die gemeinsame Leitung des anthropometrischen Instituts durch Kohlrausch *und* Krümmel und andererseits auf S. 14 lediglich die Leitung Kohlrauschs erwähnt; siehe CuLDA, Mappe 188; vgl. ferner DHfL. 7. Monatsbericht. Januar 1922. Sitzung des Großen Rates v. 2.12.1921. In: Monatsschrift für Turnen, Spiel und Sport 1922, S. 12: „Auf dem Gebiete der Anthropometrie war Dr. Kohlrausch tätig; außerdem wurde für diesen Teil der Arbeit Krümmel an die Hochschule berufen"; darauf stützt sich auch (ohne Angabe der Quelle) Uhlmann, Kohlrausch, S. 84.
[57] Siehe den Bericht in der Monatsschrift für Turnen, Spiel und Sport 1923, S. 27. Für den 8. Monatsbericht der DHfL. Januar 1922, in: Monatsschrift für Turnen, Spiel und Sport 1922, S. 53, hat Krümmel für die Rubrik „Aus der Fachpresse" berichtet.
[58] Vgl. DHfL. 8. Monatsbericht. August 1921. In: Monatsschrift für Turnen, Spiel und Sport 1921, S. 343; 4. Monatsbericht 1921. September 1921. In: ebd., S. 388; Tätigkeitsbericht DHfL. Wintersemester 1921/22 (CuLDA, Mappe 188), S. 9. Auch für das anschließende Sommersemester 1922 ist keine Lehre Krümmels verzeichnet; siehe DHfL. 10. Monatsbericht. März 1922. In: Monatsschrift für Turnen, Spiel und Sport 1922, S. 143.

zuständig war. Fest steht nur, daß Krümmel Anfang Januar 1924 von Reichswehrminister Geßler zum Sportlehrer und wissenschaftlichen Unterrichtsleiter an der Wünsdorfer Heeressportschule berufen und dort mit der Einrichtung eines sportphysiologischen und eines anthropometrischen Laboratoriums beauftragt wurde.[59] Auch wenn Krümmel von Wünsdorf aus Lehraufträge an der DHfL wahrnahm und ab dem Wintersemester 1927/28 Hilfslehrer in Diems Abteilung Verwaltungslehre wurde[60], blieb ihr Verhältnis bis zu Krümmels Tod 1942 belastet, und Becker spricht sogar von einer regelrechten „Feindschaft"[61] zwischen ihnen. Ohne die hier geschilderten Ereignisse ist jedenfalls nicht verständlich, was Diem in seiner nachgelassenen Biographie schrieb:

An Karl Krümmel, diesem aufgeweckten, witzigen und sehr sportverständigen jungen Mann hatte ich, solange er Student war, meine Freude. So oft ich in München weilte, suchte mich der junge Fuchs auf, und wir haben uns immer glänzend unterhalten. Er arbeitete damals bei dem Anthropologen Prof. Martin an seiner Dissertation. Wahrscheinlich hat er den letzteren für die Probleme erwärmt, die in unserem Bereiche für ihn vorhanden waren. Krümmels Arbeit selbst schien mir nicht ausgereift, ich gewann den Eindruck, als wenn seine geistigen Gaben in einem unheilvollen Konflikt mit seiner Faulheit standen.[62]

---

[59] Vgl. Krümmel, Ueberhorst, S. 12, 34–35; Bäumler, Krümmel, S. 156; Eisenberg, „English sports", S. 361; Court, Anthropometrie, S. 406; Uhlmann, Kohlrausch, S. 84; Becker, Leben, Bd. II, S. 63, Anm. 40. Ueberhorst, Krümmel, S. 12, deutet diese Nichtberufung Krümmels an die DHfL damit, daß er sich in der Wahl zwischen einer wissenschaftlichen Karriere und seinen „sportlich-erzieherischen Ambitionen" für den „Bereich Sport und Wehrerziehung" entschieden habe. Nach einem Brief Diems an Krümmel v. 29.11.1922, den Becker, Leben, Bd. II, S. 51, Anm. 157, zitiert, könnten auch Krümmels Zweifel an den wissenschaftlichen Leistungen der DHfL eine Rolle gespielt haben.
[60] Vgl. Krümmel, Ueberhorst, S. 14; Carl-Diem-Institut, Gründung, S. 119, Anm. 97.
[61] Becker, Leben, Bd. II, S. 62.
[62] Diem, Leben, S. 136. In diese (späte) Beurteilung sind natürlich weitere Erfahrungen mit Krümmel z. B. um die konkurrierende Bewerbung zum Reichssportführer, eingegangen; dazu Diem, ebd., S. 136–137; Becker, Leben, Bd. III, S. 29–30; Bd. II, S. 62.

4 Quellen

Carl und Liselott Diem-Archiv (CuLDA)
– Mappe 3: Deutscher Reichsausschuß für Leibesübungen. Etat, Haushaltsrechnung 1917–1922; 1926; 1927; 1931/32. Auszüge aus Kassenbüchern. Finanz-Ausschuß
– Mappe 4: Deutscher Reichsausschuß für Leibesübungen. Sitzungen des Wirtschafts-Ausschusses und des Vorstandes 1920–1927
– Mappe 13: DRAfOS/DRAfL: Tätigkeitsberichte 1913–1931
– Mappe 185: DHfL: Vorgeschichte und Gründung 1919–1920; 1930
– Mappe 186: Ordnung, Satzung, Verfassung 1919–1921
– Mappe 187: DHfL. Kuratorium, Senat, Verwaltungsrat 1920–1933
– Mappe 188: DHfL. Tätigkeitsberichte I. 1920–1927/28
– Mappe 207: DHfL. Schriftwechsel 1920–1927

5 Literatur

Bäumler, G.: Karl Krümmel: Maß und Zahl in der Körpererziehung. In: J. Court/E. Meinberg: (Hrsg.): Klassiker und Wegbereiter der Sportwissenschaft. Stuttgart 2006, S. 155–166.
Becker, F.: Den Sport gestalten. Carl Diems Leben (1882–1962). Bd. I. Kaiserreich. Duisburg 2009.
Ders.: Den Sport gestalten. Carl Diems Leben (1882–1962). Bd. II. Weimarer Republik. Duisburg 2011.
Ders.: Den Sport gestalten. Carl Diems Leben (1882–1962). Bd. III. NS-Zeit. Duisburg 2009.
Carl-Diem-Institut (Hrsg.): Dokumente zur Gründung und zum Aufbau einer wissenschaftlichen Hochschule auf dem Gebiete des Sports. Köln 1967.
Court, J: Sportanthropometrie und Sportpsychologie in der Weimarer Republik. In: Sportwissenschaft 32 (2002), S. 401–414.
Ders.: Deutsche Sportwissenschaft in der Weimarer Republik und im Nationalsozialismus. Band 1: Die Vorgeschichte 1900–1918. (Studien zur Geschichte des Sports, Bd. 6). Berlin 2008.
Ders.: Die Finanzierung der Deutschen Hochschule für Leibesübungen 1919–1925. In: Ders./A. Müller/W. Pyta (Hrsg.): Jahrbuch 2010 der Deutschen Gesellschaft für Geschichte der Sportwissenschaft e. V. Berlin 2012, S. 9–28.
Ders.: Rezension: N. Hammerstein: Die Johann-Wolfgang-Goethe-Universität Frankfurt am Main. 2 Bde. Göttingen 2012. In: Informationsmittel für Bibliotheken (IFB) 20 (2012) 4 [03] = http://ifb.bsz-bw.de/bsz01944169Xrez-1.pdf?id=5520.
Diem, C.: Die deutsche Hochschule für Leibesübungen. Berlin o. J. [1924].
Ders.: Ausgewählte Schriften. Bd. 1. St. Augustin 1982.
Ders.: Ein Leben für den Sport. Ratingen o. J.
Eisenberg, C.: „English sports" und deutsche Bürger: Eine Gesellschaftsgeschichte 1800–1939. Paderborn 1999.
Hammerstein, N.: Die Johann Wolfgang Goethe-Universität Frankfurt am Main. Göttingen 2012.
Hausmann, F.-R.: Die Geisteswissenschaften im „Dritten Reich". Frankfurt/M. 2011.

Lennartz, K./Reinhardt, W.: Deutsche Teilnahme an den Spielen der IX. Olympiade 1928 in Sankt Moritz und Amsterdam. O. O. [Kassel]. 2011.

Martin, R.: Körpererziehung. Eine akademische Rede. Jena 1922.

Nagel, A. C.: Hitlers Bildungsreformer. Das Reichsministerium für Wissenschaft, Erziehung und Volksbildung 1934–1945. Frankfurt/M. 2012.

Ueberhorst, H.: Carl Krümmel und die nationalsozialistische Leibeserziehung. Berlin u. a. 1976.

Uhlmann, A.: „Der Sport ist der praktische Arzt am Krankenlager des deutschen Volkes". Wolfgang Kohlrausch (1888–1980) und die Geschichte der deutschen Sportmedizin. Frankfurt/M. 2005.

Die Pionierstudie „Beiträge zur Physiologie maximaler Muskelarbeit" (1888) und ihr Verfasser, der Ruderer, Sportphysiologe und Afrikaforscher George Kolb (1863–1899)

Erik Eggers

1 Einleitung

Seiner Zeit war er voraus. Gut zwei Jahrzehnte, bevor 1912 in Oberhof mit dem *Deutschen Reichskomitee zur wissenschaftlichen Erforschung des Sports und der Leibesübungen* die erste sportwissenschaftliche Vereinigung der Welt konstituiert wurde[1], publizierte der Medizinstudent George Kolb eine Studie mit dem bescheidenen Titel „Beiträge zur maximalen Muskelarbeit, insbesondere des modernen Sports". Wann diese 105 Seiten umfassende Arbeit im Berliner Verlag A. Braun & Co. tatsächlich erschienen ist, ob 1888, 1889 oder gar erst 1890, geht aus der Literatur nicht eindeutig hervor[2]; erst eine Widmung, die Kolb seinem Vetter am 14. Juli 1888 ins Buch schrieb, bringt hier Klarheit.[3] Dass Kolb damit als Pionier der sportwissenschaftlichen Forschung einzustufen war, wussten indes schon seine Zeitgenossen. Der berühmte Physiologe Ferdinand August Schmidt, der 1899 das Standardwerk „Unser Körper" veröffentlichte, betrachtete das Buch Kolbs als „eine der wichtigsten Erscheinungen [...], welche die letzten Jahre auf dem Gebiete der Leibesübungen hervorgebracht hätten".[4] Und als der spätere Sportarzt Martin Brustmann während seines Medizinstudiums von seinem Ziehvater Dr. Augustus Smith etwa 1905 dazu aufgefordert wurde, eine Bib-

---

[1] Court, J.: Deutsche Sportwissenschaft in der Weimarer Republik und im Nationalsozialismus. Bd 1: Die Vorgeschichte 1900–1918, Berlin 2008, S. 94ff.
[2] Eine Jahresangabe ist in dem Reprint von 1922, der hier als Vorlage dient, nicht enthalten. In der Literatur werden die „Beiträge" zumeist auf 1889 datiert. Im Gemeinsamen Bibliotheksverbund wird die Arbeit auf 1890 geschätzt. Deutlich zu spät ist die Datierung der Arbeit Kolbs auf ca. 1895 durch Langenfeld, H., Auf dem Wege zur Sportwissenschaft: Mediziner und Leibesübungen im 19. Jahrhundert, in: *Stadion* XIV,1 (1988), S. 147.
[3] Für eine Kopie dieser Widmung sowie weitere Unterlagen und Fotos danke ich herzlich Frau Barbara Froemel-Feustel, Bayreuth, einer Nachfahrin Kolbs.
[4] Zitiert nach Court: Deutsche Sportwissenschaft, S. 49.

liothek zum Sport einzurichten, erwarb er als erstes Buch: das Werk Kolbs, nach Brustmann ein „Berliner Arzt und Rennruderer". Diese Studie war überhaupt die erste sportmedizinische Arbeit, die der junge Sportler Brustmann kennenlernte, wie er sich am Ende seiner Karriere erinnerte.[5] Dass das Wirken des ersten professionellen deutschen Sportarztes länger durch Kolb angeregt wurde, zeigt die Literaturliste der sportmedizinischen Dissertation, die Brustmann 1913 vorlegte (darin waren die „Beiträge" als ältester Titel gelistet[6]). Es existieren auch zahlreiche Verweise in der sportwissenschaftlichen Literatur der 1920er Jahre.[7]

Nach Kenntnis des Verf. ist das Buch Kolbs die älteste wissenschaftliche Arbeit, welche die Bedingungen und Auswirkungen der Hochleistung für den Sportler umfassend untersucht – zumindest in Deutschland. (Die Berliner Feuerwehrleute, welche die medizinische Dissertation Louis Leistikows 1870 hinichtlich des Einflusses von Turnübungen auf Physis und Kreislauf untersuchte, hatten keinen Bezug zum Leistungssport.[8]) Kolbs Studie ist, wie zu zeigen sein wird, in den Standardwerken zum Thema erheblich unterschätzt worden; John Hoberman etwa widmet sich in „Sterbliche Maschinen" zwar ausführlich einer Vorlesung, die der Physiologe Emil du Bois-Reymond, „am Vorabend des Leistungszeitalters"[9], 1881 vor Militärärzten gehalten hatte; ihr lag aber laut Hans Langenfeld keine wissenschaftliche Absicht zugrunde.[10] Die Studie Kolbs ein paar Jahre später jedoch reduziert Hoberman auf die Nutzung eines Sphygmographen (Pulschreibers) und „rudimentärer Instrumente" zur Messung physiologischer Belastungen während des Ruderns, beim Kaffeegenuss und beim Koitus.[11]

---

[5] Brustmann, M.: Sportärztliche und sportliche Erfahrungen in 60 Jahren nach der Jahrhundertwende (Manuskript) (1960), Nachlass Brustmann (beim Verfasser).
[6] Brustmann, M.: Kritisches und Technisches über Sportuntersuchungen. Dissertation an der Friedrich-Wilhelm-Universität zu Berlin, 1913, S. 28.
[7] Vgl. beispielsweise Schenk, Paul/Wissemann, Max: Der Marathonläufer. Eine sportwissenschaftliche Studie, Medizinische Klinik (1926), Nr. 17/18, S. 3; siehe auch die Hinweise bei Müller, J.: Sportärzte, in: Berger, L. (Hrsg.), Leibesübungen an deutschen Hochschulen, Berlin 1922, S. 119 (ich danke Jürgen Court für diesen Hinweis); Knoll, W.: Sportärztliche Forschungsarbeit, in: Deutsches Ärzteblatt 67(1937), S. 694.
[8] Bäumler, G.: Louis Leistikow und sein empirischer Beitrag von 1870 zur Medizin und Trainingswissenschaft, in: Jahrbuch 2010, S. 75–103.
[9] Hoberman, J.: Sterbliche Maschinen, Doping und die Unmenschlichkeit des Hochleistungssports, Aachen 1994, S. 80.
[10] Langenfeld: Auf dem Wege, S. 137.
[11] Hoberman: Sterbliche Maschinen, S. 83. Hoberman beschränkt sich auf eine Zusammenfas-

Court hingegen betrachtet die „Beiträge" als Ausnahme in der frühen Geschichte der Sportwissenschaft, deren Ära bis 1914 er als „wissenschaftliche Pionierphase"[12] des Sports betrachtet. Ob die „Beiträge" als „frühe sportphysiologische Studie" tatsächlich, wie Court urteilt, bereits Spuren der späteren „analytischen Phase" in der Sportwissenschaft enthalten, deren „Merkmal die systematische Entwicklung einer wissenschaftlichen Trainingslehre zur Leistungssteigerung"[13] war, soll die Analyse und historische Bewertung des Kolbschen Werkes beantworten. Eine tiefere Analyse steht schließlich noch aus, obgleich die wissenschaftlichen Untersuchungen Kolbs nach Auffassung des Sporthistorikers Hans Langenfeld dazu geeignet waren, als „Ausgangspunkt für die sportmedizinische Forschung" zu dienen: „Doch er fand keinen Nachfolger."[14]

Obwohl die frühe Studie Kolbs also in der heutigen Literatur teils als bedeutendes Frühwerk rezipiert wird, auch in der Historiografie der Sportmedizin,[15] so liegt die Biografie des Pioniers ebenfalls weitgehend im Dunkeln. Bekannt ist allein, dass Kolb als Ruderer dem Berliner Ruder-Club angehörte und im Jahr 1899 „tödlich verunglückte".[16] Auch diese biografische Lücke soll nun geschlossen werden.

2 Der Turner und Ruderer Kolb

Warum Kolb unter dem Vornamen George publizierte, muss offen bleiben. Jedenfalls wurde er als Johann Georg Kolb am 21. April 1863 in Laineck bei Bayreuth geboren, als viertes Kind von Franz Karl Friedrich Kolb (1821–1891) und dessen zweiter Ehefrau Nanny Agnes Constanzia Kolb (geb. Sartorius). Seine Konfession war evangelisch.[17] Zum älteren Bruder Sophian

---

sung der Ergebnisse Langenfelds.
[12] Court: Deutsche Sportwissenschaft, S. 48; vgl. Schäfer, J.: Ministerialrat Dr. med. Arthur Mallwitz (1880–1968). Ein Leben für Sport, Sportmedizin und Gesundheitsfürsorge. Dissertation Bonn, Bonn 2003, S. 26, der von einer „frühen Phase" spricht.
[13] Court: Deutsche Sportwissenschaft, S. 49.
[14] Langenfeld: Auf dem Wege, S. 142.
[15] Deutsche Gesellschaft für Prävention und Rehabiliation (Hrsg.): 100 Jahre Sportmedizin, Gera 2012, S. 28.
[16] Langenfeld: Auf dem Wege, S. 142.
[17] Gymnasium mit Realgymnasium zu Neuwied: Programm VIII, Ostern 1884, S. 16. Ich bedanke mich herzlich bei Herrn Anhäuser vom Stadtarchiv Neuwied für die Übersendung der archivalischen Unterlagen.

Alfred Kolb (geb. 1856) und den Schwestern Ottilie Elise Auguste (geb. 1857) und Lina (geb. 1860) gesellte sich 1870 mit Franz Karl Friedrich ein zweiter Bruder, der allerdings im Alter von fünf Jahren starb.[18] Die Vorfahren Kolbs in Oberfranken lassen sich genealogisch bis ins 16. Jahrhundert zurückverfolgen. 1864 jedoch verließ die Familie den Landsitz in Laineck und übersiedelte nach dem niederrheinischen Viersen, wo der Vater als Generaldirektor wirkte.[19] An anderer Stelle wird der Vater als „rheinischer Großindustrieller" beschrieben, der in den Rang eines „Geheimen Kommerzienrates" gekommen war.[20] Nach einem Bericht seines Neffen Franz in einem Familienalbum wurde Georg Kolb hier im „neu erbauten prächtigen Heim" treu von seinen Eltern und den beiden älteren Schwestern umsorgt, und er besuchte in den höheren Klassen, da die Schulverhältnisse in Viersen nicht genügten, das Königliche Gymnasium zu Neuwied am Rhein.[21] Kolb stammte also aus einer „begüterten Familie"[22] und wohnte in den drei letzten Jahren seiner Schulzeit beim Leiter des Gymnasiums, Wilhelm Wegehaupt, in Pension.[23] Nach dem Bericht eines Schulfreundes, Fritz Blenke, umsorgte Wegehaupt seinen Schützling in dieser Zeit „wie einen Sohn", der Geist des Schülers Johann Georg Kolb soll schon damals „allem Blasierten und Gekünsteltem abhold" gewesen sein.[24] Die Abiturprüfungen bestand Kolb schließlich im März und April 1884, ausweislich des Berichtes des Gymnasiums wollte Kolb danach „Medicin und Naturwissenschaften" studieren.[25]

---

[18] Für die Überlassung der genealogischen Angaben bedanke ich mich herzlich bei Herrn Dietmar Kolb (Oberndorf-Lindenhof).
[19] Gymnasium mit Realgymnasium zu Neuwied: Programm VIII, S. 16.
[20] Berliner Ruder-Club (Hrsg.): Fünfundzwanzig Jahre unter dem Roten Stern. Festschrift zur Jubelfeier des Berliner Ruder-Club 1880–1905, Berlin 1905, S.77f. Eine ausführliche Biographie findet sich bei Groß, K. A.: Franz Kolb, in: Mitteilungen des Familienverbandes Kolb vom 1. April 1953, Heft Nr. 13, S. 5–11.
[21] Groß, K. A.: George Kolb, Mitteilungen des Familienverbandes Kolb vom 1. April 1953, Heft Nr. 13, S. 26.
[22] Jahresbericht des Gymnasial-Turn-Ruder-Vereins Neuwied a.Rh. vom 1. Oktober 1899 bis 30. September 1900, S. 15. Für die Übersendung der Vereinsunterlagen danke ich herzlich Herrn Helmut Bohr, Dernbach.
[23] Bohr, H.: Vereinsgeschichte des Gymnasial-Turn-Ruder-Vereins Neuwied 1882, Neuwied 2007, S. 12.
[24] Jahresbericht des Gymnasial-Turn-Ruder-Vereins Neuwied a.Rh. vom 1. Oktober 1899 bis 30. September 1900, S. 15.
[25] Gymnasium mit Realgymnasium zu Neuwied: Programm VIII, S. 16.

Wann exakt sich Kolb erstmals sportlich betätigte, ist nicht überliefert. In der Schule indes dürfte geturnt worden sein. Am 3. Juni 1882 initiierte er, offenbar ermuntert durch Wegehaupt, die Gründung eines Gymnasial-Turn-Vereins, angeblich erst der dritte Schülerverein in Deutschland.[26] Am 1. Juni 1883 schließlich hob Kolb, der wie seine Mitschüler paddelnd das große Hochwasser Ende 1882 in Neuwied erlebt hatte, auch eine Ruderabteilung aus der Taufe.[27] Diese Gründungen stehen einerseits in Zusammenhang mit dem so genannten „Spielerlass" des preußischen Kultusministers von Goßler, der die körperlichen Aktivitäten wieder ins Freie verlegen wollte. Andererseits rekrutierte der Deutsche Ruder-Verband (DRV), der am 18. März 1883 in Köln gegründet worden war, aus diesen neuartigen Schülervereinen seinen Nachwuchs, da Jugendliche damals nicht Mitglied der Erwachsenenvereine werden durften.[28]

Laut Vereinssatzung musste, wer ruderte, auch am Turnen teilnehmen, und wenn auch erste Ausflüge mit selbstgebauten Booten auf den Rhein die Abenteuerlust der Jugendlichen kennzeichneten,[29] waren Turnen und Sport doch nach Ansicht Kolbs kein Selbstzweck, sondern dienten insbesondere der Persönlichkeitsbildung bzw. Charakterschulung. Daran erinnerte Kolb seine Weggefährten brieflich kurz nach seinem Abschied aus Neuwied:

Ihr werdet euch erinnern, dass ich den Verein gründete nicht bloß als eine Spielerei, die euch nach in der kurzen Zeit die freien Stunden eures Schullebens verkürzen soll, sondern in der Absicht, eine Vereinigung zu gründen, die mit der Pflege des Körpers eine Veredelung des Charakters verbindet.[30]

Nach dem Abitur 1884 übersiedelte Kolb nach Berlin, um sich dem Studium der Medizin zu widmen. Zugleich wurde er aktives Mitglied im Berliner Ruder-Club von 1880, einem der ambitioniertesten Clubs in dieser Sportart am Ende des 19. Jahrhunderts, der den DRV 1883 mitgegründet hatte und 1891–1900 (Eduard Beer) und 1902–1919 (Büxenstein) zwei Präsidenten des

---

[26] Bohr: Vereinsgeschichte, S. 15f.
[27] Bohr: Vereinsgeschichte, S. 16.
[28] Vgl. Naul, R.: Ganztägiges Lernen mit Turnen, Spiel und Sport – historische Entwicklungslinien zwischen Schule und Sportverein, in: Naul, R. (Hrsg.), Bewegung, Spiel und Sport in der Ganztagsschule, Aachen 2011 (Meyer & Meyer) S. 35, sowie Ueberhorst, Horst: Hundert Jahre Deutscher Ruderverband, Hannover 1983, S. 44f.
[29] Bohr: Vereinsgeschichte, S. 16f.
[30] 50 Jahre Geschichte des Gymnasial-Turn-Ruder-Vereins Neuwied 1882–1932. Festschrift zum 50jährigen Bestehen, Neuwied 1932, S. 9.

Dachverbandes stellte.[31] Eben jener Friedrich Wilhelm Georg Büxenstein, zwischen 1880 und 1886 erster Vorsitzender des BRC, der als Verleger und Hofbuchdrucker des preußischen Königs zur besseren Gesellschaft Berlins zählte, verpflichtete auf Empfehlung des Herausgebers der englischen Zeitschrift *Sportsman* zu Beginn des Jahres 1883 den englischen Rudermeister Kelley. Ende April nahm der neue Coach in Berlin seine „strenge Trainingsarbeit"[32] auf – mit sofort sichtbarem Erfolg: Im Juni siegte der Vierer des BRC in einem der prestigeträchtigsten Rennen des Jahres, dem „Kaiser-Preis", vor den Augen von Mitgliedern der kaiserlichen Familie.[33] Die Trainingsbedingungen im Club waren seit 1884, als im Bootshaus ein Schlafsaal fertiggestellt worden war, nahezu professionell. Da auch andernorts die Trainingsumfänge offenbar enorm ausgebaut wurden, entzündete sich im DRV eine Debatte über die Interpretation des Amateurparagrafen, der aus dem englischen Rudern in die Regeln übernommen worden war; 1885 dekretierte der Dachverband hier, dass sich das „Training auf eine angemessene Dauer" zu beschränken habe.[34]

Vor der Folie dieser Debatte ist anzunehmen, dass auch Kolb in der Ruder-Saison, die sich zwischen Mai und Juli erstreckte, sein Medizinstudium etwas vernachlässigt und sich vorwiegend dem Rudersport gewidmet haben dürfte; andernfalls hätte er, da sich jedes Jahr 25 junge Sportler einem harten Konkurrenzkampf stellten,[35] nicht schon bald einen Platz im ersten Vierer des Clubs ergattert. So verzeichnete Kolb, wie die Annalen des Clubs[36] ausweisen, nach nur einem Jahr Mitgliedschaft im Jahr 1885 die ersten beiden Siege im Vierer. 1886 kamen erste Plätze im Dollenvierer, im Achter und der Sieg im prestigeträchtigen „Kaiser-Preis" hinzu, „um den vor Tausenden von Zuschauern hart gekämpft wurde".[37] 1887, nun unter dem englischen Trainer East, gewann er zwei Achterregatten in Dresden und Berlin, außerdem erneut im Vierer ohne im „Kaiser-Preis". Der zehnte und letzte Sieg Kolbs datierte vom 21./22. Juli 1888 in Hamburg, im Achter.

---

[31] Berliner Ruder-Club: 75 Jahre, S. 148; Ueberhorst: Hundert Jahre, S. 38f. (Beer) und S. 42–44 (Büxenstein).
[32] Berliner Ruder-Club: 50 Jahre, S. 12.
[33] Berliner Ruder-Club: 25 Jahre, S. 13.
[34] Berliner Ruder-Club: 25 Jahre, S. 17 und 21. Vgl. auch die Ausführungen bei Ueberhorst: Hundert Jahre, S. 31–33.
[35] Kolb: Beiträge, S. 8. (Im Folgenden nur: Beiträge)
[36] Berliner Ruder-Club: 25 Jahre, S. 167–169.
[37] Ueberhorst: Hundert Jahre, S. 29.

Abb. 1: Erster Vierer 1887

Zu den weiteren Höhepunkten in der Ruderkarriere Kolbs zählte die Kabinettsorder von Friedrich III. im Jahr 1888, wonach dem BRC-Vierer nach fünf Siegen in Serie den „Kaiser-Preis" endgültig dem Club zugesprochen wurde.[38] Schlagzeilen machte 1886 die Reise des BRC-Vierers nach Henley, weil es erst das zweite deutsche Boot war, das es wagte, sich mit der Konkurrenz im Mutterland des Rudersports zu duellieren. Trainiert von Wilhelm Rettig, trat die Mannschaft in der Besetzung Wernaer (Schlag), Kolb, Altgelt, M. Graetz im „Steward-Cup" an, dem „bedeutendsten englischen Vierer-ohne-Rennen"[39], unterlag hier aber nach langem Kampf dem Boot des Thames Rowing Club mit 2 ½ Längen. Die Nummer Zwei im Boot (Altgelt) und der Schlagmann (Wernaer) wären erst am Ende ermattet, notierte eine Festschrift später, vermerkte aber mit Stolz, die englischen Zeitungen hätten

---

[38] Berliner Ruder-Club: 75 Jahre, S. 115.
[39] Berliner Ruder-Club: 75 Jahre, S. 109.

sich anerkennend über die Leistungen der deutschen Ruderer geäußert.[40] Zudem habe man wichtige „Erfahrungen und Kenntnisse vom Wesen der englischen Mannschaftsruderei" mit nach Hause nehmen können.[41]

Zu konstatieren ist mithin, dass Kolb in der Mitte der 1880er Jahre die nationale Leistungssportszene im Rudern überblickte und mit den Siegen in bedeutenden Regatten zur nationalen Spitze zählte. Als er im Mai, Juni und Juli 1887 seine umfassenden physiologischen Versuche mit Ruderern des Berliner Ruder-Clubs unternahm,[42] verfügte er also durch eigene Praxis über intime Kenntnisse der damals zeitgemäßen Trainingswissenschaft und der aktuellen Technik der „Maschinen", wie er die Ruderboote nannte. Zudem hatte er ein wichtiges Rennen wie in Henley erlebt und dürfte auch dort wichtige Anregungen erfahren haben. Und er war „am Turnreck so gut Hause" wie „im Rennboot, auf dem Stahlrad und in der Athletik", also ein Allroundsportler.[43] Diese vielfältigen Erfahrungen als Athlet, gepaart mit seinen Kenntnissen aus den ersten Semestern seines Medizinstudiums, prädestinierten ihn geradezu für die „Beiträge maximaler Muskelarbeit". Zumal sich andernfalls kaum zahlreiche Leistungsruderer und andere berühmte Sportler jener Ära für seine Studien zur Verfügung gestellt hätten.

3 Die „Beiträge maximaler Muskelarbeit"

3.1 Motiv und Probanden

Es ist naheliegend, dass Kolb durch einen seiner Mentoren im BRC, Wilhelm Rettig, der die Reise nach Henley verantwortet hatte, zur Studie angeregt wurde. Dieser verfasste 1887 die Schrift „Geheimnis des englischen Schlags", die als erste grundlegende Arbeit der deutschen Ruderliteratur betrachtet wird und dafür veranwortlich war, dass die überlegene Rudertechnik der Engländer in allen deutschen Rudervereinen übernommen wurde.[44] Die Argumente Rettigs, die vornehmlich physikalischer Natur waren, habe Kolb durch „die physiologische Effektivität des Schlages" bestätigt, insbesondere

---

[40] Berliner Ruder-Club: 25 Jahre, S. 28.
[41] Berliner Ruder-Club: 50 Jahre, S. 24.
[42] Beiträge: S. 8.
[43] Beiträge: S. 73.
[44] Berlinder Ruder-Club: 50 Jahre, S. 24.

für die Nutzung des Rollsitzes.[45] Kolb soll mit Rettig (1845–1920), der als Architekt Karriere machte, überdies eine Freundschaft verbunden haben.[46] In der Vorrede der Studie, die vom Clubvorsitzenden Büxenstein gedruckt wurde, ging Kolb auf Rettig allerdings nicht ein. Vielmehr widmete er sie seinem „hochverehrten Lehrer" aus Neuwied, Wegehaupt. Kolb berichtete, er habe sich schon „seit längerer Zeit" mit der Physiologie des Sports beschäftigt, um eine Leistungssteigerung für seine Mannschaft zu ermöglichen:

Anfangs hatte ich nur als Sportsmann die Vorteile meines Klubs im Auge, dem, so wie andere Genossen mit Mitteln und Muskulatur ich mit meinen Fähigkeiten dienen wollte. Ich benutzte deshalb zu meinen Versuchen bloß die Rennmannschaften des Berliner Ruder-Clubs, dann zog ich nach und nach auch andere Sportarten in den Kreis meiner Betrachtungen, je nachdem sie der Zufall mir in den Weg führte.[47]

Zur Publikation seiner Versuche aus dem Jahr 1887 entschied er sich einerseits, weil er vermutete, im Ausland wären ähnliche Studien im Gange. Andererseits wurde dieser Entschluss provoziert durch eine offenbar heftig tosende zeitgenössische Debatte, in der „geachtete Gelehrte hygienische Bedenken gegen den Sport geäußert" hatten, und zwar, wie Kolb rügte, ohne jegliche Beweise und „vorurteilsvoll ausgesprochen". Diese Vorwürfe wolle er einer wissenschaftlichen Prüfung unterziehen. Er selbst, als „Mediziner und Sportsmann zugleich und beide mit gleicher Neigung", betrachtete sich als überaus geeignet für diese Studie:

Erstens muss der Untersuchende ebensosehr Sportsmann wie Mediziner sein; denn wer nie die Anstrengungen eines Trainings mitgemacht hat, kann und darf auch als Mediziner nicht darüber urteilen. Zweitens ist klar, dass die Sportgenossen dem Physiologen, der kommt, um seine Experimente „am Tier" zu machen, begreiflicherweise die Thür verschließen, die dem Kameraden offen steht.[48]

Dennoch sei es oft keine Kleinigkeit gewesen, die Athleten zur Mitarbeit zu bewegen und „durch die Liebenswürdigkeit der betreffenden Herren" ermächtigt zu werden, „die Namen nebst Wohnort zu veröffentlichen".[49] Die-

---

[45] Ueberhorst: Hundert Jahre, S. 132f.
[46] Berliner Ruder-Club: 25 Jahre, S. 79.
[47] Beiträge, VII. An anderer Stelle (S. 73) rügte Kolb die „aufgeregte Weise", in der die „Tageslitteratur" die Schädlichkeiten einzelner Sportarten behandelt habe.
[48] Beiträge, S. VIII.
[49] Beiträge, S. 35f.

se waren, naheliegend, einerseits Mitglieder des ersten Vierers des BRC (Heyn, Kolb, Altgelt, Wernaer), dem er selbst angehörte, außerdem die Besatzung des „leichten Vierers" (Alkier, Preusser, Wiegel, Schubotz).[50] Mit Achilles Wild, Ferdinand Leux (beide Rudergesellschaft Germania Frankfurt) und Emil Doehring (RC Favorite Hammonia Hamburg) ließen sich die „wohl augenblicklich leistungsfähigsten Ruderer in Deutschland" untersuchen, zudem weitere sportliche Größen wie Schulz (Berliner Ruder-Verein), Söllner, Waltz (beide RG Germania Frankfurt), Neder, Oldenburg, Siemers und Lind (alle RC Favorite Hamburg).[51] Außerdem stellen sich Thiemt (Berliner Ruder-Verein), Schwiedeps (Rostocker Ruderklub) und Meixner von der Frankfurter Rudergesellschaft Germania zur Verfügung, auch sie „außerordentlich leistungsfähig" und zu den besten ihres Sports zählend.[52] Als Gewichtheber bzw. Ringer vertrauten sich Reinhold Schulz und kein Geringerer als Karl Abs (Hamburg), der „unbestreitbar der kräftigste Mann der Jetztzeit"[53], dem jungen Physiologen an. Mit Achenbach (Hamburg), Lahder, Titel, Siemens und Walker (alle Berlin) akquirierte er einige „der bekanntesten, deutschen Radfahrer"[54]. Im Schwimmen schließlich untersuchte Kolb seinen Klubkameraden Alkier, der aus dem Schwimmen kam.[55] Die Probanden, die sich zur Verfügungen stellten, rekrutierte Kolb also, wie er stolz anmerkte, aus dem „Adel der Sportwelt".[56]

3.2 Kolbs Forschungsstand und Methodik

Betrüblicherweise verfasste Kolb seine Studie ohne jeglichen Anmerkungsapparat und auch ohne eine Literaturliste, so dass es vergleichsweise mühsam ist, die wissenschaftliche Basis seiner Studie zu rekonstruieren. Dass er in seinen einführenden Worten zum Thema keinen sportwissenschaftlichen Titel angibt, der als Grundlage für seine Studie gedient hätte, hat freilich sei-

---

[50] Beiträge, S. 12.
[51] Beiträge, S. 33–35. Die Einschätzung war gewiss nicht übertrieben. Schließlich gewann Wild die deutschen Meisterschaften im Einer der Jahre 1882 und 1884–1888, Doehring in den Jahren 1892 und 1893, Leux im Jahr 1890.
[52] Beiträge, S. 91.
[53] Beiträge, S. 69f.
[54] Beiträge, S. 78.
[55] Beiträge, S. 85.
[56] Beiträge, S. 35.

nen Grund auch darin, dass zumindest in Deutschland ein sportphysiologisches oder sportmedizinisches Standardwerk nicht vorlag.
Es ist angesichts der Erfahrungen Kolbs aus der Englandreise und mit den englischen Rudermeistern in Berlin anzunehmen, dass Kolbs Vorstellung vom Training dennoch zeitgemäß waren. Er war sich bewusst, dass jede maximale Leistung durch ein Training gesteigert werden könne.

Es ist sogar unumgänglich notwendig, zu trainieren. Denn schwere Zufälle, welche untrainierte Leute bei maximalen Arbeiten betroffen haben, beweisen, dass dem wohltrainierten Organismus ohne Beschwerde erlaubt ist, was jedem andern unter Umständen den Tod bringt. Das Training ist also ein durchaus physiologischer Vorgang. Ich muss hier einen Irrtum berichtigen, welcher mir in verschiedenen Zeitschriften selbst aus der Feder namhafter Gelehrter begegnet ist. So wurde von einem Mediziner das Training als „schädlich" bezeichnet und – mit dem Training der Reiter verwechselt. Training heißt nichts weiter als „Vorbereitung".[57]

Daraus ergebe sich, dass ein Jockey (der möglichst leicht sein musste) anders zu trainieren habe als ein Radsportler. Der Athlet (gemeint war Heber oder Ringer) und Ruderer hingegen werde natürlich nach Methoden suchen, „möglichst kräftig und ausdauernd zu werden und bei den Uebungen dazu verlierte er an Fettpolster, aber er tauscht Muskelsubstanz dagegen ein".[58] Wenn das Training beendet sei, dann verschwänden alle Erscheinungen recht schnell, nach einem Monat sei davon nicht mehr übrig als eine leicht veränderte Pulskurve.[59]

Für seine Versuche nutzte Kolb diverse Methoden und Messgeräte aus der Medizin bzw. Physiologie. So ermittelte er den Inspirations- und Exspirationsdruck der Probanden mit dem sog. Waldenburgschen Apparat.[60] Das Lungenvolumen bestimmte er mit einem „kleinen Spirometer" der Fa. Phoebus, den er geringfügig umbaute.[61] Um die Frequenz der Ausatmungen während der Höchstleistung exakt rekonstruieren zu können, fertigte er eine komplizierte Vorrichtung an, die den Sportlern während des Rennens zwischen Lippen und Zähne geschoben wurde und die durch ein Kabel mit

---

[57] Beiträge, S. 93.
[58] Beiträge, S. 93.
[59] Beiträge, S. 94.
[60] Beiträge, S. 12.
[61] Beiträge, S. 20.

einem „Registrierapparat" am Rücken des Sportlers verbunden war.[62] Mit dieser Frequenzbestimmung bezog sich Kolb auf eine Untersuchung des renommierten Physiologen Karl von Vierordt (1818–1884)[63]; in der „*Physiologie des Athmens mit besond. Rücksicht auf die Ausscheidung der Kohlensäure*" (1845) hatte von Vierordt nachgewiesen, dass mit zunehmender Atemfrequenz mehr Kohlendioxid ausgeatmet werde bzw. die Atemfrequenz die Ausscheidung des Kohlendioxids grundsätzlich beeinflusse. Dieser „Gaswechsel", wie der Prozess der Umwandlung von Sauerstoff zu Kohlendioxid im menschlichen Körper damals bezeichnet wurde, war für Kolb deshalb relevant, weil er bereits wusste, dass bei zunehmender Atemfrequenz irgendwann ein Punkt erreicht war, „wo die CO_2 Menge im Blute sehr schnell wächst und damit jede weitere Muskelleistung unmöglich macht"[64] – die Zunahme der CO_2-Menge im Blut also eine Leistungsgrenze darstellte.

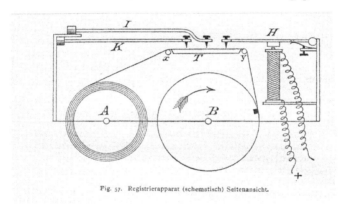

Abb. 3: Registrierapparat

Auch für den nach Ansicht Kolbs interessantesten Teil der Studie, die „Untersuchung der Herzthätigkeit" der Athleten, griff er auf eine Erfindung

---

[62] Beiträge, S. 23. Hier findet sich auch eine Abbildung des Registrierapparates.
[63] Pagel, J.: Karl von Vierordt, in: Allgemeine Deutsche Biographie, Band 39 (1895), S. 678–679. Vgl. auch den biographischen Eintrag Pagels in: Pagel, J., Biographisches Lexikon hervorragender Ärzte des neunzehnten Jahrhunderts, Berlin/Wien 1901, Sp. 1768–1770.
[64] Beiträge, S. 24.

Vierordts aus den Jahren 1854/55 zurück, auf einen Sphygmographen (Pulsschreiber). Hierzu bediente er sich eines „kleinen Sphygmographen von Richardson aus der Fabrik von Krone und Seesemann in London, Duke str. Manch sq.", der „außerordentlich schnelles Arbeiten" ermögliche.[65] Dieser lasse sich „in wenigen Sekunden an die Radialis [Speichenarterie, E. E.] anlegen, ist sehr kompendiös und ermöglichte es mir unter Verhältnissen zu arbeiten, welche die Anwendung keines anderen Apparates gestattet hätten". Um möglichst schnelles Anlegen des Apparates zu gewährleisten, schulte er die Probanden entsprechend. Wenn manche Graphen dennoch nicht die „tadellose Feinheit" hätten, so sei hänge dies mit den „oft denkbar ungünstigen Bedingungen" zusammen, unter denen er gearbeitet habe.[66] Auch an anderer Stelle stellte Kolb fest, dass er „unter den ungünstigen Verhältnissen im Bootshause eines großen Klubs" habe arbeiten müssen.[67]

Den Harnstoff der Athleten bestimmte er nach der damals aktuellen Methode von Knop-Hüfner.[68] Und für den Versuch, die „Konstruktion von Willens- oder richtiger Ermüdungskurven" darzustellen, ließ er sich durch die Studie „Experimentelle Untersuchungen über die Willensthätigkeit" der beiden Psychiater Dr. Max Konrad und Dr. Max Tippel aus dem Jahr 1885 inspirieren.[69] Diese hatten die Ermüdungskurve des Skelettmuskels über dem Schultergelenk gemessen, indem sie Versuchspersonen den Arm waagerecht ausstreckten und „proicierten dann auf einen Papierstreif, welcher mit gleichmäßiger Geschwindigkeit vorbeibewegt wurde, die Senkungskurve des Armes, welche in diesem Falle die Ermüdungskurve des Deltoideus war".[70] Kolb erweiterte diese Methode dahingehend, mit dem Rudern einen Bewegungsablauf zu untersuchen, in dem die Muskelarbeit zwar unterbrochen wurde, aber stets „ein und dieselbe Arbeit in konstanten Intervallen blieb". Auch hier sinke, stellte er fest, „die Energie der Kontraktionen":

Diese lässt sich leicht darstellen und liefert dann eine Kurve, welche man im Gegensatz zu der passiven Kurve Riegers gewissermaßen als eine aktive bezeichnen könnte. Auch hier häufen sich Ermüdungsprodukte an, aber die Kontraktionen sind von Pausen unterbrochen, in welchen das Blut den Muskel ausspritzen und wenigstens

---

[65] Beiträge, S. 30.
[66] Beiträge, S. 30.
[67] Beiträge, S. 93.
[68] Beiträge, S. 26.
[69] Beiträge, S. 54.
[70] Beiträge, S. 54.

die flüchtigsten Produkte der Muskelarbeit entfernen kann. [...] Es stehen also solche Kurven in geradem Gegensatze zu den nach der Methode Riegers gewonnenen, indem die Kurven Riegers unter den ungünstigsten Verhältnissen zustande kommen, also am relativ steilsten sinken, während die maximale Arbeit vieler Muskeln bei intermittierender Leistung am langsamsten sinken wird. Alle diese erforderlichen Bedingungen erfüllt die Technik des Rudersports und gewährt außerdem noch wesentliche Vorteile."[71]

Als Vorteil erschien Kolb, dass die Ruderer so lange und so energisch geschult seien, dass „sowohl bezüglich der technischen Ausführung, als auch der wirklichen Energieentfaltung geradezu ideale Verhältnisse erreicht werden". Um nun alle ihm wichtig erscheinenden Parameter beim Rudern zu erfassen, nämlich „jeder Atemzug, jeder Ruderschlag, die Geschwindigkeit und die Bewegung des Steuers", konstruierte Kolb einen recht komplexen „Registrierapparat in möglichst kompendiöser Form", den er im Boot aufstellte.[72] Es waren also spärliche medizinische Literatur und weiterentwickelte bzw. völlig neuentwickelte Geräte und Graphen, welche die Grundlage für die „Beiträge" des Medizinstudenten bildeten.

Seine allgemeinen Einführungen zum Organismus des Menschen, der in seiner physischen Leistungsfähigkeit „ganz ohne Zweifel in einem langsamen, aber unverkennbaren Rückschritt begriffen"[73] sei, entsprachen den pessimistischen Ideen zur Degeneration des Menschen, die im Zeitalter der frühen Industrialisierung in Wissenschaft und Kultur geäußert wurden, beeinflusst unter anderem von Charles Darwin mit „The Descent of Man" (1871).[74] Andererseits verwies Kolb in gleichem Zuge auf Leistungen, „welche so hoch über allem bekannten stehen, dass es fraglich ist, ob die Vorzeit solches gekannt hat".[75] Die Beispiele dafür stammten vorwiegend aus dem Sport; der „Mann, der 400 Kilometer in 24 Stunden auf dem Stahlrade durchjagt", Tourenreiter durch Europa; Forschungsreisende in Afrika; die ersten Schwimmer, die den Ärmelkanal durchschwammen; schließlich der

---

[71] Beiträge, S. 54f.
[72] Zu Details und Zeichnungen dieses Apparats vgl. Beiträge, S. 55ff.
[73] Beiträge, S. 1.
[74] Hoberman: Sterbliche Maschinen, S. 51ff.
[75] Beiträge, S. 1.

Schwerathlet Abs, „der ein ganzes Pferd aufhebt"[76] – all diese Leistungen zeugten doch, so Kolb, „von einer großen, begehrenswerten Konstitution".[77]
Kolbs Sportbegriff unterschied sich erheblich von der damals üblichen Definition, wonach Sport allein der Erholung und dem Freizeitvergnügen diene. Dies treffe nur zur für die Sportsleute, die „nur zur Unterhaltung, zum Zeitvertreib, ohne maximale Anstrengung" sich mit Sport beschäftigten. Für einen kleineren Teil der Sportsleute bedeute Sport im Gegenteil dazu „eine große Anstrengung".[78] Und nur diese Form akzeptierte Kolb überhaupt als Sport: „Wer bloß spazieren reitet, ist kein Sportsmann. Der Sport liegt im Training und im Sattel."[79] Die Motivation dieser ersten Leistungssportler sei der Ehrgeiz als „ein Teil jenes alten Triebes nach Differenzierung, der stets die Jugend beseelte", ein Geist, der die Kultur und überhaupt alles aufgebaut habe, „was gut ist im Menschen". Insofern sei der moderne Sport „ein Arbeiten des Kulturmenschen auf fremdem Gebiete".[80] Vor dem Hintergrund seines Sportbegriffes existierten in den 1880er Jahren überhaupt nur wenige „wirkliche Sportarten", nämlich Rudern, Turnen, Radfahren, Schwimmen und die moderne Athletik. Warum Kolb sich auf die maximale Leistung konzentrierte und das Turnen für seine Studie ausklammerte, begründete er wie folgt:

In vorliegender Schrift sind also bloß maximale Anstrengungen in ihrer physiologischen Wirkung überprüft, über nicht maximale Leistungen lassen sich überhaupt keine, auch nur einigermaßen genauen Resultate gewinnen, da sich nie die Größe der Leistung bestimmen läßt im Vergleich zur Größe der physiologischen Wirkung. Einen entwicklungsgeschichtlich bedeutsamen, *differenzierenden* Einfluß haben vornehmlich nur die maximalen Muskelarbeiten. Aus demselben Grund habe ich das Turnen [...] übergangen, da die maximale Arbeit beim Turnen je nach der Art der geleisteten Arbeit wechselt und physiologisch bald diesen oder jenen der unten angeführten Typen zugezählt werden müsste.[81]

Gemeint waren Typen der Ermüdung: Kolb widmete sich also zunächst dem Phänomen der Ermüdung, bekanntlich ein Klassiker der Sportphysiologie und Sportmedizin.

---

[76] Beiträge, S. 2.
[77] Beiträge, S. 2.
[78] Beiträge, S. 2.
[79] Beiträge, S. 3.
[80] Beiträge, S. 2.
[81] Beiträge, S. 3.

3.3 Zur Ermüdung

Kolb stellte die Muskelarbeit in das Zentrum seiner Studie, weil er überzeugt war, dass die Muskeln als „Motoren" zuerst in Anspruch genommen würden und als solche auch zuerst ermüdeten. Dabei bleibe die Restitution (Wiederherstellung) des Verbrauchten hinter dem Verbrauch zurück. „Es werden deshalb auch die Organe bei maximaler Muskelarbeit in verstärkte Thätigkeit geraten müssen, welchen der Muskel seine Ernährung und Erhaltung verdankt. Diese Organsysteme sind der Kreislauf, die Atmung und das Nervensystem."[82] Kolb unterschied für die „maximale Leistung nebst folgender Insuffizienz" im Sportleben insgesamt vier verschiedene „Grundtypen der Ermüdung": Muskel, Kreislauf, Atmung und „nervöse Organe". Für die erste Gruppe gab er das Beispiel eines Gewichthebers, der so lange eine Hantel stemmen könne, bis der Muskel versage. Für die zweite Gruppe, den Kreislauf, seien Sprinter ein geeignetes Beispiel, hier sei bei 180–250 Pulsschlägen pro Minute nach kurzen Hochleistungen das Herz „der Sitz der Insuffizienz". Als Exempel für eine versagende Atmung nannte Kolb das Rudern: „Da sieht man, wie die wohltrainierten kräftigen Leute mit den Händen sich auf die Bordwand stützen, mit zurückgelegtem Kopfe und weit geöffnetem Munde nach Atem ringen. Der Physiologe sieht hier mit Staunen, welch enorme Dyspnoe [Atemnot, E. E.] hier durch maximale Leistungen erzeugt wurde." Da das Sphygmogramm hier zwar heftige Pulsschläge vermerke, aber keine „Intermissionen" (also Unterbrechungen), sei nicht das Herz das Problem, sondern tatsächlich die Atmung. Die vierte Gruppe teilte Kolb in zwei Muster. Auf der einen Seite sei „nach langen Anstrengungen nicht maximaler Art", etwa bei Wanderungen, ein „allgemeiner Verfall der Kräfte" zu verzeichnen. Das zweite Muster, das „Uebertraining", sei im Leistungssport häufig zu beobachten:

Die chronische Form ist das in der ganzen Sportwelt bekannte und gefürchtete Uebertrainiertsein an Mensch und Pferd. – Eine Mannschaft, welche auf der einen Regatta so vorzüglich in Kraft war, dass sich unwiderstehlich alles niederwarf, wird in kürzerer oder längerer Zeit immer, längstens in vier Wochen, übertrainiert sein, wenn sie in derselben Weise wie vorher täglich weiter übt.[83]

---

[82] Beiträge, S. 4.
[83] Beiträge, S. 6.

Gerate ein Individuum in einen solchen Zustand, sei die „Leistungsfähigkeit auf Monate gestört"; die einzige Therapiemöglichkeit bestehe dann in guter Ernährung bei „vorübergehender Enthaltung jeglicher Körperarbeit". Die verschiedenen Symptome dieses Übertrainings, „Reizbarkeit", erregbare, physische Affekte, plötzlich gesteigerte Abnahme des Körpergewichtes und niedriger Blutdruck, Müdigkeitsgefühl, Schlaflosigkeit, „Appetitlosigkeit oder auch Essgier", wolle er in seiner Studie zu begründen versuchen.[84]

3.4 Kolbs Untersuchungen im Rudern

Zunächst widmete sich Kolb dem Ermüdungstyp III, also den maximalen Leistungen im Rudern – weil sie den Ausgang seiner Untersuchung darstellten und die Art der Leistungen auf die anderen Ermüdungstypen, wie Kolb meinte, am gleichmäßigsten einwirke. Dafür stellte er zunächst das Boot und die Technik dar, mit denen die Versuche unternommen wurden. Das leitende Prinzip bei der Konstruktion des Vierers sei es gewesen, erläuterte Kolb, „möglichst viele Muskelgruppen zur Fortbewegung des Bootes zu verwenden".[85] Dann beschrieb und untersuchte er das zugrunde liegende „Menschenmaterial", das sich zunächst auf die beiden Vierer des BRC (also auch auf Kolb selbst) beschränkte.

Es war ja möglich, dass manche von diesen Leuten mit anormalen Zuständen behaftet waren, welche sie als Versuchsmenschen unbrauchbar machten. Ja, es hätten eigentlich diese Rennruderer, welche schon Jahre lang die Strapazen des Trainings ertragen hatten, nach den bisher gültigen Ansichten über die Schädlichkeit extrem großer Muskelarbeit eine wahre Mustersammlung von Invaliden sein müssen. Die oft wiederholte, genaue Untersuchung ergab bei sämtlichen Ruderern durchaus normale Verhältnisse.[86]

Frequenz der Atem- und Herzarbeit sei bei jedem Ruderer normal gewesen, Hypertrophien des Herzens stellte er nicht fest. Nach seiner Auffassung seien diese Sportler „der Typ von Männern, welche im größtmöglichen physiologischen Gleichgewicht sind"[87] – mithin ideale Probanden. Vor dem Experiment maß er bei jeder Versuchsperson die Körpergröße, Körpergewicht,

---

[84] Beiträge, S. 4–7.
[85] Beiträge, S. 8–10.
[86] Beiträge, S. 11.
[87] Beiträge, S. 11.

Brustumfang (min. und max.), Bauchumfang (min. und max.), Umfänge der Oberarme, der Oberschenkel, der Unterarme, der Unterschenkel, dazu „Vitalkapazität" (Lungenvolumen) sowie „Inspirations-" und „Expirationsdruck".[88] Speziell die zu Beginn des Trainings gemessene Vitalkapazität, die beim schweren Vierer im Schnitt bei 5,6 Litern lag und mit 6,2 Litern bei Kolb übrigens am größten war, bezeichnete er als „hervorragend"[89]; dies sei angesichts der durchschnittlichen Vitalkapitäzität von 3,7 Litern „ganz außerordentlich viel" und erhöhte sich während des Trainings noch um 0,15 bis 0,2 Liter im Schnitt.[90] Daher stelle sich die Frage,

ob die Vergrößerung der Vitalkapazität gegen die Norm Folge oder Ursache der guten Leistungen im Rennen ist. Ich hoffe weiter unten zeigen zu können, dass die große Vitalkapazität Ursache der großen Leistungsfähigkeit ist, kann aber bereits hier vermerken, dass einige dieser Leute eine außerordentliche Fähigkeit im Tauchen unter Wasser besaßen zu einer Zeit, wo dieselben noch gar nicht ruderten. Es ist also bei diesen schon damals die Lunge unzweifelhaft übernormal geräumig und die Respirationsmuskulatur sehr kräftig ausgebildet gewesen. Im trainierten Zustande kommt hier noch hinzu der auffallende Mangel an Fettpolster, welcher natürlich Atmung und Kreislauf außerordentlich erleichtert.[91]

Nach allgemeinen Ausführungen zu *Bahn und Rennen*,[92] also äußeren Bedingungen seiner Versuche, konzentrierte sich Kolb zunächst auf das Kapitel der *Gewichtsabnahme im Training*, worüber in Laienkreisen „die unglaublichsten Ansichten"[93] verbreitet seien. In zwei Monaten Training des BRC-Achters (dem Kolb ebenfalls angehörte), alles Leute zwischen 21 und 27 Jahren und „durchaus normal mit mäßigem Fettpolster", verzeichnete Kolb eine durchschnittliche Gewichtsabnahme von 3,57 Prozent, ein nach seinem Dafürhalten „geringer Substanzverlust".[94] Aus dem Graphen dieser Gewichtsabnahme geht hervor, dass der Achter vor der Regatta in Dresden (die siegreich endete) eine Trainingspause eingelegt hatte.[95] Obwohl die Ruderer nach der Regatta ebenfalls einige Ruhetage verzeichneten und leicht an Ge-

---

[88] Beiträge, S. 11.
[89] Beiträge, S. 13.
[90] Beiträge, S. 20.
[91] Beiträge, S. 13.
[92] Beiträge, S. 14–16.
[93] Beiträge, S. 17.
[94] Beiträge, S. 18.
[95] Beiträge, S. 18.

wicht zunahmen, „gerieten die Leute bei steigendem Substanzverlust doch allmählich in das gefürchtete Stadium des oben als IVb angeführtem Uebertrainiertseins, wie dies nach einem Training von solcher Dauer nie ausbleiben kann".[96] Als günstigen Zustand für „maximale Muskelarbeit" bezeichnete Kolb einen Gewichtsverlust von drei Prozent des Körpergewichts; das gelte aber nur für junge Leute „mit normalem Fettpolster". In höherem Alter steige der Gewichtsverlust indes, so verliere der Kraftathlet Abs durch sein Training zwölf Prozent seines Gewichtes, und ein Kolb bekannter Ruderer müsse gar 17 Prozent verschwitzen, „um leistungsfähig zu werden".[97]

Danach widmete sich Kolb ausführlich der *Mechanik der Atmung*.[98] Hier nahm er aufgrund der „wiederholten, heftigen Uebung" eine Hypertrophie der Respirationsmuskeln an, also des Zwerchfells, auch eine Dehnung des Thorax und der Lunge.[99] Kolb konstatierte, dass die Atemfrequenzen der Athleten durch das Training sanken, weshalb er ableitete, „dass sowohl Frequenz als Tiefe der Atmung variable Größen sind, abhängig von der Lebensweise und der Entwicklung der Respirationsmuskeln".[100] Die Atemfrequenz der Athleten untersuchte Kolb dann auch im Wettkampf mithilfe seines Registrierapparates und erhielt folgende Ergebnisse:

Beim Start, wie bei jeder maximalen Leistung tritt ein ein etwa 5-10 Sekunden dauernder Respirations-Stillstand ein. Die Atmung beginnt dann plötzlich wieder und steigt innerhalb einer halben Minute auf etwa 40. Hält die maximale Arbeit länger an, so ist dies mit einer weiteren Steigerung der Atmung blos auf 50 und 60 verbunden und auf dieser Höhe bleibt dieselbe bis die Dyspnoe und die vermutlich außer CO_2 bei maximaler Arbeit im Muskel entstehenden Substanzen, wie Milchsäure etc., so lähmend auf die Muskeln gewirkt hat, dass die Muskelleistung sinkt. (…) Trotzdem kann sie auch jetzt noch auf und über 60 gesteigert werden, wenn durch einen außergewöhnlich starken Willensimpuls nochmals eine maximale Muskelarbeit ausgeführt wird, welche eine große Menge CO_2 freimacht. Steigt aber die Respirationsfrequenz längere Zeit über 60, so wächst die Frequenz plötzlich sehr schnell auf 120 und 140 die Minute und die Dyspnoe wird dabei so stark, dass sehr schnell die ganze Muskulatur versagt.[101]

---

[96] Beiträge, S. 19.
[97] Beiträge, S. 19.
[98] Beiträge, S. 20f.
[99] Beiträge, S. 21.
[100] Beiträge, S. 22.
[101] Beiträge, S. 24.

Als Erklärung dafür gab Kolb an, dass der Gaswechsel nur bis zu einem gewissen Punkt mit der Atemfrequenz zunehme – Kolb sah als Grenze hier 70 Atmungen pro Minute. Alles darüber hinaus produziere zu viel CO_2. Ergo: „60 Atemzüge in der Minute sind also das Maximum der mit Erfolg bei maximaler Arbeit gesteigerten Respiration."[102]

Auch die *Chemie des Gaswechsels* untersuchte Kolb im Feldversuch, will heißen: Er ermittelte die Veränderungen des CO_2-Gehaltes im Training und im Wettkampf mit einem damals verwendeten „Anthrakometer", also einem Instrument zur Bestimmung des Kohlensäure-Gehaltes in der Luft. Weil er diese Werte nicht während des Rennens messen konnte, ließ er Trainingsfahrten in Abständen unterbrechen und „in dickwandige Gummiballons exspirieren".[103] Dabei stellte er fest, dass der chemische Gaswechsel wie die Vitalkapazität und die Tiefe der Atemzüge ebenfalls anstieg. Nach Beginn der Rennen stieg der Wert, der im Durchschnitt bei 4,33 Prozent und bei den Ruderern bei 4,5–4,6 Prozent lag, auf sechs Prozent und stieg dann kontinuierlich sogar auf etwa neun Prozent.[104] Er nahm an, dass diese Werte in den Rennen noch höher lagen.

Den umfangreichsten Platz widmete Kolb, auch wegen der zahlreichen Sphygmogramme, schließlich dem Thema *Kreislauf* – womöglich auch, wie er ironisch einleitete, weil zuvor „so viel über die schädliche Wirkung des Sports auf das Herz geschrieben" worden war; „besonders in Laienkreisen war man sich durch die gute Belehrung vortrefflicher Hausärzte so klar über die die herzzerstörenden Folgen aller großen Anstrengungen, dass ich anfangs fest überzeugt war, eigentlich unter den gesamten Sportleuten bloß Invaliden finden zu können".[105] Indes, er kenne keinen Rennruderer, bei dem sich Kreislaufstörungen infolge des Sports entwickelt hätten.

Auswirkungen jedoch hatte die maximale Leistung sehr wohl. Kolb stellte eingangs fest, dass die Herzfrequenz sich im Training „gegen die Norm" verlangsame.[106] Vierordt hatte einen Schnitt von 69 Schlägen die Minute ermittelt; Kolb legte dar, dass das Herz des 21-jährigen Ruderers Heyn im Ruhezustand hingegen nur 45 Mal in der Minute schlug.[107] Die Ergebnisse,

---

[102] Beiträge, S. 25.
[103] Beiträge, S. 27.
[104] Beiträge, S. 27.
[105] Beiträge, S. 29.
[106] Beiträge, S. 29.
[107] Beiträge, S. 29.

die Kolb aus den Pulsmessungen an den Leistungsruderern ableitete, waren wie folgt: Die Pulsveränderungen durch das Training bestünden in der „Frequenz- und Druckverminderung", für die Pulskurven nach den Rennen sei charakteristisch eine „hohe Frequenz, geringer Druck, keine Intermissionen".[108] Eine Hypertrophie des Herzens sei physikalisch nicht nachweisbar, so Kolb.

Was aber die veränderte Arbeit des Herzens im Training betrifft, so muss man in Anbetracht, erstens der Verlangsamung und Drucksenkung in der Ruhe und zweitens des niedrigen Drucks bei hoher Frequenz in und nach der Arbeit annehmen, dass trotzdem geringe Hypertrophie vorhanden ist, welchem dem Herzen ermöglicht, durch geringere aber aus größerer Diastole erfolgende Frequenz das erforderliche Blutquantum zu fördern."[109]

Aus der zunehmenden Diokrotie (Doppelschlägigkeit des Pulsschlages, E. E.) müsse man auf eine Änderung des Kreislaufes dahingehend schließen, dass durch Ernährung, Muskelhypertrophie und größeren Gaswechsel der arterielle Druck sinke. Veranlasst sei dies vielleicht „durch einen stärkeren Abfluss in die Muskelcapillaren behufs Regeneration der verbrauchten Muskelsubstanz." Für die Steigerung des Blutdrucks während des Rennens sei aber wohl die Erweiterung der Muskelkapillaren verantwortlich.[110]

Es folgte das Kapitel *Maximale Herzarbeit*, für das er aufgrund seiner Beobachtungen für die Wirkung auf den Blutdruck und die Herzfrequenzen insgesamt drei Lehrsätze aufstellte:

Muskelarbeit steigert die Herzarbeit.
Addierte Muskelarbeit addiert sich in ihrer Wirkung auf die Herzfrequenz.
Die Herzfrequenz steigt um so höher, je stärker ein Muskel angestrengt wird.[111]

Im Rahmen dieses Abschnittes berichtete Kolb von der Praxis, dass die Ruderer direkt nach dem Training, noch im schweißtriefenden Zustand, unter eine „kalte Duoche von 10 Grad R. und etwa 5 bis 15 Secunden Dauer"[112] geschickt wurden. Diese Dusche sei von ausgezeichneter Wirkung, „indem durch Applikation von Kälte auf die Haut der Abfluss durch die Hautcapilla-

---

[108] Beiträge, S. 41.
[109] Beiträge, S. 41f.
[110] Beiträge, S. 42.
[111] Beiträge, S. 46.
[112] Beiträge, S. 47. Mit „R." ist die Maßeinheit nach Réaumur gemeint.

ren ausgeschaltet wird und infolgedessen der Blutdruck wieder steigt, so dass die ermüdeten Muskeln reichlich mit Blut durchspült werden."[113]

Im Kapitel *Harnanalyse* gab Kolb weitere Einblicke in Details der zeitgenössischen Trainingswissenschaft. Denn er musste erklären, dass die Menge des Harnes, die zur Verfügung stand, aufgrund der „verminderten Wasseraufnahme" der Ruderer geringer ausfiel:

Die professionellen Trainer, also die Leute, welche die gesamte Pflege und Ausbildung der Rennruderer in Händen haben, gestatten während des Trainings nur eine Flüssigkeitsaufnahme von höchstens 1500-2000 CC, je nach der Sommerhitze. – Der empirisch gefundene Grund ist der, dass bei geringer Flüssigkeitsaufnahme die Anstrengungen des Rennens ungleich besser vom Körper überwunden werden als bei größerem Wassergehalt des Blutes. – Es betrug infolgedessen während der Trainingszeit im Juni und Juli die Tagesmenge im Durchschnitt nur 1600 CC, eine Zahl, welche in Anbetracht der hohen Tagestemperatur und der abendlichen Anstrengung sehr niedrig ist.[114]

Die Methode der Harnanalyse wählte er, um zu ermitteln, „welchen Einfluss die Änderung der Lebensweise und die Ernährung und auf die Funktion der Niere haben würde", auch als Gegenprobe zu den Resultaten bei der Untersuchung von Blutdruck und Herztätigkeit.[115] Dazu verglich er den Harn der Ruderer vor und nach den Rennen. Wesentliches Ergebnis war, dass er zu Beginn des Trainings „mehrmals zum Teil nicht geringe Mengen" des Proteins Albumin fand.[116] Da hier eine Eiweißreaktion ausblieb, anders als er erwartet hatte, deutete er dies als Bestätigung seiner Theorie, dass auch „während maximaler Arbeit die Sekretion der Nieren nicht stockt, sondern nur unbedeutend vermindert ist".[117] Zucker habe er nur zu Beginn des Trainings in Spuren gefunden, später nicht mehr – auch dies der Theorie entsprechend, wonach „rein animale Kost", welche die Ruderer offenbar bevorzugten, sowie die Muskelarbeit den Zuckergehalt herabsetzten.

Dass der Zuckergehalt im Körper abnimmt, möchte auch vielleicht damit zusammenhängen, dass die hochgradig trainierten Leute einen eigentümlichen Hang nach Kohlehydraten verspüren. – Es wurde der Genuss dieser Sachen früher ganz verbo-

---

[113] Beiträge, S. 47.
[114] Beiträge, S. 50.
[115] Beiträge, S. 49.
[116] Beiträge, S. 51.
[117] Beiträge, S. 52.

ten, ob mit Recht, erscheint zum mindestens zweifelhaft. Wenigstens sucht man neuerdings dem gefürchteten Uebertrainieren durch Darreichung von Kohlehydraten und Zucker vorzubeugen.[118]

Damit war, wie Kolb erläuterte, „das gesamte Material meiner Untersuchungen über das Rennrudern erschöpft".[119] Hinzu kamen nun noch Überlegungen zu einem Thema, das nicht im engeren Sinne zu seiner Arbeit gehörte, aber doch von diesen Resultaten abhing und „gleichsam eine Funktion oben besprochener Vorgänge darstellen: Ich meine die Konstruktion von Willens- oder richtiger Ermüdungskurven".[120] Mit dem hierfür eigens konstruierten Registrierapparat (s. Abschnitt zur Methodik) hatte Kolb zwei Optionen; zum einen hätte er bei jedem einzelnen Ruderer den Grad der Biegung des Riemens bei jedem Schlag aufschreiben lassen können, mit einem dem „Sphygmographen ähn-Apparate" – diese Versuche aber behielt er sich für „das nächste Jahr vor" (also 1889).[121] 1887 zog er es aus technischen Gründen vor, „erst nur die Kurve der Geschwindigkeit des Bootes als einer Funktion der Kraftentfaltung der vier Ruderer zu registrieren". Dazu hätten ihn unter anderem auch „sportliche Interessen" bewogen.[122] Mit diesem Apparat war es Kolb nun möglich, ein 2000 Meter-Rennen graphisch abzubilden mit vier sehr unterschiedlichen Parametern: Pulsschlag pro Minute, Kohlensäure in Volumenprozent, Atemzüge in der Minute, Geschwindigkeit in Meter. Auf der Tafel, die als graphische Abbildung eines ganzen Rennens als Anlage im Buch enthalten war, konnte Kolb, wie er mit Stolz anmerkte, alles darstellen, „was ich während eines Rennens an physiologischen Momenten habe konstatiren können". An diesen Kurven sei, so Kolb, „sehr schön das beständige Schwanken der Energie sichtbar" und auch der Leistungsanstieg am Ende des Rennens, hervorgerufen durch einen „Willensimpuls".[123] Die Zusammenfassung seiner Untersuchungen resümierte Kolb schließlich wie folgt:

---

[118] Beiträge, S. 52.
[119] Beiträge, S. 53.
[120] Beiträge, S. 53.
[121] Diese Versuche scheinen dann die oben beschriebene physiologische Bestätigung der Ergebnisse Rettigs gewesen zu sein (S. Anmerkung 43).
[122] Beiträge, S. 55.
[123] Beiträge, S. 60.

1. Das Training für die maximalen Leistungen des Ruderns besteht in einer physiologischen Aenderung des Körperhaushaltes der Art, dass das Fettpolster zum großen Teil schwindet. Ernährung und Verbrauch, Cirkulation und Gaswechsel vergrößern sich. Herz und Respirationsmuskulatur hypertrophieren vorübergehend. Dagegen sinkt durch Erweiterung der Muskelkapillaren der Blutdruck, während die Stromgeschwindigkeit wächst, ebenso sinkt die Respirationsfrequenz entsprechend der vergrößerten Einzelrespiration.

2. Für die Physiologie des Rennens gilt der Hauptsatz, daß bei der großen Menge maximal erregter Muskeln der Blutdruck nur wenig steigt. – Im Vergleich zu den übrigen Sportarten tritt die Ermüdung ein in erster Linie durch das Versagen der Respiration [...]. Schließlich lässt sich jetzt auch die Frage beantworten, welche Organisation für einen Rennruderer die am besten geeignete und andrerseits, welche mit Rudern unvereinbar ist."[124]

Derjenige Organismus sei im Rudern im Vorteil, der sehr lange „einen möglichst energischen Gaswechsel unterhalten" könne; dafür sei eine große Vitalkapazität und eine kräftige Muskulatur und ein sehr elastischer Brustkorb nötig. Muskeln nützten nur dann, wenn die Respiration im gleichen Verhältnis entwickelt sei. Ferner sei ein „völlig intakter Kreislauf" für einen Ruderer erforderlich, schließlich „gute Verdauungsorgane und vor allem nervöse Integrität". Ein Neurastheniker sei kaum imstande, die psychischen Depressionen des Trainings auszuhalten. Die Gefahr liege also nicht in etwa drohenden Herzerkrankungen („Solche entstehen nachweisbar nie dabei"). Vielmehr könne langandauernde maximale Muskelarbeit „unter Umständen nervöse Schädigung zur Folge haben".[125]

3.5 Kolbs Studien im Laufen, Athletik, Tanzen, Radsport und Schwimmen

Da die Untersuchungen, die Kolb in anderen Sportarten anstellte, und die nicht die Tiefe wie im Rudern besaßen, soll hier nicht auf alle Details der sphygmographischen Studien eingegangen werden. Die Läufer, die sich ihm zur Verfügung stellten, waren (unbekannte) Sprinter, die nach dem Ende einer 200m-Strecke untersucht wurden. Herzhypertrophien oder Aortenaneurysmen seien hier, so Kolb, aufgrund der geringen Belastung des Herzens

---

[124] Beiträge, S. 61.
[125] Beiträge, S. 61.

unwahrscheinlich und in der Sportliteratur nicht nachweisbar und nicht weniger als ein „Gespenst".[126]

Unter den Schwerathleten und Gewichthebern befänden sich viele „durch Alkohol etc. arg mitgenommene Individuen", daher sei es schwierig, Probanden zu finden, die ihre Muskeln ohne diese Sekundärerscheinungen durch Anlage und Training erworben hätten. Mit seinen Versuchspersonen, Schulz und Abs, glaubte er, „nur die durch Muskelhypertrophie entstandenen, physiologischen, aber keine pathologischen Verhältnisse vor mir zu haben".[127] Dass er mit Abs einen äußerst prominenten Sportler gewinnen konnte, machte Kolb sichtlich stolz.

Bei meinen Arbeiten lag mir besonders an der Untersuchung dieses Mannes ganz außerordentlich viel. Durch sein Auftreten im Circus, im Winter 1887/88, in der Reichshauptstadt ist Herr Abs weiteren Kreisen so bekannt geworden, dass ich auch die Einzelheiten seiner Leistungen an dieser Stelle nicht näher eingehen und nur erwähnen will, dass Abs die Gunst der Berliner in hohem Maße dadurch gewann, dass er auf einem erhöhten Gestelle stehend, ein Pferd aufhob."[128]

Dass Abs, wie er „lachend gestand", vom Militärdienst wegen eines vermeintlichen Herzfehlers freigestellt worden war, belustigte auch Kolb. Denn die Herztöne des Schwerathleten seien „von geradezu idealer Reinheit, freilich der erste außergewöhnlich stark und hell".[129] Die Statur und Muskeln Abs' beschrieb Kolb in längeren Ausführungen als „harmomisches Ganze[s]"[130] – aber die Gefahren des Ringens und vor allem des Gewichthebens schätzte er als vergleichweise hoch ein. In diesem Sport seien die „meisten Schädigungen" zu verzeichnen; wie beim Turnen, wo „ein ganzes Heer von Frakturen, Luxationen, Dehnungen und Quetschungen aller Art"[131] vorkämen, auch litten die Schwerathleten unter Brüchen und Bänderverletzungen.[132] Kolbs Studien zum *Tanzen* beschränken sich auf zwei Druckseiten.[133] Interessanter sind seine Ausführungen zum „berüchtigten Radsport", der in den 1880er Jahren ihm zufolge „am verbreitetsten" war und stets an Popula-

---

[126] Beiträge, S. 66.
[127] Beiträge, S. 67.
[128] Beiträge, S. 69.
[129] Beiträge, S. 70.
[130] Beiträge, S. 70.
[131] Beiträge, S. 73.
[132] Beiträge, S. 74.
[133] Beiträge, S. 75f.

rität gewann.[134] „Das Radfahren gilt allgemein als der schädlichste Sport."[135] Auch Kolbs Erwartung war daher, „Kreislaufinvaliden"[136] unter den besten Athleten zu finden. Fälle von Herzrupturen, also Rissen des Herzmuskels, waren Kolb für den Radsport nicht bekannt, nur ein Fall im Rudern,[137] aber seiner Ansicht nach war Radfahren diejenige Sportart, „welche bei maximaler Arbeit die Herzarbeit am meisten belastet".[138] Störungen des Kreislaufs infolge maximaler Arbeit auf dem Rad seien dennoch nie konstatiert worden. Die Pulskurven aus dem Schwimmen schließlich, wo er mit seinem Klubkameraden Alkier nur einen Probanden zur Verfügung hatte, ließen Kolb resümieren, „dass das Schwimmen der Sport ist, welcher in seinen maximalen Leistungen Herz und Lunge am stärksten belastet".[139]

3.6. Enthaltsamkeit im Training

Den Radsportlern war schon in den 1880er Jahren die „Cohabitation", also der Geschlechtsverkehr, während des Trainings „strengstens unter Ehrenwort verboten"; dabei werde, so Kolb, „gespart, was bei der Muskel-Arbeit mehr verausgabt wird".[140] Kolb hatte schon in einem früheren Kapitel angedeutet, dass er glaubte, dass die Pulskurven durch „Bacchus und Venus", also durch zuviel Alkohol und Sex, pathologisch verändert werden könnten.[141] Diese Theorie von einer „spermatischen Ökonomie", die diesen Gedanken zugrunde lag, war bereits am Ende des 18. Jahrhunderts entwickelt worden und wurde zur Zeit der Kolbschen „Beiträge" von Pionieren wie dem französischen Physiologen Charles Edouard Brown-Séquard energisch vertreten; es ist kein historischer Zufall, wenn Brown-Séquard im Jahr nach der Veröffentlichung Kolbs (1889) davon berichtete, ihm sei es gelungen, durch Injektion eines Extraktes aus Hunde- und Meerschweinchenhoden die Symptome des körperlichen Verfalls umzukehren.[142]

---

[134] Beiträge, S. 77.
[135] Beiträge, S. 78.
[136] Beiträge, S. 78.
[137] Beiträge, S. 80.
[138] Beiträge, S. 82.
[139] Beiträge, S. 86.
[140] Beiträge, S. 82.
[141] Beiträge, S. 45.
[142] Hoberman: Sterbliche Maschinen, S. 89ff.

Auf Basis dieser These, dass der Verlust von Samen zugleich den Verlust körperlicher Kraft bedeute, verpflichteten sich auch die Leistungsruderer dieser Zeit für die Zeit des Trainings zur Enthaltsamkeit. Kolb berichtete:

Während der Dauer des Trainings verzichtet der Trainierende durch Ehrenwort auf: Taback, Alkohol und Liebe. Außerdem wird derselbe aber so diät und normal gehalten, dass bei dieser regelmäßigen Lebensweise und der täglichen Arbeit der Körper sehr schnell an den nötigen Organen hypertrophiert und an Ausdauer und Energie gewinnt.[143]

Diese Enthaltsamkeit der Leistungssportler war in den 1880er Jahren bereits in vielen Kreisen bekannt, wie Kolbs ironischer Bericht über das Ende der asketischen Phase im Leben der Athleten andeutete:

Auf allen Rennplätzen, es sei Pferde-, Stahlrad- oder Ruderrennen oder Preisturnen, stellt die Halbwelt relativ das größte Kontingent. Diese Nixen wissen, welche Entbehrungen den jungen Leuten seit Monaten auferlegt waren und es ist infolgedessen die gegenseitige Attraktion eine ganz enorme. Die Preisverteilung schließt das Sportfest, Abends ist Bankett. Seit Monaten speisten die jungen Leute äußerst einfach und waren ebenso auf ein Minimum von Alkohol beschränkt. Jetzt sehen dieselben sich plötzlich vor die angenehme Notwendigkeit versetzt, ein mit dem ganzen Raffinement moderner Kochkünstelei hergestelltes Souper verzehren zu müssen. Dazu wird zur Feier des Tages Sekt getrunken. Schon beim dritten Glase sind die Leute benommen und überhaupt nicht imstande, viel zu trinken, denn sie sind absolut nicht daran gewöhnt. Nach dem Bacchus wird dann noch in ausgedehntestem Maße der Venus gehuldigt.[144]

Die trainingswissenschaftliche Doktrin zur Enthaltsamkeit war zumindest im Leistungsrudern sehr langlebig. Als zu Beginn der 1950er Jahre der Sportarzt Martin Brustmann den Mitgliedern eines Achters den Nutzen von Testosteron empfohlen hatte und er sich infolge eines Skandals dafür verantworten sollte, begründete er den Einsatz damit, dass hier Ruderer den asketischen Vorgaben für das Training bzw. für die Zeit vor den Wettkämpfen nicht entsprochen hatten.[145]

---

[143] Beiträge, S. 93.
[144] Beiträge, S. 101.
[145] Vgl. Eggers, E.: Der Sportarzt Martin Brustmann, das Rudern und das Testoviron – Über die Anfänge des Hormondopings im deutschen Leistungssport vor den Olympischen Spielen 1952 in Helsinki, in: Court, J./Kremer, H.-G./Müller, A. (Hrsg.): Jahrbuch 2011 der Deutschen Gesellschaft für Geschichte der Sportwissenschaft, Berlin 2012, S. 171–210.

3.7 Übertraining

In einem eigenen Kapitel mit dem Titel *Nervöse Insuffizienz* behandelte Kolb separat die vierte Gruppe der Ermüdung, die er eingangs seiner Überlegungen bereits in zwei Untergruppen geteilt hatte (s. Kap. 3.3). Die akute Form der Ermüdung trete seines Wissens nicht nach den üblichen Zusammenbrüchen nach den Rennen auf, sondern nur „nach ganz übertriebenen Gewalttouren"[146], nach Anstrengungen, die zwölf bis 18 Stunden andauerten. Die einzige Pulskurve, die er von diesem Zustand aufzeichnete, war die von ihm selbst.[147] Als Symptome beschrieb Kolb gesteigerten Durst und Appetit, Fieber, flache Atmung, geringen Blutdruck, auch nach einer Nacht Schlaf plage einen noch Schwindelgefühl. Doch diese akute Form interessierte Kolb als Ruderer nur am Rande.

Wichtiger war ihm die zweite Form der Insuffizienz, die allmählich im Verlaufe eines Trainings wie dem Rudertraining entstand, das, bei guter Ernährung, vielleicht nur 20 Minuten täglich andauere und das den Körper nur zwei bis drei Minuten maximal arbeiten lasse. Hier seien die Symptome ähnlich. Für den Trainierten, „welcher möglichst lange leistungsfähig sein soll, ist ohne Zweifel in übertrainiertem Zustande die allgemeine Mattigkeit" am unangenehmsten. Index für das Übertraining war nach Ansicht Kolbs die Entwicklung des Körpergewichts:

Mit der Wage lässt sich ziemlich genau vorhersagen, wann dieser gefährliche Moment eintreten wird. Jeder normale Mensch nimmt bei täglich sich gleich bleibender, maximaler Leistung und bei gleicher, guter Ernährung in einer Gewichtskurve ab, welche anfangs steil abfällt, so lange das entbehrliche Fettpolster schwindet. Ist dieser Vorrat nahezu erschöpft, so wird die Kurve immer flacher und nähert sich der horizontalen. – Jetzt etwa ist der Betreffende im Zustande seiner größten Leistungsfähigkeit. Hier kommt es darauf an, eine richtige Beschränkung des Maßes täglicher Muskelarbeit zu treffen, so dass keine weitere Abnahme des Gewichtes eintritt. Bleiben die maximalen Leistungen aber dieselben, so nimmt die betreffende Mannschaft weiter erst langsam, dann schneller an Gewicht ab und in diesem Stadium ist die Mannschaft übertrainiert und nimmt an Leistungsfähigkeit ab.[148]

---

[146] Beiträge, S. 87.
[147] Beiträge, S. 87f.
[148] Beiträge, S. 89.

Als Beispiel für einen solchen Zustand beschrieb Kolb die Pulskurven von Wernaer, Schlagmann der Kaisermannschaft, der am Ende des Trainings „total übertrainiert und außerordentlich erregbar" gewesen sei. Dieser Zustand äußere sich zunächst psychisch, und sei zwangsläufig für jeden Ruderer. Typisch sei, dass im Zustand des Übertrainings und die veränderte Lebensweise auch das Temperament der Athleten verändert werde.

Jeder, der Vollblutpferde nur gesehen hat, weiß, welch enorme Nervosität diese Tiere beherrscht. Ähnlich ist es mit den Menschen auch. Noch in jedem Training habe ich die ganze Mannschaft in einen Zustand geraten sehen, wo die geringste Unannehmlichkeit eine ganze Reihe von explosiven Reaktionen auslöste [...].[149]

Kolb erklärte diese Symptome mit dem Sinken des Blutdrucks durch die große Anstrengung, den er festgestellt hatte. – Und er fragte sich, ob womöglich die Neurasthenie mit subnormalem Blutdruck in Zusammenhang stehe, so dass Athleten mit entsprechenden Neigungen zum Übertraining tendierten.[150] Weiter konstatierte er, dass junge Leute im ersten Jahr dazu neigten, „besonders schnell durch das Training in den Zustand des Uebertrainiertseins zu verfallen, wohl hauptsächlich deswegen, weil der Anfänger noch nicht versteht, mit Kraft und Energie hauszuhalten".[151]

3.8 Dopingversuche mit Koffein und Kokain

Ein eigenes Kapitel widmete Kolb dem Thema der „Alkaloide", einem Begriff, den der Apotheker Carl Friedrich Wilhelm Meißner 1819 für alkaliähnliche Pflanzenstoffe wie Morphin oder Strychnin geprägt hatte. Diese Erprobung dieser Stoffe war zu Beginn des Leistungssportzeitalters offenbar schon in vollem Gange. Jedenfalls hatte Kolb Kenntnis davon, dass man sich „in Sportkreisen viel Mühe damit gegeben [hat], ein Mittel ausfindig zu machen, um die Energie und Ausdauer zu erhöhen"[152]. Dass er hier auf theoretische Grundkenntnisse aus englischen Lehrbüchern wie „The Science and Art of Training" (1888) zurückgriff, in denen speziell für Ausdauersportarten die Verwendung stimulierender Substanzen wie Opium, Koffein, Nitroglycerin

---

[149] Beiträge, S. 90f.
[150] Beiträge, S. 91f.
[151] Beiträge, S. 94.
[152] Beiträge, S. 95.

oder Alkohol empfohlen wurde,[153] ist eher unwahrscheinlich. Vielmehr spricht einiges dafür, dass er das Wissen über solche Substanzen aus Gesprächen mit Leistungssportlern, Trainern und Funktionären bezog – und dass er durch die Lektüre der Tagespresse und wissenschaftlichen Literatur, wo der neue Stoff Kokain entweder als Wundermittel gepriesen (so wie durch Sigmund Freud mit diversen Schriften[154]) oder als gefährliches Suchtmittel entschieden abgelehnt wurde (wie durch Albert Erlenmayer[155]), inspiriert wurde. Denn Kolb nahm an, dass das Kokain, „von dessen wunderbarer Wirkung eine Zeit lang die Zeitungen voll waren, und das Morphin, welches anfangs so berückend beides vortäuscht", die Suche nach geeigneten Substanzen veranlasst habe.

Kolb bekannte sich ohne schlechtes Gewissen dazu, „sämtliche bekannten Alkaloide" an sich selbst geprüft zu haben – ein historischer Beleg für die These Hobermans, dass Doping im Leistungssport in Deutschland tatsächlich erst nach dem Ersten Weltkrieg auf breiter Ebene verurteilt wurde.[156] Fast alle Substanzen, versicherte Kolb, setzten die maximale Leistung „nicht unerheblich" herab; Morphin etwa lähme, was vorauszusehen gewesen sei, Herz und Atmung, Campher lasse die Energie sinken und erschwere die Atmung enorm, und auch Digitalis habe hinsichtlich maximaler Leistung eine „viel weniger günstige Wirkung" und provoziere nach einigen Tagen Einnahme eine „enorme Reaktion" des Herzens, weshalb man in diesem Fall die Arbeit einstellen müsse.[157] Kolb glaubte, dass nur zwei Substanzen tatsächlich einen leistungssteigernden Effekt haben konnten: Koffein und Kokain. Und beide Substanzen unterzog er nun in dieser Hinsicht einer Überprüfung.

Kolb gab leider die Menge der getesteten Koffeindosis nicht exakt an, mit der Angabe „0,3 Coffein" meinte er wahrscheinlich 0,3 Gramm. Der Effekt,

---

[153] Krüger, A.: Die Paradoxien des Dopings – Ein Überblick, in: Gamper, M./Mühlethaler, J./Reidhaar, F. (Hrsg.): Doping. Spitzensport als gesellschaftliches Problem, Zürich 2000, S. 14.
[154] Vgl. Nitschke, B.: Sigmund Freund, Kokain und die Anfänge der Psychoanalyse, in: Bilitza, K. (Hrsg.), Psychodymanik der Sucht. Psychoanalytische Beiträge zur Theorie, Göttingen 2008, S. 25–50.
[155] Erlenmeyer, A.: Ueber die Wirkung des Cocain bei der Morphiumentziehung. In: Centralblatt für Nervenheilkunde, Psychiatrie und gerichtliche Psychopathologie 8(1885), S. 289–299.
[156] Hoberman: Sterbliche Maschinen, S. 156.
[157] Beiträge, S. 95

den er 15 Minuten nach Einnahme mit einer „submaximalen Leistung im Hanteln" testete, war aus seiner Sicht positiv:

Das Coffein wirkt in gewissem Sinne bei maximaler Arbeit nicht unangenehm. Es wird im Allgemeinen die Frequenz sehr schnell bei maximaler Arbeit gesteigert, daneben wirkt es psychisch erregend und ist deshalb vielleicht übertrainierten Mannschaften, welche gezwungen sind, noch einmal ein Rennen zu fahren, zu empfehlen. [...] In einer Reihe von Versuchen, welche ich an mir selbst mit Coffein anstellte, habe ich mich nicht überzeugen können, dass es die Leistungsfähigkeit im Rudern irgendwie hebt, dagegen stellte sich während des Rennens größere Atemnot ein, als unter normalen Bedingungen und außerem trat fast regelmäßig nach maximaler Arbeit pulsus intermittens und höchst lästige Cardialgie ein, welche oft stundenlang andauerte.[158]

Auch dem Kokain sprach er für die maximale Arbeit einen gewissen Wert zu. Im Rennen selbst helfe es zwar nicht – aber „nach der maximalen Arbeit", also für die Regeneration nach der Belastung. Und auch „bei tagelangen Dauertouren" habe das Kokain einen „unbestreitbaren Wert". Die sphygmographischen Versuche von Erlenmeyer hätten zwar festgestellt, dass Kokain gefäßlähmend wirke:

Es kann dennoch als ziemlich wahrscheinlich gelten, dass die gefäßerweiternde Wirkung nach maximaler Arbeit deshalb so außerordentlich wohltuend wirkt, weil die Erweiterung der Kapillaren eine bessere Durchspülung der ermüdeten Muskeln ermöglicht. Es muss infolgedessen bei mittlerer Muskelarbeit intermittierender Art das Cocain außerordentlich günstig wirken. Dies konnte ich auch durch einen Versuch bestätigen, welche ich vor einigen Jahren machte. Ich unternahm eine fünftägige Ruderfahrt und, um ausdauernd zu sein, verbrauchte ich täglich 1,5 Decigramm Cocain. Fühlbar ist bei fortwährender Arbeit gar keine Wirkung des Cocains, nur bleibt man außerordentlich lange in mittlerem Grade leitungsfähig. Bei maximaler Arbeit dagegen ist es total unbrauchbar, denn von der gefäßlähmenden Wirkung wird natürlich auch das Herz betroffen. Giebt man einem Athleten Cocain, so leistet er regelmäßig bei maximaler Arbeit nichts, bei mittlerer viel.[159]

Es sei im Übrigen selbstverständlich, dass sich die Leistungsfähigkeit bei maximaler Arbeit durch Alkaloide nicht steigern lasse. Denn hebe man den Blutdruck während der Hochleistung,

---

[158] Beiträge, S. 96f.
[159] Beiträge, S. 97.

so ermüden Herz und Lunge schneller, das Herz wird insuffizient, die Dyspnoe wächst enorm und es wird schlimmer als zuvor. Hebt man aber den Blutdruck nicht, so bleibt alles beim Alten und schwächt man den Druck, so s i n k t sogar die Leistungsfähigkeit. – Für das Rennrudern hat dieses alles aber überhaupt keine Bedeutung.[160]

Das Ergebnis, dass Alkaloide für den Moment der Hochleistung unbrauchbar wären, sei „übrigens ein Glück", da sonst „binnen Jahr und Tag alle Rennmannschaften der Erde morphium- oder cocainsüchtig" wären. „Dagegen ist der Vorteil höchst verführerisch da, wo es, wie bei Tourenleistungen auf verhältnismäßig geringe, aber andauernde Leistungen ankommt. Dort ist besonders Cocain wunderbar [...]". Es habe aber den Nachteil, dass man sich „daran gewöhnt", sprich süchtig mache, weshalb man „ nicht ernstlich genug davor gewarnt werden" könne.[161] Wenn Kolb bei diesen Substanzen nicht moralisch argumentiert, sondern schlicht medizinische Vorsicht walten lässt, dann ist das laut Hoberman ein Charakteristikum der Sportärzte im ausgehenden 19. Jahrhundert.[162]

3.9 Schädigungen durch Sport

Im letzten Abschnitt behandelte Kolb im Kapitel *Die wahren Schädlichkeiten* jenen Themenkomplex, der, wie erwähnt, das zweite große Motiv für die Studie dargestellt hatte: die Überprüfung der Frage, ob die Ausübung des Leistungssports tatsächlich, wie in den zeitgenössischen Schriften vielfach behauptet, zu Schädigungen führe. Kolb verneinte. Eine Gefahr für den Organismus sei „kaum vorhanden, nur da etwa, wo untrainierte Leute sich an Rennen beteiligen wollen". Schädigungen würden vor allem provoziert durch Dummheiten. Die Behauptung, der Sport führe zu Erkältung, sei „jämmerlich ins Wasser gefallen", wo doch während eines Trainings keinerlei Erkältungen auftauchten.[163] Bei den Unglücksfällen, die im Sport vorkämen, bezweifle er, dass diese auf andere Erscheinungen zurückzuführen seien, etwa auf „notorische Klappenfehler", und „nicht physiologisch waren". Manche Erkrankungen gingen vom „Uebergang aus dem diäten und soliden

---

[160] Beiträge, S. 98.
[161] Beiträge, S. 98.
[162] Hoberman: Sterbliche Maschinen, S. 151.
[163] Beiträge, S. 99.

Trainingsleben zur ganzen Ungebundenheit des sonstigen Lebens"[164] aus – weil sich viele Athleten sich nicht „ohne schroffen Uebergang" an das zivile Leben gewöhnten, sondern sich zu schnell weltlichen Genüssen hingeben würden.

Zu den wahren Schädlichkeiten für Sportler zählte Kolb auch die „unmäßige Cohabitation" (also ungewöhnlich ausdauernden Geschlechtsverkehr), die er ebenfalls mit dem Sphygmographen bei einigen „Dunkelmännern"[165] untersuchte, also anonymen Probanden. Hier seien hohe Pulsfrequenz, niedriger Blutdruck, Tremor, Ohrensausen, Muskelschwäche sowie Appetit- und Schlaflosigkeit die Folge,[166] doch dies gehe bei trainierten Leuten, „Dank der im Training latent gesammelten Kraft", meist spurlos vorüber. Wenn beim Sport schließlich Unfälle passierten, wenn etwa sich jemand beim Reiten oder Radfahren den Hals breche, oder wenn jemand beim Schwimmen ertrinke, dann seien dies

Opfer, die der Jugendmut für seine Ausbildung dem schützenden Vaterlande bringt. Und wo immer ein Volk an Energie und Kraft an der Spitze der Kultur stehen will, da darf es solche Opfer nicht scheuen.[167]

Kolb also betrachtete den sportlichen Wettkampf und die damit verbundene Lebensweise trotz der Risiken als ein Segen. Entsprechend euphorisch geriet sein Plädoyer nicht nur für den Leistungssport, sondern auch für den Sport als Mittel der Charakterschulung:

Andrerseits mache man sich die Vorteile klar, welche der Sport bietet. Besonders das Training halte ich für etwas nützliches. Es ist für einen jungen Menschen ganz außerordentlich wohlthuend, jedes Jahr drei Monate einmal der strengen Zucht unterworfen zu sein. Dass diese Zucht streng ist, kann ich aus eigener Erfahrung versichern, sie ist strenger und empfindlicher, als der Militärdienst. Besser ist es für einen jungen Mann, durch jeglichen Sport sich zu kräftigen, als allabendlich im Wirtshaus hintern Maßkrug zu sitzen oder mit dem Weibe am Arm nach Hause zu ziehen. Vor allem das Selbstvertrauen wird ganz außerordentlich gehoben und wer Energie und Selbstbeherrschung lernen will, für diesen ist das die rechte Schule.[168]

---

[164] Beiträge, S. 100f.
[165] Beiträge, VIII.
[166] Beiträge, S. 103.
[167] Beiträge, S. 100.
[168] Beiträge, S. 99f.

Und so resümierte Kolb mit großer Zufriedenheit seine aufwändigen Studien: Gestützt auf die gewonnenen Resultate, die er bei seinen physiologischen Studien zur maximalen Muselarbeit gewonnen habe, glaubte er nun behaupten zu können, dass die schädlichen Momente des Sports relativ gering seien und dass dieselben „gar nicht ins Gewicht fallen gegenüber den außerordentlich großen Vorteilen, welche der Sport durch Uebung der Körperkraft, Energie und Enthaltsamkeit bietet".[169]

4 Der Afrikaforscher Kolb

Die „Beiträge" hätten mit Sicherheit als Grundlage für eine wissenschaftliche Karriere dienen können – zumal sich der Verfasser in Berlin, wie seine Mitgliedschaft im BRC belegt, in „besseren Kreisen" bewegte. Doch eine „schwere Blutvergiftung, die ihn fast an den Rand des Grabes brachte",[170] stoppte allen sportlichen Ehrgeiz, und sie zwang ihn auch zur Unterbrechung des Medizinstudiums. Als Kolb schließlich wieder genesen war, „da erwachte mit Macht der Drang nach kühnen, gefahrvollen Unternehmungen, und er beschloss, seinen großen Überschuss an Lebenskraft der Erforschung unserer kolonialer Erwerbungen zuzuwenden".[171] Kolb wandte sich der Erforschung Afrikas zu und bereiste ab 1894 mehrere Male Deutsch-Ostafrika (etwa das heutige Gebiet Kenias), das seit 1884/85 vom Deutschen Kaiserreich als Kolonie beansprucht wurde.

Wie ist diese radikale Zäsur in Kolbs Biographie zu erklären? Vermutlich mit der Begeisterung für eine sozialutopische Idee von der Schaffung eines neuartigen Gemeinwesens, das der Wiener Nationalökonom Theodor Hertzka 1890 in seinem Bestseller „Freiland, ein soziales Zukunftsbild" formuliert hatte. Hertzka begründete die sozialen Übel der damaligen Gesellschaftsordnung mit der Einschränkung der Nachfrage und der Produktivität durch den Boden-Zins, weshalb in seiner Utopie „das Eigentum an Grund und Boden abgeschafft" sein sollte.[172] Kurt A. Groß beschrieb die Motive seines Onkels wie folgt:

---

[169] Beiträge, S. 104.
[170] Jahresbericht des Gymnasial-Turn-Ruder-Vereins 1899: S. 15.
[171] Jahresbericht des Gymnasial-Turn-Ruder-Vereins 1899: S. 16.
[172] Stavenhagen, G.: „Hertzka, Theodor", in: Neue Deutsche Biographie 8 (1969), S. 718 f. [Onlinefassung]; URL: http://www.deutsche-biographie.de/pnd118825186.html.

Ihm ist schon damals klar bewusst, dass ein neues ertüchtigtes Geschlecht zu seinem ferneren Gedeihen auch neuen Siedlungslandes bedarf, und so wendet er sich dem Problem der Kolonisation zu. Man kann ohne weiteres sagen, dass er zur Inangriffnahme einer solchen Aufgabe wie kein anderer geschaffen war: Körperlich durch seine sportliche Betätigung aufs äußerste gestählt und imstande, auch schwerste Strapazen ohne jede Schwierigkeit zu ertragen, dazu als Arzt und Forscher wissenschaftlich nach jeder Richtung vorbereitet, zumal er sich auch noch die erforderlichen Kenntnisse auf dem Gebiete der geographischen Vermessungstechnik erworben hatte, endlich ein hervorragender Schütze und Jäger, war er auch sonst ein selten geschickter und praktisch veranlagter Mensch [...].[173]

Kolbs Forscherdrang hätten allein idealistische Motive zugrunde gelegen, so der Neffe, zumal der Forscher nach dem Tod seines Vaters (1891) nicht mit einem großen Vermögen ausgestattet war. Jedenfalls schiffte sich Kolb am 28. Februar 1894 in Hamburg ein als Mitglied der „Freiland-Expedition", die am 1. April von Lamu aus startete. Doch die Expedition ins ostafrikanische Hochland scheiterte innerhalb von nur wenigen Monaten, da die Engländer nicht gewillt waren, in Ostafrika „ein zweites Transvaal" entstehen zu lassen, wie einer der Expeditionsleiter im Jahr 1906 rückblickend erläuterte; auf eine gewaltsame Auseinandersetzung mit dem Empire war die Expedition nicht vorbereitet.[174] Politisch gewollt war sie ohnehin nicht.

Kolb indes kehrte nicht in die Heimat zurück. Sondern er ließ sich von seinem Freund Albert Dietrich wissenschaftliche Instrumente nach Ostafrika schicken[175] und startete Anfang Juli selbst eine Expedition mit 45 Mann „und mit 23 Hinterladern bewaffnet", wie er in den renommierten *Petermanns Mittheilungen* darstellte.[176] Darin berichtete er von der Desertion seiner Mannschaft, von Morden der Massai (mit denen er aber Blutsbrüderschaft schloss), auch von seinen Erfolgen als Jäger; er schoss Elefanten, Nilpferde und Nashörner. Dabei erlegte er einmal innerhalb von 19 Tagen insgesamt 44 Nashörner, um mit dem Fleisch, wie damals üblich, Lebensmittel zu tauschen. Ein Nashorn soll dabei ein Horn von 75cm Länge gehabt haben, ein anderes schleuderte den Jäger in die Luft, und Kolb dankte sein

---

[173] Groß: Georg Kolb, S. 28.
[174] Wilhelm, J.: Die Lehren der freiländischen Afrika-Expedition 1894, in: Deutsche Volksstimme 1906, S. 296–304.
[175] Jahresbericht des Gymnasial-Turn-Ruder-Vereins Neuwied a.Rh. vom 1. Oktober 1899 bis 30. September 1900: S. 16.
[176] Kolb, G.: Von Mombasa durch Ukambani zum Kenia, in: Dr. A. Petermanns Mittheilungen aus Justus Perthes Geographischer Anstalt 1896, Bd. 42, S. 221.

Leben „nur dem Umstande, daß dieses eine, ganz besonders große Exemplar zufällig kein Horn hatte".[177] Wie gefährlich eine solche Unternehmung am Ende des 19. Jahrhunderts war, zeigte auch sein späterer Hinweis, einmal von einem Krokodil gebissen worden zu sein.[178]

Höhepunkt der Expedition war die Ersteigung des Mount Kenia bis fast zum Gipfel,[179] die vorher noch nicht gelungen war und deshalb ebenfalls in *Petermanns Mittheilungen* vermeldet wurde.[180] Das wichtigste Ergebnis aus der Sicht des Expeditionsleiters aber war, dass die klimatischen Verhältnisse durchaus die Besiedlung durch Europäer zuließen – sofern sie, wie er als „alter, trunkfester Bayer", dem Alkohol abschworen: „Wer die unter Weißen allerdings seltene Energie besitzt, den Alkohol ganz zu meiden, der setzt sich in Afrika keiner größeren Gefahr der Gesundheit und des Lebens seitens des Klimas aus, als in Deutschland."[181] Insofern waren seine „Lehrjahre" als Afrikaforscher, wie er sie nannte, durchaus erfolgreich.

---

[177] Kolb: Von Mombasa, S. 224.
[178] Kolb, G.: Die Filaria Kilimarae in Britisch-Ostafrika, in: Archiv für Schiffs- und Tropen-Hygiene 2(1898), S. 28.
[179] Kolb: Von Mombasa, S. 229f.
[180] Dr. A. Petermanns Mittheilungen aus Justus Perthes Geographischer Anstalt 1896, Bd. 42, S. 124: „Nach einer Mitteilung des englischen Generalkonsuls in Zanzibar [Geogr. Journal VII, S. 550] hat Dr. Kolb, ein in Ostafrika zurückgebliebener Teilnehmer der gescheiterten Freilandexpedition, die Ersteigung des Kenia ausgeführt [...]."
[181] Kolb: Von Mombasa, S. 227.

Abb. 2: *Afrikaforscher Dr. Kolb*

Im Mai 1896 kehrte er zurück nach Deutschland[182] und nahm in Gießen sein Medizinstudium wieder auf. In seiner 1897 abgeschlossenen Dissertation, die sich mit medizinischen Problemen in Ostafrika auseindersetzte,[183] grenzte er sich vom radikalen rassistischen Gedankengut etwa des im Deutschen Reich gefeierten Afrikaforschers Carl Peters klar ab. Kolb kritisierte die Karikaturen vom „Neger mit dicker Lippe"[184]: „Man bezeichnet oft den Neger als ein großes Kind. Diese Ansicht ist falsch und hat zu den schwersten Mißgriffen geführt. Der Neger ist nicht nur kein Kind, sondern ist sehr intel-

---

[182] Kolb: Filaria Kilimarae, S. 32.
[183] Kolb, G.: Beiträge zu einer Geographischen Pathologie Britisch-Ostafrikas, Dissertation an der Universität Gießen, Gießen 1897.
[184] Kolb: Geographische Pathologie, S. 13.

ligent und in der Logik uns gewachsen."[185] Vielmehr seien die Bewohner Ostafrikas „geistesgegenwärtig" und hätten eine „hohe Selbstbeherrschung". Ihn selbst plagte ein schlechtes Gewissen, in den Expeditionen unter seiner Leitung die Peitschenhiebe erst spät abgeschafft zu haben, er sei, räumte er reuig ein, „früher meiner Aufgabe nicht gewachsen gewesen".[186] Der „Weiße", „welcher doch der Träger einer höheren Cultur sein soll", verfüge über zu wenige Erfahrungen, um überhaupt sinnvoll auf die „Eingeborenen" einzuwirken. „Würde das mehr erkannt, so würden wir weniger Mißerfolge in unserer Culturarbeit aufzuweisen haben, denn sagen wir es offen, bis jetzt hat noch kein Culturvolk etwas auch nur halbwegs befriedigendes geleistet in der Cultivierung des Negers."[187]

Den seinerzeit außergewöhnlichen Respekt, den Kolb den „Eingeborenen" entgegenbrachte, dokumentiert ebenfalls ein Brief an seinen Freund Dietrich. Darin berichtete er, er sei „Vater von sechs Adoptivnegerlein, 3 Jungen und 3 Mädchen, im Alter von 3 bis 10 Jahren. Es sind teils befreite Sklaven, teils im Kriege erbeutete Kinder, die mich später nicht mehr verlassen wollten."[188] Kolb sei „bald von der menschenverachtenden Behandlung der schwarzen Träger und Sklaven angewidert" gewesen, heißt in einem Bericht seines Gymnasiums. „So sieht er sich in der Pflicht, zur Linderung der menschlichen Not beizutragen. Er sorgt für den Unterhalt von sechs eingeborenen Waisenkindern, die er bei einem Missionar in Pflege gibt."[189]

Rhetorisch kam dies auch zum Ausdruck in dem Aufsatz „Spuren alter Kulturvölker in Ostafrika", der ethnologische Fragen behandelte.[190] Darin kritisierte der Forscher mit Nachdruck die Gier und die Maxime der europäischen Kolonisatoren, „mit Gewalt zu nehmen, wo sie Macht haben",[191] man müsse die Bewohner „wecken, aber nicht mit der Flusspferdpeitsche, nicht mit Actiengesellschaften, die ihn dem Arbeiterproletariat zugesellen wollen, um zu dem Elend in der Alten Welt das Elend im dunkeln Erdtheil

---

[185] Kolb: Geographische Pathologie, S. 49.
[186] Kolb: Geographische Pathologie, S. 49.
[187] Kolb: Geographische Pathologie, S. 50.
[188] Jahresbericht des Gymnasial-Turn-Ruder-Vereins Neuwied a.Rh. vom 1. Oktober 1899 bis 30. September 1900, S. 16f.
[189] Vereinsgeschichte Neuwied-Verein, S. 23.
[190] Kolb, G.: Spuren alter Kulturvölker in Ostafrika, in: Jahresberichte des Vereins für Erdkunde in Metz XIX (1897), S. 62–71. Als Wohnort gab Kolb hier Wiesbaden an.
[191] Kolb: Spuren alter Kulturvölker, S. 70.

zu häufen".¹⁹² Und Kolb glaubte gar, dass „der heute so verachtete Neger" so große „latente geistige und physische Urkraft" besitze, dass er eines Tages „vielleicht dazu berufen [sei], die altersschwachen, neurasthenischen Kulturvölker physisch und geistig zu kräftigen und zu verjüngen".¹⁹³ In einem weiteren Buch griff er jene Idee auf, die ihn ursprünglich nach Ostafrika getrieben hatte, in dem er die Ansiedlung deutsche Landwirte im Hochland von Uhehe diskutierte¹⁹⁴; diese sei „geradezu vorzüglich geeignet"¹⁹⁵. In einem anderen Aufsatz befasste er sich mit Fadenwürmern.¹⁹⁶

Bevor Kolb im März 1898 zu einer zweiten Afrika-Reise aufbrach, hielt er Vorträge über die Situation in Ostafrika, auch im Gymnasium zu Neuwied.¹⁹⁷ Bei der neuen Expedition, die von Hauptmann Hermann geführt und „zu Vermessungszwecken nach dem Tanganyika und Nyassa gesandt" wurde,¹⁹⁸ verfolgte Kolb weiterhin medizinische Fragen, er photografierte auch viel mit einem neuen Objektiv, und er „sammelt neue Jagdtrophäen, erlegt Löwen, Leoparden, Elefanten, Nilpferde, Krokodile, Büffel, Zebras, Antilopen und vor allem das so gefürchtete Nashorn in zahlreichen Exemplaren".¹⁹⁹

Als die 120 Männer starke Expedition im Sommer 1899 nach dem Rudolfsee auszog und Kolb mit einem Engländer auf Jagd ging, kam es zum tödlichen Unfall: Ein Nashorn brachte ihm eine große Wunde im Unterleib bei, und wenige Tage später, am 24. September 1899, erlag Kolb dieser Verletzung; auch sein ältester Ziehsohn starb nach der Nashorn-Attacke. Kurz darauf vermeldete das *Deutsche Kolonialblatt* den Tod des „Forschungsreisenden Dr. Kolb".²⁰⁰ Begraben wurde Kolb nahe dem Mount Kenia, rund 30 Kilometer nördlich von Msaara, unter einem Steinhügel, über den seine Begleiter eine deutsche Flagge anbrachten.²⁰¹

---

[192] Kolb: Spuren alter Kulturvölker, S. 71.
[193] Kolb: Spuren alter Kulturvölker, S. 71.
[194] Kolb, G.: Die Ansiedlung deutscher Landwirte in Deutsch-Ostafrika, Gießen 1898.
[195] Kolb, F.: George Kolb, S. 8.
[196] Kolb: Filaria Kilimarae.
[197] Jahresbericht des Gymnasial-Turn-Ruder-Vereins Neuwied a.Rh. vom 1. Oktober 1899 bis 30. September 1900, S. 17.
[198] Jahresbericht des Gymnasial-Turn-Ruder-Vereins Neuwied a.Rh. vom 1. Oktober 1899 bis 30. September 1900, S. 17
[199] Groß: Georg Kolb, S. 48.
[200] Deutsches Kolonialblatt 1899: S. 741.
[201] Vgl. den Bericht von Rittmeister von Bastineller in: Jahresbericht des Gymnasial-Turn-

5 Resümee

Vielleicht lag es an seinem frühen Tod, dass die Arbeit Kolbs in der Sporthistoriographie bisher nicht hinreichend gewürdigt worden ist. Vielleicht liegt ein Grund auch darin, dass er mit seiner Studie ein „Unzeitgemäßer" war, da eine Sportwissenschaft zum Zeitpunkt seiner Studien erst im Entstehen begriffen war. Vielleicht ist die Ignoranz der Nachwelt aber auch damit zu erklären, dass wichtige technische Erfindungen einige Jahre später, etwa das Röntgen oder die Elektrokardiographie, die wissenschaftlichen Methoden Kolbs überholten. Dass aber den „Beiträgen zur Physiologie maximaler Muskelarbeit" für das Gebiet der Sportphysiologie und -medizin ein pionierhafter Stellenwert zugeschrieben werden muss, darüber kann nach der historischen Analyse kein Zweifel bestehen.

Kolbs Studien sind schließlich der erste ernstzunehmende Versuch in Deutschland, die Hochleistung im Sport systematisch und mit den damals gültigen wissenschaftlichen Methoden zu untersuchen. Kolb kategorisierte dabei verschiedene Arten der Ermüdung; er konstruierte komplizierte Geräte und Graphen, um die Wirkungen des Leistungssports auf den Kreislauf, den Blutdruck und den Puls meßbar und damit überprüfbar zu machen; er beobachtete die Gewichtsentwicklung der Athleten-Körper über Monate hinweg, um Parameter für ein wohldosiertes Training, für Warninstrumente für das gefürchtete Übertraining und für die Regeneration zu entwickeln; er diskutierte die damals gültigen Ernährungs- und Lebensgewohnheiten im Leistungssport; er stellte bereits die These auf, dass längere Belastung in Ausdauersportarten zu einer Hypertrophie des Herzens und andere Organe führe, ohne dabei das Herz zu schädigen; schließlich erprobte er ebenfalls systematisch den Einsatz jener Substanzen, die man heute als Dopingmittel betrachtet. Erhöht wird der wissenschaftshistorische Wert der Studie Kolb noch dadurch, dass Kolb selbst Leistungssportler war und auf dieser Basis sehr prominente Athleten für seine Versuche gewinnen konnte.

Insofern ermöglichen die „Beiträge zur Physiologie maximaler Muskelarbeit" nicht nur einen intimen Einblick in den Kosmos des Leistungssports der 1880er Jahre. Sie stellen auch ein großartiges Exempel für die frühe Verbindung zwischen Sport und Wissenschaft dar; sie bestätigt ausdrücklich

---

Ruder-Vereins Neuwied a.Rh. vom 1. Oktober 1899 bis 30. September 1900, S. 17f., sowie in: Berliner Ruder-Club: 25 Jahre, S. 76f.

die These Norman Dinçkals, wonach die Geschichte des Sports als kulturelles Massenphänomen in vielfältiger Weise mit der Geschichte der Naturwissenschaften verquickt ist[202] (in diesem Fall negierte Kolb ja die Bedenken verschiedener Mediziner in der Öffentlichkeit, wonach Sport, wie er ihn verstand, angeblich zu erheblichen Schädigungen führte – und lieferte den Sportlern und Sportfunktionären so Argumente für das neue Kulturphänomen in die Hand). Das Boothaus, in dem Kolb seine Studien vornahm, ist in diesem Sinne wahrscheinlich die erste deutsche Sportstätte, die als „Laborlandschaft" zur Erweiterung des Wissens über den Athletenkörper diente.

Ein deutlicher Hinweis dafür, dass die methodische Vorgehensweise und die Erkenntnisse des Medizinstudenten Kolb über das hinausgegangen sein müssen, was in der zeitgenössischen Trainings- und Sportwissenschaft diskutiert wurde, ist die Tatsache, dass die „Beiträge" im Jahr 1893 auch in England verlegt wurden.[203] Auch sollen Aufsätze Kolbs in der Verbandszeitschrift *Wassersport* in französischen, italienischen, niederländischen und skandinavischen Publikationen zitiert und damit seine Kenntnisse über die Physiologie des Rudersports international verbreitet worden sein.[204] Noch nach dem Ersten Weltkrieg war die Nachfrage in Deutschland offenbar so groß, dass der Verlag 1922 die „Beiträge" nachdruckte.

Nach der Analyse der „Beiträge" ist man gezwungen, historische Zäsuren neu zu setzen. So ist einer Einschätzung Hobermans, wonach der „schiere Mangel an Interesse für das Steigern der Leistung"[205] kennzeichnend sei für die Sportärzte am Ende des 19. Jahrhunderts, dass es ihnen also allein um die Beobachtung der Wirkungen gegangen sei, zu widersprechen – das Motiv der Leistungssteigerung war ja eines der Motive Kolbs. Insofern war nicht der Arzt Philippe Tissié, der 1893 einen Radfahrer bei einem Rekordversuch über 24 Stunden beobachtet hatte, der „Prophet des Sports".[206] Und es liegen auch nicht die Ursprünge der Sportmedizin oder Leistungsphysiologe in Bordeaux, wo Tissié wirkte. Sondern sie liegen, zumindest für die Sphäre

---

[202] Dinçkal, N.: Sportstätten als Laborlandschaften. Historische Anmerkungen zur Verknüpfung von Wissens- und Sporträumen, in: Court, J./Müller, A./Pyta, W. (Hrsg.), Jahrbuch 2010 der Deutschen Gesellschaft zur Geschichte der Sportwissenschaft, Berlin 2011, S. 31.
[203] Kolb, G., Physiology of sport: contributions towards the physiology of a maximum of muscular exertion, especially modern sports, London: Krohne & Sesemann, 1893.
[204] Berliner Ruder-Club: 25 Jahre, S. 79.
[205] Hoberman: Sterbliche Maschinen, S. 152.
[206] Hoberman: Sterbliche Maschinen, S. 98.

des Sports außerhalb seines englischen Mutterlands: in Berlin, im Boothaus des Berliner Ruder-Clubs. Dort, wo im Jahre 1887 ein junger Medizinstudent namens Johann Georg Kolb mit wissenschaftlicher Neugier, innovativen Ideen und Gerätschaften und mithilfe prominenter Probanden dem Geheimnis der Leistung und der Leistungssteigerung im Sport auf die Spur kommen wollte.

6 Quellen und Literatur

50 Jahre Geschichte des Gymnasial-Turn-Ruder-Vereins Neuwied 1882–1932. Festschrift zum 50jährigen Bestehen, Neuwied 1932.

Bäumler, G.: Louis Leistikow und sein empirischer Beitrag von 1870 zur Sportmedizin und Trainingswissenschaft, in: Court, J./Müller, A./Pyta, W. (Hrsg.), Jahrbuch 2010 der Deutschen Gesellshaftzur Geschichte der Sportwissenschaft S. 75–103.

Berliner Ruder-Club (Hrsg.): Fünfundzwanzig Jahre unter dem Roten Stern. Festschrift zur Jubelfeier des Berliner Ruder-Club 1880–1905, Berlin 1905.

Berliner Ruder-Club (Hrsg.): 50 Jahre unter dem Roten Stern. 1880 – 1930. Festschrift des Berliner Ruder-Club, Berlin 1930.

Berliner Ruder-Club (Hrsg.): 75 Jahre Berliner Ruder-Club (1880–1955). Festschrift zum 75jährigen Jubiläum. Berlin 1955.

Bohr, H.: Vereinsgeschichte des Gymnasial-Turn-Ruder-Vereins Neuwied 1882, Neuwied 2007.

Brustmann, M.: Kritisches und Technisches über Sportuntersuchungen. Dissertation an der Friedrich-Wilhelm-Universität zu Berlin, 1913.

Brustmann, M.: Sportärztliche und sportliche Erfahrungen in 60 Jahren nach der Jahrhundertwende (Manuskript) (1960), Nachlass Brustmann (beim Verfasser).

Court, J.: Deutsche Sportwissenschaft in der Weimarer Republik und im Nationalsozialismus. Band 1: Die Vorgeschichte 1900–1918, Berlin 2008.

Deutsche Gesellschaft für Prävention und Rehabiliation (Hrsg.): 100 Jahre Sportmedizin, Gera 2012.

Dinckal, N.: Sportstätten als Laborlandschaften. Historische Anmerkungen zur Verknüpfung von Wissens- und Sporträumen, in: Court, J./Müller, A./Pyta, W. (Hrsg.), Jahrbuch 2010 der Deutschen Gesellschaft zur Geschichte der Sportwissenschaft S. 29–40.

Eggers, E.: Der Sportarzt Martin Brustmann, das Rudern und das Testoviron – Über die Anfänge des Hormondopings im deutschen Leistungssport vor den Olympischen Spielen 1952 in Helsinki, in: Court, J./Kremer, H.-G./Müller, A. (Hrsg.): Jahrbuch 2011 der Deutschen Gesellschaft für Geschichte der Sportwissenschaft, Berlin 2012, S. 171–210.

Erlenmeyer, A.: Ueber die Wirkung des Cocain bei der Morphiumentziehung. In: Centralblatt für Nervenheilkunde, Psychiatrie und gerichtliche Psychopathologie 8(1885), S. 289–299.

Gymnasium mit Realgymnasium zu Neuwied. Programm VIII, Ostern 1884.

Groß, K. A.: Franz Kolb, in: Mitteilungen des Familienverbandes Kolb vom 1. April 1953, Heft Nr. 13, S. 5–11.

Groß, K. A.: George Kolb, in: Mitteilungen des Familienverbandes Kolb vom 1. April 1953, Heft Nr. 13, S. 26–49.

Hoberman, J.: Sterbliche Maschinen. Doping und die Unmenschlichkeit des Hochleistungssports, Aachen 1994.

Jahresbericht des Gymnasial-Turn-Ruder-Vereins Neuwied a.Rh. vom 1. Oktober 1899 bis 30. September 1900.

Knoll, W.: Sportärztliche Forschungsarbeit, in: Deutsches Ärzteblatt 67(1937), S. 694–696.

Kolb, G.: Beiträge zu Physiologie maximaler Muskelarbeit besonders des modernen Sports, Berlin [1889].

Kolb, G.: Physiology of sport: contributions towards the physiology of a maximum of muscular exertion, especially modern sports, London : Krohne & Sesemann, 1893.

Kolb, G.: Von Mombasa durch Ukambani zum Kenia, in: Dr. A. Petermanns Mittheilungen aus Justus Perthes Geographischer Anstalt 1896, Bd. 42, S. 221–231.

Kolb, G.: Spuren alter Kulturvölker in Ostafrika, in: Jahresberichte des Vereins für Erdkunde in Metz XIX (1897), S. 62–71.

Kolb, G.: Beiträge zu einer Geographischen Pathologie Britisch-Ostafrikas, Dissertation an der Universität Gießen, Gießen 1897.

Kolb, G.: Die Filaria Kilimarae in Britisch-Ostafrika, in: Archiv für Schiffs- und Tropen-Hygiene 2(1898), S. 28–33.

Kolb, G.: Die Ansiedlung deutscher Landwirte in Deutsch Ostafrika, Gießen 1898.

Krüger, A.: Die Paradoxien des Dopings – Ein Überblick, in: Gamper, M./Mühlethaler, J./Reidhaar, F. (Hrsg.), Doping. Spitzensport als gesellschaftliches Problem, Zürich 2000, S. 11–33.

Langenfeld, H.: Auf dem Wege zur Sportwissenschaft: Mediziner und Leibesübungen im 19. Jahrhundert, in: Stadion XIV,1 (1988), S. 125–148.

Müller, J.: Sportärzte, in: Berger, L. (Hrsg.), Leibesübungen an deutschen Hochschulen, Berlin 1922, S. 116–124.

Naul, R.: Ganztägiges Lernen mit Turnen, Spiel und Sport – historische Entwicklungslinien zwischen Schule und Sportverein, in: Naul, R. (Hrsg.), Bewegung, Spiel und Sport in der Ganztagsschule, Aachen 2011, S. 30–50.

Nitschke, B.: Sigmund Freund, Kokain und die Anfänge der Psychoanalyse, in: Bilitza, K. (Hrsg.), Psychodymanik der Sucht. Psychoanalytische Beiträge zur Theorie, Göttingen 2008, S. 25–50.

Pagel, J.: Karl von Vierordt, in: Allgemeine Deutsche Biographie, Band 39 (1895), S. 678–679.

Pagel, J.: Biographisches Lexikon hervorragender Ärzte des neunzehnten Jahrhunderts, Berlin/Wien 1901, Sp. 1768–1770.

Schäfer, J.: Ministerialrat Dr. med. Arthur Mallwitz (1880–1968). Ein Leben für Sport, Sportmedizin und Gesundheitsfürsorge. Dissertation Bonn, Bonn 2003.

Stavenhagen, G.: „Hertzka, Theodor", in: Neue Deutsche Biographie 8 (1969), S. 718 f. [Onlinefassung]; URL: http://www.deutsche-biographie.de/pnd118825186.html.

Ueberhorst, H., Hundert Jahre Deutscher Ruderverband, Hannover 1983.

Wilhelm, J.: Die Lehren der freiländischen Afrika-Expedition 1894, in: Deutsche Volksstimme 1906, S. 296–304.

Der physische Leistungstest von Hermann Kluge (1853) und das Turnen der Berliner Feuerwehr

Günther Bäumler[1]

Aus der medizinischen Dissertation von Leistikow (1870 a) wurde bekannt, dass ab dem Jahr 1853 bei der Berliner Feuerwehr ein physischer Leistungstest zum Einsatz kam.[2] Über die Geschichte des Tests war dabei zunächst nur zu erfahren, dass die „Aufzeichnungen" der von den Feuerwehrleuten erbrachten Testleistungen „vom Turnlehrer der Feuerwehr, Hrn. Kluge," herrührten.[3] Ob Kluge den Test auch erstellt hatte, ließ sich hieraus nicht entnehmen. Dies legt jedoch ein „Bericht" nahe, den Kluge im Oktober 1852 im „Turner" veröffentlicht hat und der die Ergebnisse eines an Feuerwehrmännern durchgeführten Vorversuchs zu dem erwähnten Test enthält.[4] Da diese erste Probe und die weitere Testentwicklung für die Wissenschaftsgeschichte der Leibesübungen von Interesse sind, soll hierüber im folgenden berichtet werden. Daneben sollen auch Einzelheiten zum Turnen der Berliner Feuerwehr mitgeteilt werden, so weit sie in Verbindung zum Test stehen.

1   Hermann Kluge und das Turnen der Berliner Feuerwehr

Herrmann Otto Kluge (1818 bis 1882) war der Sohn von Karl Alexander Ferdinand Kluge (1782–1844), Dr. med. et chir. (Univ. Erfurt), Professor der Chirurgie an der Königl. Preußischen Militärakademie, dann der Chirurgie und Geburtshilfe an der Universität Berlin sowie Direktor des Charité-Krankenhauses.[5] *Hermann* Kluge selbst war von Beruf Apotheker, später Turnlehrer in Berlin, Inhaber einer eigenen Turnanstalt sowie Entwickler

---

[1] Diesen Beitrag widme ich der Berliner Feuerwehr und ihren Verdiensten um die Leibesübungen. Mein Dank gilt u.a. der Leitung des Berliner Technikmuseums.
[2] Vgl. Leistikow 1870 a und b; Bäumler 2012 a und b.
[3] Leistikow 1870 a, S. 5.
[4] Kluge, „Bericht", 1852.
[5] Allgemeine deutsche Biographie, 1882, Bd. 16. Wissenschaftlich wurde Karl (Carl) Kluge durch seine allgemein geschätzte, umfangreiche Schrift über den animalischen Magnetismus bekannt (1. Aufl. 1811, 2. Aufl. 1815).

von Turnhallen und Turngeräten.[6] Als in Berlin im Jahr 1851 sowohl die „Königliche Central-Turnanstalt" als auch die „Königliche Feuerwehr" geschaffen wurden, wurde Kluge bei beiden Institutionen als Turnlehrer angestellt, an der Zentral-Turnanstalt als sogenannter „Civillehrer" (Ausbilder der zivilen Turnlehrer), bei der Berliner Feuerwehr als der „Turnlehrer der Feuerwehr".

Die Berliner *Zentralturnanstalt*[7] wurde am 1. Oktober 1851 eröffnet. Sie diente der Ausbildung von Turnlehrern für das Heer und für die höheren Schulen Preußens (Gymnasien, Realschulen, Seminarien).[8] Die Anstellung Kluges bei dieser Anstalt erfolgte zusammen mit seinem Kollegen Peter Martin Kawerau (1815–1875). Gemeinsam legten sie die Inhalte der von ihnen geleiteten Turnkurse fest und dieses Konzept bildete im wesentlichen auch die Grundlage für Kluges Turnprogramm bei der Berliner Feuerwehr.[9]

Organisator der am 1. April 1851 eröffneten *Berliner Berufsfeuerwehr*[10] war deren erster Branddirektor C.L. Scabell.[11] Schon von Beginn an umfasste die Mannschaft des Feuerwehr-Corps 771 Spritzenmänner, 180 Feuermänner und 40 Oberfeuermänner,[12] und Hermann Kluge wurde der „Turnlehrer der Feuerwehr". Wegen der Übernahme einer Apotheke in Pankow gab er diese Stelle schon 1853 auf (Nachfolger war der Turnlehrer Ringleb), übernahm sie aber im November 1857 erneut bis zu seiner Pensionierung um 1876.[13]

---

[6] Brendicke 1883, S. 116 und 122.
[7] Dienstgebäude und Übungsgelände der Anstalt lagen an der Scharnhorststraße Nr. 1.
[8] Kawerau 1852, S. 369. Leiter der Ausbildung war der Unterrichtsdirigent Hugo Rothstein. Vgl. auch Stocken 1869, Dresky 1887, Nebel 1902.
[9] Kawerau 1852, S. 354; 1859, S. 123; Kluge 1860a, S. 16; Kluge 1861; Kluge und Kawerau 1871, S. 3 ff.; Dresky 1887, S. 6.
[10] Die „Hauptwache" der Feuerwehr befand sich in der Breite Straße 15. (u.a. Anonymus, 1861, S. 155; Kluge 1857, S. 17.
[11] Scabell 1853; Kluge 1857 a, S. 17; Teubner 1901, S. 45, 51, 72, Peill 1956, S. 308. Dem Organisationstalent von Scabell war es zu verdanken, dass die Berliner Feuerwehr schon bald als „einzig in ihrer Art" dastehen konnte (Schunk 1856, zitiert nach Kluge 1857 a, S. 17).
[12] Scabell 1853, S. 77; Teubner 1901, S. 46. Kluge (1857 a, S. 17) nannte dagegen 360 Spritzenmänner.
[13] Kluge 1860 a, S. 16; 1876, S.121; 1858 a, S. 61. Belege für Kluges Tätigkeit bei der Berliner Feuerwehr finden sich bei Kluge 1857 a, 1858 a; Anon. 1861; Scheibmaier 1860, S. 45; Leistikow 1870 a und b; Leonhardt 1875, S. 277; Kless 1876. Auch bezeichnete sich Kluge in den Titeln der Schriften von 1861 und 1872a selbst als „Turnlehrer bei der Berliner Feuerwehr".

Von Anfang an wurde das Feuerwehr-Corps regelmäßig in den berufsspezifischen Tätigkeiten geübt und unter der Leitung von Kluge mit Turnübungen körperlich ertüchtigt.[14] Ziel war das Einüben und In-Übung-Halten der mit der Feuerbekämpfung verbundenen Fertigkeiten (Bedienung der Gerätschaften, Ersteigen von Gebäudeetagen, Techniken des Eindringens in brennende Häuser, ihre Räumung, etc.) sowie die Entwicklung von motorischer Geschicklichkeit, Gewandtheit, Schnelligkeit und Kraft. Beispielsweise wurden im Turnen Fertigkeiten wie Tau- und Stangenklettern, Klettern auf Leitern, Balancieren und Handhabung der Axt geübt, sowie Sprungkraft, Armkraft und Laufschnelligkeit trainiert.[15] Vorschrift war, dass das Feuerwehrturnen „zu den Dienstübungen und der Tätigkeit als Feuermann" in Beziehung zu stehen hatte, wobei auch auf charakterliche Eigenschaften wie „Mut, Geistesgegenwart, Entschlusskraft und Tatkraft" geachtet werden sollte.[16] Abgesehen von dieser Ausrichtung auf die beruflichen Beanspruchungen des Feuerwehrmanns, war das Turnprogramm von der Turnlehre von Jahn und Eiselen, später auch den Frei- und Ordnungsübungen nach Spieß geprägt.[17] Hinzu kamen von Kluge selbst entwickelte Übungen mit dem Eisenstab und der Axt.[18]

Das Turnen der Feuerwehr fand dreimal in der Woche statt, donnerstags, freitags und sonnabends jeweils vormittags für eineinhalb Stunden in Gruppen (sog. „Wachtouren") zu je 60 Mann.[19] Im Sommer wurde in dem mit Turngeräten und Klettergerüsten ausgestatteten „Hof der 'Hauptkaserne' an der Breiten Straße"[20] geturnt, dem mit festem Kiesboden versehenen Exerzier- und Turnplatz der Feuerwehr mit den Maßen 100 x 50 Schritt (75 x 38

---

[14] Kluge 1857 a; Teubner 1901, S. 45; Peill, 1956, S. 308 f. Der Erfolg dieses Trainings wurde schon im Juni 1851 durch den Polizeipräsidenten v. Hinckeldey, dem eigentlichen Initiator der Berufsfeuerwehr, bestätigt (Teubner, S. 45).
[15] U.a. Scabell 1853, 1854; Teubner 1901, S. 45; Peill 1956, S. 309; s.a. Leistikow 1870 a..
[16] Kluge 1857 a, S. 23; vgl. auch Kloss 1856, S. 291 und Kloss 1876. Leistikow (1870 a, S. 6) erwähnte, dass die Feuerwehrmänner „fleißig", nämlich „wöchentlich zweimal" turnten (S. 6). Zu den geforderten Charaktereigenschaften siehe u.a. Kluge 1857 a, S. 23; 1864, S.1; Weiser 1855, S. 124.
[17] Kluge 1860 a, S. 17; Angerstein 1863, S. 50; Kluge und Kawerau 1871, S. 6 und 7 ff.
[18] Kluge 1872 c, S. 14 ff.
[19] Kluge 1864 b, S. 312; 1863, S. 163. Im Winter wurde von 8 Uhr bis 9.30 geturnt, im Sommer von 7 Uhr bis 8.30 (Kluge 1872 c, S. 3).
[20] Kloss 1856, S. 289; Peill 1956, S. 309. Mit „Hauptkaserne" (Kloss) war offensichtlich die Hauptfeuerwache gemeint.

Meter)²¹. Im Winter fand das Turnen bis zum Jahr 1873 in Kluges eigenem, in der Nähe des Hauptdepots der Feuerwehr gelegenen Turnsaal (Dimension 80 x 22,5 x 17 Fuß bzw. 25 x 7 x 5,3 m) in der Lindenstraße 66 statt, danach in den von Kluge inzwischen eingerichteten Turnräumen im Hauptdepot in der Lindenstraße 51.²²

Das *Winterturnen* bestand im erstes Drittel der Turnstunden aus Frei- und Ordnungsübungen, Stabübungen und Axtfechten, im zweiten und dritten Drittel aus dem Turnen an Hang-, Stütz- und Springgeräten sowie aus gelegentlichen Ringeübungen und Spielen.²³ Beim *Sommerturnen* dürften darüber hinaus auch Übungen im Schnellauf durchgeführt worden sein.²⁴ Details zur Geräteausstattung und zum Turnprogramm finden sich in mehreren Aufsätzen von Kluge²⁵ sowie in den „Turntafeln der Feuerwehr" von 1864.²⁶

Zumindest beim Winterturnen rückte die Mannschaft „in voller Uniform mit Helm oder Feuerkappe, Leibgurt, Waffenrock oder Tuchjacke, Penjaket (ein Flauschüberrock) und Mantelsack" an. Hinzu kamen u.a. Halsbinde, Feuerkittel, Rettungsgurt (mit eisernem Haken), Schwertkoppel, Schwert, Doppelhacke (Axt), Handbeil-Futteral, Handschuhe und Stiefel mit halbhohen Schäften. Beim Turnen wurden die „überflüssigen Bekleidungsstücke

---

²¹ Kluge 1872 c, S. 5.
²² Kluge 1857 b, S. 74; 1858, S. 61; 1861; 1864 b, S. 309; 1872 c, S. 11; 1875, S. 189 f.; Kloss 1872, S. 106 f.; 1876, S. 213. Eine sog. „Oberfeuerwerkerschule" turnte an einem Tag in der Woche in der Königl. Zentralturnanstalt (Rothstein 1862, Stocken 1869, Nebel 1902, S. 15). Diese Spezialisten waren jedoch Angehörige des Militärs, nicht der Feuerwehr.
²³ Kluge 1872 c, S. 21; 1875, S. 217 ff. Beim Gerätturnen kam jeder Turner jeweils an ein Hang-, Stütz- und Sprunggerät (Kluge 1872, S. 3).
²⁴ Übungen im Laufen hat Kluge (1857 a, S. 24) nur nebenbei zusammen mit Hebe-, Trage- und Gleichgewichtsübungen erwähnt. Eine Vorstellung vom Sommerturnen lässt sich vor allem aus Kluge 1872 a und c gewinnen.
²⁵ Kluge 1857 a, 1860a, 1861, 1864c, 1872c, 1875.
²⁶ Da in diesen „Turntafeln" kein Autor genannt ist, wird die Schrift hier sowohl unter Kluge als auch unter Scabell geführt, denn Verfasser des Vorworts war zwar Scabell als Direktor der Feuerwehr, doch kann die detaillierte Darstellung des Turnprogramms nur von Kluge stammen. Hierzu passt, dass das in der Bibliothek der Berliner Humboldt Universität vorhandene Exemplar der „Turntafeln" den handschriftlichen (wohl von Kluge selbst stammenden) Vermerk trägt: „Geschenck von H.O. Kluge, Febr. 1881." Adressat des Geschenkes war laut Stempel die „Bibliothek" der inzwischen gegründeten „Königl. Pr. Turnlehrer-Bildungsanstalt zu Berlin".

und Gerätschaften" als „hinderndes Gepäck" abgelegt.[27] Die Vorturner turnten in Drillichjacken und mit speziellem Turnleibriemen.[28]

Abb. 1. *Ein Turner und ein Feuermann der 1860iger Jahre in ihrer Montur.*

Zur aktiven Teilnahme am Turnen der Feuerwehr waren nur die Oberfeuermänner und Feuermänner verpflichtet. Auch mussten sie in jedem Jahr im August bis September einen Test zur Überprüfung ihrer körperlichen Leistungsfähigkeit (den hier zu besprechenden „Konditionstest") absolvieren, anhand dessen die Mannschaften stets neu in Turnriegen sowie in die Gruppen der „Ganzfreien", „Halbfreien" und „Turner" eingeteilt wurden.[29]

- *Ganzfreie* waren Männer, die aus dienstlicher Notwendigkeit oder aus anderen Gründen (schwere Krankheit, Alter etc.) vom Turnen befreit waren.

---

[27] Kluge 1857 a, S. 18; 1872 c, S. 3. Trotzdem wurde wohl unter kleidungsmäßig einigermaßen realistischen Bedingungen geturnt, d.h. vermutlich in Tuch- oder Drillichjacke, langer Tuch- oder Drillichhose und Feuerwehrstiefeln.
[28] Die Vorturner waren nach dem Zeugnis von Kluge (1857 a, S. 24) „alle tüchtige Turner der 3. Eiselenschen Turnstufe" (zu Eiselens Turnstufenskala siehe Kapitel 11).
[29] Kluge 1872 c, S. 3; 1875, S. 189 ff. und 217 ff.

– *Halbfreie* waren die Männer, die nicht mehr turnfähig waren sowie die Spritzenmänner. Diese Halbfreien mussten jedoch am Turnen insofern teilnehmen, als sie als sog. „Bedienungsmannschaft" diverse Hilfsfunktionen zu übernehmen hatten.[30]

– *Turner* waren alle körperlich einsatzfähigen Feuermänner und Oberfeuermänner, denn sie bildeten, im Unterschied zu den Spritzenmännern, die „eigentliche Feuerwehrmannschaft".[31]

In dem *Jahresbericht*, den der Turnlehrer der Feuerwehr im Oktober jeden Jahres dem Direktor vorlegte, wurden alle am Turnen beteiligten bzw. davon befreiten Männer mit Namen, Alter, Körpergröße und Gewicht aufgeführt, einschließlich der Befreiungsgründe, der Präsenzliste und des Ergebnisses der Turnleistungsprüfung (Leistung in acht Übungen plus Einschätzung der „allgemeinen Tüchtigkeit" des Probanden). U.a. wurde dabei auch mitgeteilt, ob sich der Mann im Vergleich zum Vorjahr in seiner Leistungsfähigkeit verbessert, verschlechtert oder nicht verändert hatte. Ferner wurde angegeben, welche Turner aufgrund ihrer Testleistung im neuen Jahr den Turnriegen I bis III zugeteilt werden sollten.[32] Im Bericht über die abgelaufene *Saison 1874/75* waren dies für Turnriege I 103 Mann, Turnriege II 43 Mann und Turnriege III 26 Mann gewesen.

Im Herbst 1875 ergab dann die „Turnrüfung" die folgende Leistungsverteilung: Punktwert 4 („vorzüglich") 21 Mann, Punktwert 3 („sehr gut") 83 Mann, Punktwert 2 („gut") 55 Mann, Punktwert 1 („ziemlich gut") 13 Mann. In der Gesamtaufstellung (244 Mann) fehlen nach Berücksichtigung der nicht getesteten Männer noch 16 Mann, die offenbar nicht bestanden haben (Punktwert Null). Für die *Saison 1875/76* ergab sich daher die folgende Turnriegenaufstellung: Riege I die Männer mit den Leistungen „vorzüglich" und „sehr gut" (104 Mann), Riege II die Männer mit der Leistung „gut" (55 Mann), Riege III die Männer mit den Leistungen „ziemlich gut" und (ggf.) nicht bestanden (d.h. 13 oder 29 Mann).[33] Die besten Turner des Jahres

---

[30] Kluge 1872 c, S. 3; Kluge 1875.
[31] Kloss 1856, S. 290; Kluge 1872 c.
[32] Die Zuordnung zu den Turnriegen I bis III erfolgte nach dem Ergebnis der jährlichen Turnleistungsprüfung (Kluge 1872 c, S. 3; Kluge 1875; s.a. Kapitel 8).
[33] Nach Kluge 1872 c (S. 3) wurden aus der „ersten" Turnriege (nach obiger Aufstellung die Turnriege I) 18 Vorturner und 6 Anmänner für das nächste Dienstjahr ausgewählt, so dass jeder „Wachtour" 6 Vorturner und 2 Anmänner zur Verfügung standen. Möglicherweise sollte der Riege III, also den schlechtesten Turnern, wegen ihres Nachholbedürfnisses besondere Zuwendung gelten. Dies könnte auch der Grund dafür gewesen sein, dass (nach Kluge 1872 c,

erhielten eine Gratifikation. Im Jahr 1875 waren dies drei Turner mit den Gesamtpunktzahlen 31, 31 und 30 (von 33 möglichen Punkten). Weitere 12 Mann erhielten eine Belobigung. Insgesamt betraf der Bericht für das Jahr 1875 244 Feuermänner und Oberfeuermänner, wovon 56 als Halbfreie oder Ganzfreie den Leistungstest nicht mitgemacht hatten.[34] Kandidaten, die sich um Neuaufnahme zur Feuerwehr bewarben, wurden ärztlich auf ihre Tauglichkeit hin untersucht und mussten ausserdem eine „Prüfung ihrer Leibesfähigkeit" bestehen.[35]

So weit die allgemeine Praxis des Turnens bei der Berliner Feuerwehr, bei der dem jährlichen Turnleistungstest eine gewichtige Rolle zukam. Im folgenden soll nun gezeigt werden, in welchen Stufen und mit welchen Überlegungen Hermann Kluge diesen Test entwickelt hat.

2 Kluges Prototyp eines Konditionstests von 1852

Schon gleich nach seinem Dienstantritt im Jahr 1851 versuchte Kluge den Feuermännern eine erste allgemein-turnerische „Grundlage" zu vermitteln. Dies geschah in Form einer vier Monate dauernden, wöchentlich einstündigen Einübung in das Turnen mit 187 Mann im Alter von 25 bis 60 Jahren. Nach dieser Zeit verschaffte sich Kluge einen Überblick über die physische Leistungsfähigkeit der Männer, indem er sie im *Schnellaufen, Weitspringen, Hochspringen und Klimmziehen* prüfte. Sein Ziel war, die Männer ihrer Leistung entsprechend „*gleichmäßig*" auf die Turnriegen aufzuteilen, um so den Turnunterricht zu verbessern.[36] Gemeint war damit die Aufteilung in leistungshomogene Turnriegen, die oben erwähnten Turnriegen I bis III, mit der Stufe I als den besten Turnern.[37] Jedenfalls war mit dieser ersten (später

---

S. 3) das einstündige Gerätturnen in zwei Gruppen stattfand: a. Turnen der Riegen I und II (146 Mann mit den Leistungen „vorzüglich" bis „gut"), b. Turnen der Riege III („ziemlich gut" und evtl. nicht bestanden ? – 26 Mann). Eine bemerkenswerte Maßnahme war übrigens, dass Turner, die sich trotz wiederholtem Üben als ungeschickt erwiesen hatten, auch an ihren dienstfreien Tagen zum Nachturnen herangezogen werden konnten (Kluge 1872 c, S. 4).
[34] Kluge 1875, u.a. S. 240. Somit war die Zahl der Feuer- und Oberfeuermänner von 220 Mann im Jahr 1851 auf 244 Mann im Jahr 1875 angestiegen. Teubner (1901, S. 69) berichtete, dass im Jahr 1867 die Zahl der Oberfeuermänner um sieben erhöht worden sei.
[35] Kluge 1875, S. 237. Es handelt sich dabei um den *Eignungstest* für Bewerber bei der Feuerwehr (S. Kluge 1860 c), über den zu einem anderen Zeitpunkt berichtet werden soll.
[36] Kluge 1852, S. 179 f.
[37] Eine Erläuterung der drei Gruppen konnte nicht gefunden werden.

erweiterten) Leistungsprobe faktisch schon in 1851/52 eine *Testbatterie* zur Messung der körperlichen Leistungsfähigkeit geschaffen.

Zu diesem Prototyp eines körperlichen Konditionstests[38] hat Kluge folgende Einzelheiten mitgeteilt:

- Für das *Schnellaufen* war auf dem Übungsplatz ein „Achteck" der Gesamtlänge von 250 Fuß[39] abgesteckt, das zu umlaufen war, wobei es auf das „schnelle Umwenden an den *vier* Ecken" (kursiv vom Verf.) besonders ankam.[40] Zur Frage, warum Kluge beim selben Sachverhalt von *vier Ecken* und einem *Achteck* sprach, sind zwei Erklärungen denkbar. Zum Beispiel könnte jedes „Eck" der *viereckigen* Bahn aus *zwei* nahe beieinander liegenden, flacheren Ecken bestanden haben, um das „Umwenden" zu entschärfen. Vielleicht hat Leistikow (1870 a und b) dies gemeint, als er von „möglichst abgerundeten Ecken der viereckigen Rennbahn" sprach.[41] Die andere Möglichkeit ist, dass *zwei auf dem Kopf stehende Quadrate* an einem Eck aneinander gehängt waren und sich so ein Umlauf mit acht Ecken ergab (siehe hierzu auch den „Zickzack-Lauf" nach Jahn, der zwei solche quadratische Bahnen aufwies, zwischen denen allerdings noch eine Kreisbahn lag).[42]

- Kluge berichtete des weiteren, dass beim Schnellauf zweimal gelaufen wurde (und zwar wohl einmal rechtsherum und einmal linksherum, um – nach Vögeli – durch das „Umbeugen um die Ecken" beide Körperseiten zu prüfen).[43] Die Laufzeit wurde mit der „Secundenuhr" („Rennuhr") gemessen, wobei nicht klar ist, ob nur die *beste Laufzeit* (auf eine *halbe* Sekunde genau) registriert wurde oder ob die beiden (in *ganzen* Sekunden gemessenen) Laufzeiten *gemittelt* wurden.[44]

---

[38] Der Test wird hier kurz als Konditionstest bezeichnet, weil er der Überprüfung der „Körperkondition" (des körperlichen Leistungsniveaus) dienen sollte.
[39] Dies sind nach dem rheinländisch-preußischen Fuß 78,4 m.
[40] Kluge 1852, S. 180.
[41] Leistikow 1870 a, S. 8; 1870 b, S. 204. Das Abrunden der Ecken hat bereits Jahn (1847, S. 26) empfohlen.
[42] „Zickzackbahn" auf Tafel III bei Jahn 1847. Weiteres dazu siehe den später folgenden „*zweiten Exkurs*" über den „Lauf im Viereck".
[43] Vgl. Vögeli 1843, S. 61 f.
[44] Auch Jäger (1864, S. 183) erwähnte die „Sekundenuhr". In späteren Zeiten wurden mit der Sekundenuhr (oder „Stechuhr") auch halbe bzw. viertel bzw. fünftel Sekunden gemessen (z.B. Hermann 1897, S. 280, bzw. Schröder 1896, S. 371, bzw. Gasch 1906, S. 18).

- Das *Hochspringen* war ein Hocksprung mit Anlauf unter Benutzung eines „Springbretts."[45] Die Sprunghöhe wurde in Zoll gemessen, die Schnur jeweils um 3 Zoll höher gelegt.[46]

- Das *Weitspringen* mit Anlauf und Springbrett wurde in Fuß gemessen (und zwar sicherlich wie bei der Laufstrecke in rheinländisch-preußischen Duodezimalfuß von 0,31385 m). Dabei enthält die von Kluge mitgeteilte Häufigkeitsverteilung der Weitsprungleistungen neben ganzen auch halbe Fuß, außer im Bereich zwischen 8 und 9 Fuß, wo keine 8,5 Fuß-Weiten registriert sind.

- Das *„Klimmziehen auf die Dauer"* wurde an einer Reckstange mit Aufgriff *„bis zum Übersehen"* ausgeführt. Maß der „Dauer" war die Anzahl der gelungenen „Aufzüge". Die Maßskala bestand ausschließlich aus Zahlen wie zehneinhalb, neuneinhalb Aufzüge usw., also ohne ganzzahlige Aufzüge. Diese „halben Aufzüge" ergaben sich daraus, dass der letzte Zugversuch, der nicht mehr zum „Übersehen" der Stange führte, stets als *halber Aufzug* mitgezählt wurde.

Bemerkenswert, weil um jene Zeit sehr selten, ist, dass Kluge die Messergebnisse der 187 Feuerwehrmänner in Form von Häufigkeitsverteilungen mitgeteilt hat. Diese Verteilungen sind im folgenden wiedergegeben (Ausrichtung der besseren Leistung nach rechts). Die ebenfalls enthaltenen Verteilungskennwerte sind hier nachträglich errechnet worden.

Beim *Schnellaufen* variieren die Leistungen zwischen 14 und 19 Sekunden. Die Maßskala besteht aus Abständen von 0,5 Sekunden.

---

[45] Das „Springbrett" (oder Sprungbrett) bot eine schiefe (ansteigende) Ebene als Absprungstelle, die an ihrem Ende etwas *über* 3 Zoll hoch war (ca. 8 – 8,5 cm, vgl. Jahn 1847, S. 36). Kluge, der solche Bretter selbst herstellte, nannte des öfteren 3 Zoll Höhe (7,8 cm). Vgl. Kluge 1872 a, S. 105 und 115, sowie Nr. 96 und 96a in Tafel III; 1872 c, S. 6; 1860 b, S. 74; 1861, S. 17; 1863 b, S. 132; 1864, S. 143. Leistikow (1870 a, S. 11; 1870 b, S. 206) sowie Boettcher (1868, S. 135) gaben – vielleicht nur für die Stützlatte vgl. Kluge 1872, S. 115) – eine Höhe von 2 Zoll (= 5,2 cm) an. Um 1900 wurden für das Sprungbrett mehrfach 10 cm Höhe genannt (z.B. Gasch 1906, S. 88; Jbr. dt. Turnkunst, 1893, S. 258; ebenso 1892, S. 471). Weiteres zum Sprungbrett s. Wassmannsdorff 1868. 1872 c (S. 6) beschrieb Kluge das Springbrett allerdings als „hinten nach dem Boden zu sich abschrägend", was aber nur eine missverständliche Formulierung sein dürfte?!

[46] Den Zoll zu 2,615 cm.

Tabelle 1: Kluges Vorversuch. Häufigkeitsverteilung der Leistungen im Schnellauf (N = 187).

Sekunden	19	18,5	18	17,5	17	16,5	16	15,5	15	14,5	14
Häufigkeit	1	1	3	10	11	14	39	39	47	11	11

Rein *rechnerisch* (auf die Sekundenbeträge bezogen) liegt beim Schnellauf eine rechtsschiefe (= linkssteile) Verteilung und somit positive Schiefe vor. Sie wird jedoch zur linksschiefen Verteilung (d.h. Auslaufen der Verteilung nach den schlechteren Laufzeiten hin und insofern negative Schiefe), wenn, wie oben geschehen, die *Leistungsgüte* (kürzere Laufzeit) nach rechts ausgerichtet wird.[47] Die Verteilungskennwerte sind: Arithmetisches Mittel = 15,7 Sek. (5m/Sek.); Standardabweichung = 0,956; Schiefe = 0,668; Exzeß = 0,547. Die Konzentration der Laufzeiten um 15 bis 16 Sekunden auf einer Strecke von 78,4 Metern mutet relativ langsam an, ist jedoch unter den gegebenen Bedingungen (Viereckslauf, Alter, Drillichanzug mit langer Hose, Feuerwehrstiefel) verständlich.

Beim *Hochspringen* liegen Sprünge von 33 bis 54 Zoll vor. Die Skalenabstände betragen 3 Zoll (= 7,8 cm).

Tabelle 2: Kluges Vorversuch. Häufigkeitsverteilung der Leistungen im Hochspringen (N = 187).

Zoll	33	36	39	42	45	48	51	54
Häufigkeit	14	27	32	48	35	22	7	2

Die Verteilungsform des Hochsprungs ist weitgehend symmetrisch und im Vergleich zur Normalverteilung gestaucht (negativer Exzeß). Die Kennwerte sind: Arithmetisches Mittel = 41,7 Zoll (1,09 m), Standardabweichung = 4,829, Schiefe = 0,074, Exzeß = -0,521.

---

[47] Eine (an sich angemessene) Geschwindigkeitstransformation wurde hier bewusst nicht vorgenommen. Durch sie hätte sich auch die Verteilungsform verändert.

Die *Weitsprungleistungen* variieren zwischen 8 und 13 Fuß. Die Skalenintervalle betragen (mit einer Ausnahme) 0,5 Fuß oder 15,7 cm.

Tabelle 3: Kluges Vorversuch. Häufigkeitsverteilung der Leistungen im Weitspringen (N = 187).

Fuß	8	(8,5)	9	9,5	10	10,5	11	11,5	12	12,5	13
Häufigkeit	15	-	13	11	20	36	18	34	18	13	9
f korrigiert	6	9	13	11	20	36	18	34	18	13	9

Das Maß 8 Fuß enthält 15 Fälle und das von 9 Fuß 13 Fälle; 8,5 Fuß kommen nicht vor. Da zu vermuten ist, dass ein Teil davon näher bei 8,5 Fuß lag, wurde hier eine Interpolation vorgenommen, um eine besser auslaufende Verteilung zu erhalten, d.h. es wurden 9 Fälle auf 8,5 Fuß gelegt und 6 Fälle auf 8 Fuß. Die Verteilungskennwerte sind: Arithmetisches Mittel = 10,7 Fuß (= 3,36 m), Standardabweichung = 1,260, Schiefe = -0,264, Exzeß = -0,552. Die Verteilung ist leicht linksschief und gedrungen. Werden die Kennwerte aus der *nicht korrigierten* Häufigkeitsverteilung berechnet, so fallen sie nicht wesentlich anders aus: aM = 10,7 Fuß, StAbw. = 1,307, Schiefe = -0,386, Exzeß -0,386.

Beim *Klimmziehen* liegen die Leistungen zwischen 0,5 und 15,5 Aufzügen. Die Skalenabstände betragen 1 Aufzug.

Tabelle 4: Kluges Vorversuch. Häufigkeitsverteilung der Leistungen im Klimmziehen (N = 199 bzw. 187).

Aufzüge	0,5	1,5	2,5	3,5	4,5	5,5	6,5	7,5	8,5	9,5	10,5	11,5	12,5	13,5	14,5	15,5
Häufigkeit	16	37	20	29	30	18	18	13	5	6	2	3	1	-	-	1
f korrigiert	16	25	20	29	30	18	18	13	5	6	2	3	1	-	-	1

Die Aufzüge 13,5 und 14,5 sind in der Verteilung nicht besetzt und bei Kluge auch nicht als Leerstellen aufgeführt. Ungewöhnlich ist die Zahl der Probanden von jetzt 199 statt der 187. Der Grund hierfür ist nicht bekannt, doch fällt auf, dass der Skalenwert 1,5 mit f = 37 ungewöhnlich hoch ist. Deshalb wurden hier, um wieder auf ein N von 187 zu kommen, von der Häufigkeit 37 (bei der Aufzugszahl 1,5) zwölf Aufzüge als überschüssig abgezogen, so dass ein f von 25 resultiert. Die Verteilungskennwerte des Klimmziehens sind nach dieser „Korrektur": Arithmetisches Mittel = 4,4 Aufzüge, Standardabweichung = 2,773, Schiefe = 0,841, Exzeß = 0,921. Die Verteilung ist rechtsschief (positive Schiefe mit ausgeprägtem Auslauf nach rechts zu den besseren Leistungen hin). Die Kennwerte der *unkorrigierten* Verteilung (mit N = 199) fallen ähnlich aus, mit aM = 4,3 (statt 4,4) Aufzügen, StAbw. = 2,777, Schiefe = 0,907, Exzeß = 0,942.

Insgesamt zeigt sich, dass nur das Schnelllaufen und Klimmziehen ausgeprägte Verteilungsschiefen aufweisen, und zwar – auf die *Leistung* bezogen – beim Schnelllaufen „Linksschiefe" (*schlechte* Leistungen – ab 18 Sekunden – sind relativ selten), beim Klimmziehen „Rechtsschiefe" (*gute* Leistungen – ab 10 Aufzügen – sind selten).

Erster Exkurs: Ein Leistungsvergleich zwischen Feuerwehrmännern und Turnlehreraspiranten

Anhand einer Mitteilung aus der preußischen Turnlehrerausbildung von 1879 ist ein Vergleich der Klimmzugleistungen von 34 Turnlehreraspiranten („Eleven") mit den 1852 von Kluge getesteten 199 Feuerwehrmännern möglich. Beide Gruppen standen am Beginn ihrer Turnausbildung, die „Eleven" waren 25 bis 35 Jahre alt,[48] die Feuerwehrmänner 25 bis 60 Jahre. Die Häufigkeitsverteilungen der Klimmzugleistung waren (Tabelle 5):

Tabelle 5: Häufigkeitsprozente der Klimmzugleistungen von Turnlehreraspiranten und Anfängern bei der Feuerwehr.

Jahr	Klimmzüge	N	0	1–3	4–6	7–9	10	11	12	15
1879	Turneleven	34	3%	32%	32%	21%	6%	3%	3%	0%
1852	Feuermänner	199	8%	43%	33%	12%	1%	1,5%	0,5%	0,5%

---

[48] (Euler) 1879, S. 572.

Die Klimmzughäufigkeiten weisen bei beiden Stichproben ähnliche Verteilungsformen auf, doch sind die Feuerwehrmänner im Mittel um beinahe 1 Klimmzug unterlegen (4,25 Aufzüge bei den Feuermännern, 5,18 Aufzüge bei den Turnlehrern). Dieser Unterschied erklärt sich wohl hauptsächlich durch die Altersdifferenz, aber auch ein Selektionseffekt (bei den Turneleven) ist nicht auszuschließen. Im übrigen enthält der Bericht über die Turnlehrer auch die Leistungen am Ende des sechsmonatigen Turnkurses. Dabei zeigte sich, dass die Zahl der Klimmzüge bis zum Ende des Kurses fast auf das Doppelte angestiegen war, von 5,18 Aufzügen zu Beginn des Kurses auf 9,85 Aufzüge am Ende.

Zweiter Exkurs: Der „Lauf im Viereck"

Der oben beim Schnelllauf erwähnte "Lauf im Viereck" kommt auch bei Vögeli (1843, S. 61 f.) vor, ebenso bei Clias (1843, S. 70) als „course du carré", wobei sowohl rechts- als auch linksherum gelaufen werden sollte. Auch Rothstein (1857, S. 142) kannte den Lauf im Viereck „mit möglichst scharfer Wendung in den Ecken". Auch an der Turnlehrerbildungsanstalt in Stuttgart muss um vier Ecken gelaufen worden sein, da dort mehrere unterschiedlich lange, rechteckige Laufbahnen mit leicht abgerundeten Ecken existierten (vgl. Jäger 1864, Tafel I, S. 233, Marten 1882, S. 218). Ferner hat Kluge (1864 a) noch einmal auf den Schnelllauf „im Viereck" hingewiesen und dabei auch das „Umbeugen um die Ecken" erwähnt (S. 143). Letztlich geht diese Übungsform auf GutsMuths, Vieth, sowie Jahn und Eiselen zurück. So empfahl GutsMuths 1817 den Lauf in einem „verschobenen Viereck", d.h. in einer rautenförmigen Bahn, die aber noch mit einer Kreisbahn verbunden war. Beim Umlauf um diese Figur (S. 37 und Blatt IV, Zeichnung 1) sollten die „beiden Spitzen des Vierecks" (die scharfen Winkel der Raute) ein „schnelles Herumwerfen des Körpers" erfordern (GutsMuths S. 37). Auch der von Jahn und Eiselen (1816) empfohlene „Zickzacklauf" gehört hierher, ein Lauf „in geraden Linien und Winkeln" (S. 10). Die Begründung dafür war, dass „schnelle scharfe Wendungen im Laufe machen zu können" „von großem Nutzen" sei (S. 13; s.a. Jahn 1847, S. 113). Noch früher empfahlen GutsMuths 1793 (S. 258) und Vieth 1795 das Üben von scharfen Wendungen im Rahmen von Hin- und Rückläufen nach Art des griechischen Doppellaufs (diaulos). Gewendet wurde um Pfosten oder Bäume. Vieth (S. 42) hielt für einen solchen Doppellauf eine (gerade) Bahn von 100 Schritt (ca. 75 m) für angemessen, räumte aber ein, dass der Lauf auch „um den Platz herum" gehen könne, was einem Lauf im Viereck gleichkam. Ein solcher Lauf um einen abgesteckten Platz könnte auch auf dem Turnhof der Berliner Feuerwehr praktiziert worden sein (vgl. Kluge 1858a). Und eine ähnliche Lösung schwebte Kluge (1863a, S. 134) wohl auch vor, als er spezielle Plätze für den „Wunderkreis" und die „Zickzackbahn" etc. für überflüssig erklärte und solche Laufformen auf den Spielplatz oder den Platz für Frei- und Ordnungsübungen verlegen ließ. Im übrigen hielt es noch Hermann 1897 (S. 280) für angebracht mitzuteilen, dass die 250m-Laufbahn (Längsdurchmesser 100 m) in Braunschweig *oval* sei, wogegen „früher" „bei allen Läufen von mehr als 100 m eine scharfe Wendung um die Pfähle genommen werden musste". Ferner hat Böttcher 1894 das „Viereck*gehen*" für den Turnunterricht der Mädchen empfohlen, um „die so wertvollen Drehungen in der Fortbewegung einzuüben" (S. 359).

3 Kluges Rangwerteskala

Erklärtes Ziel Kluges mit der Leistungsprobe von 1852 war es, anhand der vier Subtestleistungen die physische Gesamtleistung der Probanden zu bestimmen. Dabei war ihm bewusst, dass er die in Sekunden, Zoll, Fuß und Häufigkeiten („Aufzüge") gemessenen Leistungen nicht einfach summieren konnte, zumal auch noch die Laufzeiten in positive Leistungen umgewandelt werden mussten. Kluge versuchte daher das Problem dadurch zu lösen, dass er die Messwerte der Übungen in Rangwerte transformierte. Mit Hilfe dieser Rangwerte war es ihm, wie er schrieb, „leicht, eine Eintheilung (der Probanden) nach den Fähigkeiten zu machen, indem ich nur nöthig hatte, die geringste Leistung mit (dem Rangplatz) 1, jede höhere Leistung aber mit der darauf folgenden (Rang-)Zahl zu bezeichnen".[49]

Nach dieser Methode ergeben sich folgende Zuordnungen von Leistungsrohwerten und Rangwerten (Tabelle 6).

---

[49] Kluge 1852, S. 180.

Tabelle 6: Rangcodierung der Leistungsmaße bei Kluges Vorversuch von 1852.

Schnellauf (Sek.)	19	18,5	18	17,5	17	16,5	16	15,5	15	14,5	14				
Rang-Wertpunkte	1	2	3	4	5	6	7	8	9	10	11				
Hochsprung (Zoll)	33	36	39	42	45	48	51	54							
Rang-Wertpunkte	1	2	3	4	5	6	7	8							
Weitsprung (Fuß)	8	8,5*	9	9,5	10	10,5	11	11,5	12	12,5	13				
Rang-Wertpunkte	1	-	2	3	4	5	6	7	8	9	10				
Klimmzüge (Zahl)	0,5	1,5	2,5	3,5	4,5	5,5	6,5	7,5	8,5	9,5	10,5	11,5	12,5	13,5*	14,5*	15,5
Rang-Wertpunkte	1	2	3	4	5	6	7	8	9	10	11	12	13	-	-	14

* *Bei den Häufigkeitsverteilungen des Weitspringens und Klimmziehens finden sich bei Kluge auch nicht besetzte Rohskalenpunkte, wobei hier angenommen wird, dass diesen Leerstellen auch kein Rangwert zugeordnet war.*

Zwar hat Kluge die für seine Stichprobe resultierenden Rangwerte-Summen nicht mitgeteilt, doch wird aus Tabelle 6 deutlich, dass minimal 4 und maximal 43 (bzw. 46) Wertpunkte als Gesamtleistung, d.h. als Indikator der physischen Tüchtigkeit, möglich waren. Auch ist erkennbar, dass die Rangewertesummierung der Summierung der ursprünglichen Messwerte überlegen ist,[50] denn die jetzt weniger schwankenden (homogeneren) Skalenspreizungen (7,9,10,13 statt 5,5,15,21) führen auch zu homogeneren Subtestgewichten, wenngleich dadurch die Gewichtungsunterschiede nicht völlig aufgehoben werden.[51] Ein Nachteil der Rangwertemethode liegt je-

---

[50] Vorausgesetzt wird, dass die Subtests gleichwertig in die Bestimmung der körperlichen Tüchtigkeit eingehen sollen.
[51] Auf die Gewichtungsproblematik hat sehr viel später (1911, S. 227) der Psychologe William Stern aufmerksam gemacht. Es ging dabei um das Ziel, „aus den Graden der Teildispositi-

doch darin, dass bei jeder neuen Stichprobe neue Rangskalen erstellt werden müssten, weshalb Vergleiche zwischen verschiedenen Stichproben zumindest erschwert sind. Wissenschaftsgeschichtlich ist festzuhalten, dass Kluge – und dies wohl erstmals in der Geschichte der Leibesübungen und des Sports – versucht hat, die mit verschiedenen Maßeinheiten gemessenen Leistungen mit Hilfe einer Rangplatz-Standardisierung vergleichbar zu machen. Und obwohl diese Methode der Bestimmung eines individuellen Gesamtleistungsmaßes nicht die optimale Lösung war, konnten damit doch einigermaßen leistungshomogene Turnriegen gebildet werden.

4 Kluges endgültiger Konditionstest von 1853

Nicht aus Äusserungen von Kluge selbst, doch aus den Angaben von Leistikow (1870 a) ist zu folgern, dass Kluge seinen physischen Konditionstest zwischen 1852 und 1853 von vier auf acht Subtests erweitert hat, da die erweiterte Testbatterie schon ab 1853 bei der jährlichen Prüfung der Feuerwehrmänner eingesetzt wurde.[52] Diese erweiterte Leistungsprüfung bestand aus den Übungen Schnellaufen, Weitspringen, Hochspringen, Stabspringen, Anmunden am Barren, Klimmziehen am Reck, Tauklettern und Stangenklettern:[53]

- *Schnellaufen*. Nach Leistikow wurde auf einer „viereckigen Rennbahn" von 260 Fuß Länge gelaufen, bei „möglichst abgerundeten Ecken".[54] Kluge selbst nannte des öfteren eine Länge von 250 Fuß, so auch beim

---

onen" (hier z.B. den Einzeltestleistungen) im Sinne des Resultantenverfahrens „einen resultierenden Gesamtgrad abzuleiten". Dabei sei es wichtig, so Stern, das „relative Gewicht abzuschätzen", „das jeder Teildisposition innerhalb der Struktur der Gesamtdisposition zukommt".
[52] Siehe Leistikow 1870 a (S. 5 f). Im Jahr 1868, oder kurz danach, bekam der Doktorand Leistikow den Auftrag, die bislang von Kluge bei 44 Feuerwehrmännern über 16 Jahre hinweg erhobenen Testergebnisse statistisch im Hinblick auf den Trainings- und Alterungseinfluss auszuwerten. Über die spätere Praxis dieser Leistungsprüfungen wie auch des Turnens bei der Berliner Feuerwehr (d.h. über das Jahr 1868 hinaus) ist mir bislang nichts bekannt geworden.
[53] Siehe hierzu auch Leistikow 1870 a und b, sowie Bäumler 2012 a und b.
[54] Leistikow 1870 a und b. Diese viereckige Bahn muss sich auf dem mit Turngeräten ausgestatteten Übungshof der Feuerwehr in der Hauptwache befunden haben, wo im Sommer geturnt wurde und wohl auch die jährliche Prüfung stattfand (Kluge 1858a, S. 61). Von acht Ecken wie beim Vortest (vgl. oben Kapitel 2) ist bei Leistikow nicht mehr die Rede, sondern nur noch von der „Abrundung" der vier Ecken.

Vorgängertest von 1852. Zuletzt (1875) gab er jedoch 240 Fuß an.⁵⁵ Bei dieser letzten Mitteilung hat Kluge für die Länge der Bahn ergänzend auch 75,335 Meter genannt.⁵⁶ Wer dieses Viereck in nicht mehr als 14,5 Sekunden umlief, erhielt die Bestnote 4.

-*Weitspringen* mit Sprungbrett und mit Anlauf, d.h. ähnlich wie beim Vorgängertest.

-*Hochspringen* über die Schnur mit Sprungbrett und mit Anlauf; auch hier entsprechen die Durchführungsbedingungen denen des Vorgängertests.

-*Stabspringen* war Stabhochspringen über die Schnur, mit Anlauf, ohne Sprungbrett. Die Sprungstäbe hatten je nach Wahl 8 bis 10 Fuß Länge.⁵⁷

- *Anmunden* am Barren. Es handelt sich um eine beidarmige Beuge- und Aufstreckübung mit den Armen aus dem Streckstütz. Beim Beugen mussten die Holme vor der Hand mit dem Mund kurz berührt werden.⁵⁸

- *Klimmziehen*, ein wiederholtes Aufziehen aus dem Streckhang am sprunghoch gestellten Reck, mit schulterbreit aufgelegten Händen. Ähnlich wie beim Vorgängertest war der Aufzug bis zum vollständigen Hinwegsehen über die Stange durchzuführen.⁵⁹

- *Tauklettern* am Klettergerüst.⁶⁰ Die beim Test verlangte Klettertechnik ist nicht näher beschrieben.⁶¹ Die Stärke des Taus betrug eineinhalb Zoll.

---

⁵⁵ U.a. Kluge 1852; 1864, S. 143; Kluge 1875, S. 239.
⁵⁶ Dies ist der erste direkte Hinweis darauf, dass den Längenangaben der Laufbahn der „rheinländische" und zugleich preußische (Duodezimal-)Fuß von 0,31385 m zugrunde liegt und nicht der bei der Feldmessung übliche geometrische oder Dezimalfuß von 0,37662 m, denn dieser würde zu einer Bahnlänge von 90,4 m statt 75,3 m führen. Vgl. hierzu auch meine frühere Diskussion der Frage nach dem gültigen Fußmaß (Bäumler 2012 a, S. 79 f.). - Die allerdings vorhandenen Unterschiede in den Längenangaben für die Laufbahn könnten daher rühren, dass die Bahn gelegentlich verlegt oder neu markiert werden musste, wobei es leicht zu Abweichungen kommen konnte. Eine andere Möglichkeit ist, dass die Länge der Bahn unterschiedlich bestimmt wurde, z.B. nach ihrem Innen- oder dem Aussenmaß. Jedenfalls betrüge die Bahn bei 260 Fuß 81,6 m, bei 250 Fuß 78,5 m, und bei 240 Fuß 75,3 m Länge.
⁵⁷ Vgl. Kluge 1861, S. 20 und 23; ferner Kluge 1855, S. 220.
⁵⁸ Leistikow 1870 a, S. 11 und 14. Nach Kluge 1875 , S. 240, auch „Stützwippen" genannt. Die Übung findet sich auch schon bei Jahn und Eiselen 1816. Vögeli 1843 (S. 164) schrieb zum Anmunden am Barren mit dem Stütz als Ausgangslage: „ Indem wir den Leib ... senken, drehen wir ein wenig rechts und bringen den Mund an den rechten Holmen, wonach wir uns wieder in den Stütz heben. Das Gleiche geschieht links ... ".
⁵⁹ Leistikow 1870 a, S. 11. Nach Kluge 1875 auch „Hangwippen" genannt.
⁶⁰ S.a. Kluge 1857 a, S. 24. Nach Kluge 1875 (S. 240) betrug die Länge des Klettertaus 40 Fuß (12,5 m). Offenbar hing es beim Test im Exerzierhof der Feuerwehr an der Wand des dortigen Steigehauses. Dabei musste nach Erreichen der maximalen Höhe noch in ein Fenster

- *Stangenklettern* am Klettergerüst. Das Gerüst war 22 Fuß (rd. 7 m) hoch und sollte nach Möglichkeit noch „überklettert" werden. Die Stangen hatten eine Stärke von zweieinhalb Zoll (6,5 cm).[62]

Tabelle 7: Physische Beanspruchungen der Leistungs-Testbatterie von H.O. Kluge und ihre Bezüge zur Feuerwehr.

Batteriesubtests	Bezug zum Feuerwehreinsatz	Körperliche Beanspruchung	Gemessene Fähigkeit
Schnellaufen	Laufen	Beine	Laufschnelligkeit „Gelenkigkeit"[63]
Weitspringen	Weitspringen	Beine	Laufschnelligkeit, Beinschnellkraft
Hochspringen	Überspringen	Beine, Schultern	Beinschnellkraft, Gewandtheit
Stabhochspringen	Überspringen	Beine, Schultern, Arme	Beinschnell- und Armzugkraft, Gewandtheit
Anmunden	Schieben, Abdrücken	Arme, Schultern	Armstemmkraft
Klimmziehen	Erklimmen, Sichhinaufziehen	Arme, Schultern	Armzugkraft
Tauklettern[64]	Erklettern	Arme, Schultern, Beine	Armzug-/Beinstemmkraft, Geschicklichkeit
Stangenklettern	Erklettern	Arme, Schultern, Beine	Armzug-/Beinstemmkraft, Geschicklichkeit

des dritten Stocks eingestiegen werden.

[61] Kluge 1861, S. 41. U.a. hat Vögeli (1843, S. 124 ff.) verschiedene Arten des Kletterns mit und ohne Einsatz der Füße beschrieben.

[62] Kluge 1860 (S. 74); 1861 (S. 40 f.); 1872 a und c; 1875 (S. 240). Vgl. hierzu Kapitel 6, Wertungen von Tau- und Stangenklettern. An den Stangen wurde mit Kletterschluß der Beine bzw. Gegenstemme der Füße geklettert (Kluge 1857 a, S. 27).

[63] Nach Leistikow 1870 b. Kluge 1872 c (S. 6) nannte für die 50 Fuß (15,6 m) langen Taue des Steigehauses 1,75 Zoll (4,6 cm).

[64] Die Relevanz des Kletterns für die Feuerwehr geht auch aus Niemeyer 1827 hervor, der schrieb (S. 57), dass das „Klettern, Klimmen und Steigen in sehr vielen Fällen ... bei Gefahren, bei Feuer- und Wassersnot" „äussserst nützlich" sei. Auch das Springen sei „oft das einzige Rettungsmittel bei Gefahr" (S. 56). Zum Laufen bemerkte er, dass es nicht nur die Lungen „behend" mache, sondern „oft noch wichtigere Vorteile verschaffen" könne (S. 56).

Überblickt man die gesamte Anlage des Tests, so wird unmittelbar einsichtig, dass die genannten Übungen für die beruflichen Beanspruchungen des „Feuermanns" relevant sind; die Testbatterie besaß insofern „logische Validität". Einen Überblick über die hauptsächlichen körperlichen Beanspruchungen beim Test[65] gibt Tabelle 7. Sie zeigt, dass es sich bei den mit dem Test angezielten Fähigkeiten im wesentlichen um die Faktoren der Kraft, Schnelligkeit und Gewandtheit (respektive Geschicklichkeit) handelt.

5 Kluges Fünfpunkte-Wertung

Offenbar war Kluge mit seiner 1852 erstellten Rangstufenskala schließlich doch nicht zufrieden, so dass er bei der erweiterten Batterie von 1853 für alle acht Einzeltests eine „Censuren"- Skala von 0 bis 4 Wertpunkten und somit eine Fünfpunkte-Skala einführte (höhere Punktzahl bedeutete bessere Leistung). Der folgende Wertungsschlüssel hierzu ist den beiden Schriften von Leistikow (1870 a und b) entnommen, betrifft jedoch nur fünf der acht Subtests (s. Tabelle 8).[66]

---

[65] Der Begriff „Test" (für eine Leistungsprobe) wurde von Kluge noch nicht benutzt und in der Psychologie erst um 1890 von dem Amerikaner McKeen Cattel eingeführt (Cattell 1890, 1896, Galton 1890, Groffmann 1964, Zusne 1984).
[66] Noch 1875 hat auch Kluge (S. 239 f) einen Wertungsschlüssel für die acht Subtests mitgeteilt, der sich von dem von Leistikow leicht unterscheidet. Es muss daher angenommen werden, dass der Schlüssel im Laufe der Zeit verändert wurde. Wann es zu welcher Änderung kam, ist nicht rekonstruierbar.

Tabelle 8: Wertungstabelle des erweiterten Klugeschen Konditionstests (1853) für fünf der acht Subtests (nach Leistikow 1870).[67]

Wertpunkte (Zensuren)	0	1	2	3	4
Schnellaufen (Sek)	> 19,5	≤ 19,5	≤ 17,5	≤ 15,5	≤ 14,5
Weitspringen (Fuß)	< 8	≥ 8	≥ 10	≥ 12	≥ 13,5
Hochspringen (Zoll)	< 38	≥ 38	≥ 44	≥ 48	≥ 50
Anmunden (Häufigkeit)	< 3,5	≥ 3,5	?	?	≥ 15,5
Klimmziehen (Häufigkeit)	< 2,5	≥ 2,5	?	?	≥ 13,5

Aus der Tabelle ist ersichtlich, dass der *Schnellauf* im unteren Bereich „linear", im oberen nicht-linear (hier „progressiv") gewertet wurde.[68] Ähnliches gilt für den Weitsprung. Beim Hochsprung wurde durchgehend progressiv gewertet (Zugewinn von 1 Wertpunkt zunächst bei 6 Zoll Leistungssteigerung, dann bei 4, schließlich bei 2 Zoll). Bei den Subtests Anmunden und Klimmziehen sind die Wertungsangaben unvollständig (s. Fragezeichen). Für das Tauklettern und Stangenklettern liegen keinerlei Angaben vor.

Der Vorteil dieser ursprünglich von Kluge eingesetzten Fünfpunkte-Wertung besteht darin, dass für alle Subtests dieselbe maximale Skalenbreite von fünf Punkten vorgegeben ist, wodurch die Subtests noch gleichmässiger gewichtet werden können. Trotzdem können weiterhin Gewichtsunterschiede bestehen bleiben, sofern, wie hier, die Verteilungsdichten nicht optimal berücksichtigt sind.[69] Auf jeden Fall stellt diese Fünfpunktewertung einen Fortschritt auch gegenüber der Rangplatzwertung dar.

---

[67] Nach Leistikow 1870 b, S. 204 ff.

[68] Zwischen den Wertpunkten 1 und 2, bzw. 2 und 3, wird beim Schnellauf für eine Leistungssteigerung von 2 Sekunden ein Wertpunkt vergeben. Zwischen den Wertpunkten 3 und 4 genügt dagegen eine Leistungssteigerung um nur 1 Sekunde. D.h., die Art der Wertung verändert sich. Nimmt man jedoch in der Wertungstabelle des Schnellaufs die jeweiligen Klassenmitten, so ergibt sich eine *durchgehend* progressive Wertung: (ca. 21,5)-18,5-16,5-15-14.

[69] Kluge war also noch nicht in der Lage, eine *variationsstatistische* Standardisierung (anhand einer Eichstichprobe) vorzunehmen, wie sie erst im ersten Viertel des 20. Jahrhunderts in der amerikanischen Intelligenzforschung üblich wurde (Otis 1919, Yerkes 1921; vgl. Groffmann

Wie der folgenden Tabelle 9 zu entnehmen ist, sind zumindest für drei Übungen der endgültigen Testbatterie von 1853 die Häufigkeitsverteilungen der Leistungen der Feuermänner über die Fünfpunkte-Skala darstellbar (hier anhand der Daten der Leistikowschen Lebensalteranalyse).[70]

Tabelle 9: Häufigkeitsverteilungen der Wertpunkte bei der Leistikowschen Stichprobe (Lebensaltersanalyse, N = 353).

Wertpunkte	0	1	2	3	4
N = 353					
Schnellaufen	0 (0%)	11 (3,1%)	56 (15,9%)	113 (32,0%)	173 **(49,0%)**
Weitspringen	5 (1,4%)	57 (16,1%)	113 **(32,0%)**	111 **(31,4%)**	67 (19,0%)
Hochspringen	12 (3,4%)	87 (24,6%)	167 **(47,3%)**	56 (15,9%)	31 (8,8%)

Speziell beim Schnellauf ist die Häufigkeitsverteilung der Wertpunkte extrem linksschief (bzw. rechtssteil); d.h. die Wertung des Schnellaufs war für das langfristige Training zu großzügig ausgelegt (49 % der Probanden erreichten die maximale Wertpunktzahl 4). Dagegen rücken die Häufigkeitsverteilungen der anderen beiden Tests mehr in den mittleren Skalenbereich und nähern sich der Symmetrie. Für die restlichen Tests der Batterie liegen keine vollständigen Angaben zur Häufigkeitsverteilung vor.

6 Kluges Wertungstabelle von 1875

In seiner Schrift von 1875 über das Turnen der Berliner Feuerwehr hat Kluge auch selbst die Fünfpunktewertung des Konditionstests mitgeteilt, die zuvor nur aus den Arbeiten von Leistikow (1870 a und b) bekannt war. Und ein

---

1964, S. 180 ff). Die *einheitliche* Wertpunktskala hat Yerkes 1915 in die Intelligenzmessung eingebracht (Yerkes 1915, 1923).
[70] Leistikow 1870 b (S. 204-208). Die Liste der Wertungen hatte Leistikow über den Direktor der Berliner Feuerwehr erhalten, d.h. sie muss letztlich von Hermann Kluge stammen.

Vergleich dieser beiden Wertungen zeigt, dass beim Schnellauf, Weitspringen und Hochspringen leichte Differenzen existieren. Auffallend ist ferner, dass Kluges Messwertgruppierungen von 1875 bei diesen drei Einzeltests genau denen der *Voruntersuchung* von 1852 entsprechen (vgl. besonders die Messwerteinteilungen zum Hochsprung bei den Tabellen 10 und 2, die nur bei Kluge gleiche Schnittstellen besitzen: 36, 42, 48, 51). Die von Kluge 1875 zitierte Skaleneinteilung könnte daher zumindest beim Hochsprung auf die von 1852 zurückgehen. Da die Leistikowsche Einteilung in einigen Details davon abweicht, muss diese Wertung nach 1852 modifiziert worden sein. In der folgenden Tabelle 10 werden die Wertungen Leistikows und Kluges einander gegenübergestellt, wobei die Leistikowschen Angaben nicht vollständig sind und sich auch nur auf fünf der acht Einzeltests beziehen.

Tabelle 10: Vergleich der Wertungen für den Konditionstest von 1853 zwischen den Angaben von Leistikow 1870 und Kluge 1875 (differierende Maßangaben sind fett gedruckt).

Wertpunkte	0	1	2	3	4
Schnellaufen (Sek)					
nach Leistikow 1870 (260 Fuß)	> 19,5	≤ 19,5	≤ 17,5	≤ 15,5	≤ 14,5
nach Kluge 1875 (240 Fuß)	> 17,5	≤ 17,5	≤ 16,5	≤ 15,5	≤ 14,5
Weitspringen (Fuß)					
nach Leistikow 1870	< 8	≥ 8	≥ 10	≥ 12	≥ 13,5
nach Kluge 1875	< 8	≥ 8	≥ 10	≥ 11,5	≥ 13
Hochspringen (Zoll)					
nach Leistikow 1870	< 38	≥ 38	≥ 44	≥ 48	≥ 50
nach Kluge 1875	< 36	≥ 36	≥ 42	≥ 48	≥ 51
Anmunden (Häufigkeit)					
nach Leistikow 1870	< 3,5	≥ 3,5	?	?	≥ 15,5
nach Kluge 1875*	< 3,5	≥ 3,5	≥ 8,5	≥ 12,5	≥ 15,5
Klimmziehen (Häufigkeit)					
nach Leistikow 1870	< 2,5	≥ 2,5	?	?	≥ 13,5
nach Kluge 1875**	< 2,5	≥ 2,5	≥ 6,5	≥ 10,5	≥ 13,5

* Kluge nennt hier das Anmunden auch „Stützwippen".
** Kluge nennt hier das Klimmziehen auch „Hangwippen".

Wie ersichtlich, weichen die bei Leistikow und Kluge mitgeteilten Wertungen zum Teil voneinander ab (s. fettgedruckte Zahlenwerte), und dies betrifft auch den Wertungstyp. Zum Beispiel ist Leistikows Wertung beim Schnelllauf zunächst linear und erst am Ende nicht-linear. Dagegen ist die Klugesche Wertung durchgehend linear und insgesamt auch etwas strenger. Beim *Weitspringen* kommt es bei Kluge zwischen den Skalenwerten 2 und 3, bei Leistikow zwischen 3 und 4 zu einem Bruch in der Linearität. Beim *Hochspringen* ist Leistikows Wertung durchgehend progressiv (Schrittfolge 6-4-2), bei Kluges Wertung zunächst linear und am Ende stark progressiv. Beim *Anmunden* hat Kluge durchgehend progressiv gewertet, beim *Klimmziehen* erst am oberen Ende progressiv. – Insgesamt erscheint die von Leistikow genannte (aber ebenfalls von Kluge stammende) Wertung die konsequentere, was die ersten drei Disziplinen betrifft (der Rest ist unvollständig oder fehlt).

Zu den in Tabelle 10 fehlenden Übungen *Stabspringen, Tauklettern und Stangenklettern* existieren bei Leistikow keine Wertungsangaben. Sein Kommentar dazu: „Die anderen Übungen lassen wir als mehr oder weniger irrelevant unberücksichtigt."[71] Dagegen liegt bei Kluge (1875) auch für diese Übungen der Wertungsschlüssel vor. Daraus ist zu entnehmen, dass das Tauklettern mit nur 4 Punkten gewertet wurde („Noten" 0–3) und das Stangenklettern mit 3 Punkten („Noten" 0–2). Dies erklärt jetzt auch die niedrige Mittelwertslage dieser beiden Disziplinen in den Tabellen I und II von Leistikow,[72] d.h. diese niedrige Mittelwertslage ist nun doch nicht – wie vermutet wurde[73] – einer besonders strengen Wertung oder mangelnden Übung im Klettern zuzuschreiben. Beispielsweise müssen beim Stangenklettern, bei einer maximal erreichbaren Punktzahl von 2 (siehe Tabelle 11) und einem Mittelwert von 1,88 in der Bestleistungsphase, ca. 85–90 Prozent der Feuermänner die maximal möglichen 22 Fuß (7,4 m) nicht nur „erreicht", sondern danach das Gerüst noch „überklettert" haben.[74] Dies bedeutet, dass Teile von Kluges Test, wie eben das Stangenklettern, der Auslese von Un-

---

[71] Leistikow 1870 a, S. 13 und 1870 b, S. 208
[72] vgl. Leistikow 1870 b, S. 210-211; Bäumler 2012 b, Tabellen 2 und 4, sowie Tab. 10: Bestleistungsphase.
[73] Bäumler, 2012 b.
[74] Der oberste Balken des Gerüsts konnte von der senkrechten Stange aus noch überklettert werden, um auf der anderen Seite auf einer schräg gestellten Stange bequem hinabzurutschen. Vgl. Kluge 1872 c, S. 21, zum Winterturnen.

geeigneten anhand von geforderten Minimalleistungen dienten. – Zu den Wertungen der drei Übungen siehe Tabelle 11.

Tabelle 11: Die Wertungen des Stabspringens, Taukletterns und Stangenkletterns nach Kluge 1875.

Wertpunkte[75]	0	1	2	3	4
Stabspringen (Zoll)	< 48	≥ 48	≥ 54	≥ 66	≥ 81
Tauklettern (Fuß)	< 20	≥ 20	≥ 30	≥ 40	-------
Stangenklettern (Fuß)	< 22*	22 erreicht	> 22**	-------	-------

* = das Ende der Stange wurde nicht erreicht
** = das Ende der Stange (mit 22 Fuß) wurde „erreicht" und danach das Gerüst noch „überklettert".

Das Stabspringen wurde eigenartiger Weise degressiv gewertet (Schrittfolge für einen Punkt: 6 - 12 - 15), das Tauklettern linear. Beim Stangenklettern kam mit „erreicht" und „überklettert" ein qualitatives Moment ins Spiel.

7 Vergleich der drei Methoden der Ermittlung der Gesamtleistungsfähigkeit

Nach den Skalierungsversuchen von Kluge standen im Prinzip drei Methoden zur Verfügung, um die Gesamtleistungsfähigkeit der Probanden anhand der Einzeltestleistungen zu ermitteln. Die Frage ist, mit welcher Methode die Einzeltests am ehesten gleichwertig in den Gesamtbetrag eingehen. Die drei Möglichkeiten sind:
1. Addition der Messwerte.
2. Addition der den Messwerten zugeordneten Rangwerte (Rangwerteskalierung).
3. Addition der den Messwerten zugeordneten Punktwerte (Fünfstufenskalierung).

---

[75] Punktwertung nach Kluge 1875, S. 240.

Zu 1. Messwerte. Das Problem bei der Addition der *ursprünglichen Messwerte* (Rohwerte) sind nicht die unterschiedlichen Größenordnungen der am Test beteiligten Maßeinheiten (mit z.b. durchschnittlich *15* Sekunden beim Lauf, *42* Zoll beim Hochsprung, *11* Fuß beim Weitsprung, *4* Aufzüge beim Klimmzug), sondern ihre unterschiedlichen Streuungen. Dies führt dazu, dass die Einzeltests der Batterie mit unterschiedlichen Gewichtsanteilen in die Gesamtleistung eingehen. Beispielsweise beträgt bei Kluges Stichprobe von 1852 mit 187 Feuermännern die Standardabweichung der Laufleistungen 0,956 (Varianz 0,915) und die der Hochsprungleistungen 4,829 (Varianz 23,316). Das Verhältnis der beiden Standardabweichungen beträgt somit **1:5** (oder der Varianzen 1:25), so dass die Hochsprungleistung bei der Bestimmung des Gesamtpunktwertes per Messwertaddition ein sehr viel höheres Gewicht erhält als die Schnellaufleistung (die gute Leistung im Hochspringen wird überbewertet, die schlechte unterbewertet). Fazit: die Addition der ursprünglichen Messwerte führt zu Ungleichgewichten zwischen den Einzelleistungen und eignet sich daher nicht zur Ermittlung einer ausgewogenen Gesamtleistung.

Zu 2. Rangwerte. Durch die von Kluge vorgenommene *Rangwerteskalierung* können die Streuungs*unterschiede* zwischen den Einzelleistungen reduziert werden. So beträgt die Standardabweichung der Rangwerte beim Lauf 1,913 (Varianz 3,660), beim Hochsprung 1,610 (Varianz 2,591), d.h. die Unterschiede in der Gewichtung dieser Einzelleistungen sind nunmehr geringer **(1 : 0,842)**. In Bezug auf die Ermittlung eines Gesamtleistungswertes ist daher im vorliegenden Fall die Rangwerteaddition der Messwerteaddition deutlich überlegen. Der Nachteil der Rangwertemethode ist allerdings, dass die Rangwertskalen bei jeder Stichprobe neu definiert werden müssen, weshalb exakte Leistungsvergleiche zwischen verschiedenen Stichproben nicht möglich sind.

Zu 3. Punktwerte. Auch die von Kluge benutzte *einheitliche Fünfpunkteskala*, die bei allen Einzeltests dieselbe Wertpunktzahl vorsieht, führt zu einer Reduktion der Streuungsunterschiede zwischen den Einzelleistungen. So beträgt die Standardabweichung beim Lauf jetzt 0,935 (Varianz 0,874) und beim Hochsprung 0,931 (Varianz 0,867), d.h. der Unterschied in den beiden Streuungen ist so gering, dass Lauf und Hochsprung mit fast identischem Gewicht in einen Gesamtpunktwert eingehen **(1:0,995)**. Diese Überlegenheit der Fünfpunkteskala auch über die Rangpunkteskala ist u.a. dadurch gegeben, dass die Skalenspreizung bei den Einzeltests gleich groß ist, so dass für unterschiedliche Streuungen wenig Spielraum verbleibt.

Zusätzlich hat die einheitliche Skala den Vorteil, dass damit die Leistungen von verschiedenen Stichproben verglichen werden können. Tabelle 12 stellt die relative Wirksamkeit der drei Methoden der additiven Gesamtwertermittlung noch einmal anhand der vier Disziplinen der Klugeschen Voruntersuchung (N = 187) dar. Dabei wird der Einfachheit halber bei jeder Skalenart nur die höchste mit der niedrigsten Standardabweichung verglichen.

Tabelle 12: Streuungsvergleiche der 4 Einzeldiziplinen in Kluges Voruntersuchung (1852) bei den vierschiedenen Skalenarten.

Standardabweichungen (SD) N = 187	Lauf	Hoch	Weit	Klimmz		min : max*
SD bei den originalen Maßskalen	0,957	4,829	1,307	2,773		**1 : 5,0**
SD bei den Rangwertskalen	1,913	1,610	2,455	2,734		**1 : 1,7**
SD bei der Fünfpunkteskala	0,935	0,931	0,753	0,785		**1 : 1,2**

* min : max = Relation zwischen kleinster und größter Standardabweichung.

Tabelle 12 zeigt, dass die Standardabweichungen und damit die Gewichte der Einzeltests in der zu ermittelnden Gesamtleistung bei den ursprünglichen Messwerten wesentlich stärker variieren als bei Verwendung der Rangwertskalen oder der Fünfpunkteskala. Am geringsten ist diese Variation der Standardabweichungen bei der Fünfpunkteskala. Ein Rest an Streuungs- und damit Gewichtsunterschieden bleibt aber auch hierbei bestehen. Die Ursache dafür liegt in der Art der Aufteilung der ursprünglichen Messwerte auf die verfügbaren fünf Skalenpunkte. Um auch diese Aufteilung zu optimieren, müssten zusätzlich die Verteilungsdichten der Eichstichprobe berücksichtigt werden (z.B. über eine Flächentransformation). Ein solches Vorgehen wurde erst nach 1900 üblich und konnte von Kluge zu seiner Zeit noch nicht erwartet werden.[76] Trotzdem kam Kluge mit der Fünfpunkte-Skala dem Ziel der Ermittlung eines ausgewogenen Gesamtleistungswertes bereits sehr nahe.[77]

---

[76] Vgl. Lienert 1961, S. 331, auch 382 f.
[77] Zu dieser Feststellung ist jedoch anzumerken, dass sie nur für den genannten Variablensatz gilt. Beim endgültigen Konditionstest mit 9 (d.h. 8+1) Variablen entsteht aber das Problem, dass beim Tauklettern und Stangenklettern nur maximal 3 bzw. 2 Punkte statt 4 Punkten er-

8 Zur Variablen „Allgemeine Qualifikation" („allgemeine Tüchtigkeit")

Die beiden Ergebnistabellen von Leistikow,[78] die aus den von Kluge aufgezeichneten Daten anhand der Punktwerte der Fünfpunkteskala erstellt wurden, enthalten die Mittelwertsverläufe der Leistungen in den acht Einzeltests (Schnellaufen bis Stangenklettern) und als *neunte Variable* die Mittelwertsverläufe der sogenannten *„Allgemeinen Qualifikation"*, die ebenfalls nach dem Fünfpunkteprinzip skaliert war. Diese Variable war bei Leistikow zwar aufgeführt, nicht aber in ihrer Bedeutung erklärt worden. Daher ließ sich allenfalls vermuten, dass es sich dabei um das Eindrucksurteil des Prüfers zur allgemeinen physischen Leistungsfähigkeit der Probanden handelt.[79] Diese Vermutung hat sich jetzt anhand von Kluge 1875 (S. 240) bestätigt. Und zwar hat Kluge dort die Variable als *„allgemeine Tüchtigkeit"* bezeichnet, mit den Beurteilungsstufen: 0 = „schlecht", 1 = „ziemlich gut", 2 = „gut", 3 = „sehr gut", 4 = „vorzüglich". Damit ist nunmehr auch klar, dass die von Leistikow vorgenommene Addition der Verlaufs-Mittelwerte dieser neunten Variablen zu denen der acht Einzeltests zulässig und sinnvoll war, weil damit zusätzliche Information in die Leistungsermittlung einfloss. Dieses zusätzliche Element lässt sich anhand von Leistikows Lebensalters- und Dienstalterstabellen demonstrieren,[80] denn der Mittelwertsverlauf der Allgemeinen Qualifikation (= „Tüchtigkeit") und der Verlauf des mittleren Mittelwerts der Leistungen in den acht Einzeltests zeigen zwar ähnliche Trends, trotzdem treten an vielen Stellen deutliche *Abweichungen* zwischen den Verläufen auf (siehe die fettgedruckten Differenzen in den Tabellen 13a und 13b).

---

reichbar waren, so dass bei diesen Einzeltests die Varianz deutlich eingeschränkt und daher die Inhomogenität zwischen den Standardabweichungen der neun Variablen erhöht war. Leider nur indirekte empirische Belege für diese erhöhte Inhomogenität können den Mittelwertstabellen von Leistikow 1870 b entnommen werden (s.a. die Tabellen 2 und 4 bei Bäumler 2012 b). So dürfte z.B. die Standardabweichung unter Dienstalter 3 beim Stangenklettern (aM = 1,87; maximal erreichbar 2) nur ca. 0,30 betragen haben, beim Klimmziehen (aM = 2,03; maximal erreichbar 4) dagegen ca. 0, 95. Siehe hierzu auch den „Nachtrag" Nr. 1 am Ende dieses Artikels.
[78] s. Lebensalter- und Dienstalterstabelle bei Leistikow 1870 b, S. 210 und 211.
[79] Bäumler 2012 b, S. 146.
[80] Leistikow 1870 b, S. 210 und 211.

*Tabellen 13 a und b: Mittelwertsverlaufstabellen der Variablen „Allgemeine Qualifikation"
und „mittlere Leistung der Subtests 1 bis 8" (s. Leistikow 1870 b).*

13 a: Leistungsverlauf nach dem Lebensalter[81]

Lebensalter (Jahre)	26	27	28	29	30	31	32	33	34	35	36	37	38	39	40	41	42	43
N = 353	11	14	23	23	23	21	25	27	25	25	22	24	21	18	14	14	13	10
Allg. Qualifikation	2,45	2,50	2,38	2,49	2,26	2,28	2,64	2,25	2,44	2,48	2,09	2,00	2,08	1,93	1,77	1,57	2,07	1,60
aM Tests 1-8	2,38	2,44*	2,43	2,43	2,22	2,19	2,33	2,16	2,31	2,21	2,13	2,15	2,04	1,88	1,97	1,82	1,98	1,78
Differenz	0,07	0,18	-0,05	0,06	0,04	0,09	**0,31**	0,09	**0,13**	**0,27**	-0,04	**-0,15**	0,04	0,05	**-0,20**	**-0,25**	0,09	**-0,18**

* Der Betrag 2,44 bei Lebensalter 27 ergibt sich aus einer beim Stabspringen durchgeführten Korrektur (vgl. Bäumler 2012 b, Tabelle 4).

In dieser Tabelle der Lebensaltersanalyse treten trotz ähnlicher Tendenz auch größere (positive und negative) Unterschiede zwischen den Mittelwerten der „Allgemeinen Qualifikation" (persönliche „Tüchtigkeit") und den zusammengefassten Mittelwerten der Tests 1 bis 8 auf (vgl. die Lebensaltersstufen 27, 32, 34, 35, 37, 40, 41, 43).

13 b: Leistungsverlauf nach dem Dienstalter

Dienstalter (Jr)	1	2	3	4	5	6	7	8	9	10	11	12	13	14	15	16
N = 394	44	43	39	23	25	27	27	27	25	21	18	16	16	16	16	11
Allg. Qualifikation	2,18	2,54	2,47	2,17	2,32	2,27	2,26	2,45	2,12	2,14	1,83	1,75	1,87	1,62	1,68	1,63
aM Tests 1-8	2,05	2,28	2,20	2,48	2,35	2,09	2,07	2,34	2,15	2,23	2,07	1,93	1,87	1,65	1,88	1,81
Differenz	0,12	**0,26**	0,07	**-0,31**	-0,03	**0,18**	**0,19**	0,11	-0,03	-0,09	**-0,24**	**-0,18**	0,00	-0,03	**-0,20**	**-0,18**

Auch bei der Dienstaltersanalyse weisen die beiden Leistungsverläufe zwar ähnliche Trends auf, doch auch hier kommt es bei etlichen Dienstaltersstufen zu größeren *Abweichungen* (s. Dienstaltersstufen 2, 4, 6, 7, 11, 12, 15, 16).

---

[81] Die Berechnungen der Totalmittel der „Tests 1-8" erfolgten aus den bei Bäumler 2012 in den Tabellen 4 und 2 angegebenen „mittleren" Mittelwerten (jeweils letzte Zeile).

Somit lieferte das Qualitätsurteil zusätzliche Informationen zur objektiven Leistungsmessung. Mit Recht hat Leistikow daher die Mittelwerte der Qualitätsvariablen (Tüchtigkeit) und die der acht Einzeltests zu einer „Summenvariablen" zusammengefasst und das jetzt aus neun Variablen bestehende Gesamtresultat als *„allgemeine Leistungsfähigkeit"* bezeichnet.[82] Zu beachten ist dabei, dass die „Allgemeine Qualifikation" („Tüchtigkeit") mit der „Allgemeinen Leistungsfähigkeit" eben nicht identisch, sondern ein Bestandteil derselben ist.

9 Anwendung der Fünfpunkte-Wertung (Version Kluge 1875) auf die Voruntersuchung von 1852

Einer der Vorteile der einheitlichen Punkteskala ist, wie schon betont wurde, ihre Übertragbarkeit auf Messergebnisse aus anderen Stichproben. Eine solche Übertragung wurde hier gegenüber der Klugeschen Voruntersuchung von 1852 (N = 187) vorgenommen, wobei unter Benutzung der 1875 mitgeteilten Wertungstafel[83] (vgl. Tabelle 10), für die Voruntersuchung folgende Häufigkeitsverteilungen resultierten (Tabelle 14).

Tabelle 14: Häufigkeitsverteilungen der Testleistungen der 187 Feuerwehrmänner von 1852 über die Leistungsstufen der Klugeschen Fünfpunkte-Wertung in der Version von 1875.

Wertpunkte	0	1	2	3	4
N = je 187					
Schnellaufen	5 (2,7%)	21 (11,2%)	53 (28,3%)	86 **(46,0%)**	22 (11,8%)
Weitspringen	0 (0%)	39 (20,9%)	74 **(39,6%)**	65 **(34,8%)**	9 (4,8%)
Hochspringen	14 (7,5%)	59 **(31,6%)**	83 **(44,4%)**	22 (11,8%)	9 (4,8%)
Klimmziehen (korr)	41 (21,9%)	97 **(51,9%)**	42 (22,5%)	6 (3,2%)	1 (0,5%)
Gesamt-N = 748	60 (8,0%)	216 (28,9%)	252 (33,7%)	179 (23,9%)	41 (5,5%)

---

[82] Leistikow 1870 b, S. 208 f., ebenso 1870 a, S. 13.
[83] Diese Fünfpunktewertung, die auch Leistikow zugänglich war, muss bereits 1853 bestanden haben, weil, nach Leistikow 1870, der erweiterte Konditionstest von diesem Jahr an bei der Berliner Feuerwehr eingesetzt wurde und von dieser Zeit an die Leistungsdaten der Feuermänner in Form der Punktwerte vorlagen.

Tabelle 14 zeigt, dass auch die Probanden der Voruntersuchung beim *Schnellaufen* und *Weitspringen* deutlich besser abgeschnitten haben als beim Hochspringen und Klimmziehen (siehe fettgedruckte Prozentwerte). Insbesondere der Schnellauf erweist sich (wie in der Längsschnittstudie von Leistikow, z.B. Tab. 9) als sehr großzügig, das Klimmziehen dagegen als sehr streng gewertet. Dies legt den Schluss nahe, dass die Fünfpunkte-Wertung nicht nach den Ergebnissen der Vorstudie, sondern nach der persönlichen Einschätzung Kluges von den zu erwartenden und daher zu fordernden Leistungen erstellt wurde.

10 Kluges weitere Versuche mit der Fünfpunkte-Wertung

Hermann Kluge hat auch in den folgenden Jahren weiter mit der Fünfpunkte-Wertung experimentiert, so 1860 zusammen mit dem Turnkollegen Dr. Wendland[84] bei Berliner Gewerbeschülern. Nachdem die Schüler einige Wochen lang geturnt hatten, sollte ihre inzwischen erlangte „Sprungfertigkeit, Kraft und Gewandtheit" durch Prüfungen im Freihochspringen, Bockspringen, Klettern und Reckaufschwingen getestet werden.[85] Auch hier kam die Fünfpunkte-Wertung zur Anwendung, doch wurde dabei zusätzlich die Körpergröße der Schüler berücksichtigt. Die Grundidee hierzu geht auf Ernst Eiselen zurück,[86] der bei der Beurteilung von Sprüngen, Schnellauf, Anmunden am Barren und „Ziehklimmen" am Reck bereits eine Fünfpunkte-Skala benutzt und bei der Wertung der Sprünge auch die individuelle „Leibeshöhe" mit einberechnet hatte.[87]

Ausserdem hat Kluge 1864 auch beim Feuerwehr-Konditionstest versucht, die Fünfpunktewertung zu modifizieren, indem er bei der Wertung des Hochsprungs die Körpergröße mit berücksichtigte.[88] Eine praktische Hilfe bot dabei das von ihm präsentierte Hilfsdiagramm, aus dem unmittelbar abgelesen werden konnte, welcher individuellen Leibeshöhe die über-

---

[84] Dr. Wendland war später Direktor des Gymnasiums zu Lauenburg (Kluge 1872, S. 172).
[85] Kluge 1860, S. 72 ff.
[86] Siehe auch Kapitel 11.
[87] Eiselen, E., Turntafeln 1837 und Merkbüchlein 1838; s. Kluge 1864, S. 138 f. Der besondere Bezug Kluges zu den Schriften von Eiselen steht wohl auch damit in Zusammenhang, dass Kluge als Jugendlicher jahrelang in Eiselens Berliner Turnanstalt geturnt hatte (Kluge 1860 a, Brendicke 1883).
[88] Kluge 1864 a.

sprungene Höhe eines Probanden entsprach.[89] Freilich konnte diese körperbezogene Wertung für die Zielsetzung der Feuerwehr kaum von Nutzen sein, da es bei der Feuerwehr ausschließlich auf die absolute Leistungsfähigkeit des Mannes ankommt.[90] Doch auch dieser Versuch ist ein Beweis für die Experimentierfreudigkeit von Kluge.

11 Rückblick und Beurteilung

Es ist eine erstaunliche Tatsache, dass Hermann Otto Kluge bereits in den Jahren 1851 bis 1853 mit seinem multivariaten körperlichen Leistungstest eine Testbatterie entwickelt und deren langjährigen Einsatz bei Feuerwehrmännern mit systematischen Leistungsaufzeichnungen begleitet hat. Wegen dieses frühen Zeitpunkts und ihrer Originalität ist diese angewandte Forschung für die Geschichte der Wissenschaft von den Leibesübungen (und damit auch vom Sport) von besonderem Interesse.

Den aus vier Einzeltests bestehenden Prototyp der Testbatterie hat Kluge zwischen 1851 und 1852 erstellt, und dessen Erweiterung auf acht Einzeltests war spätestens im Frühjahr 1853 abgeschlossen. Diese erweiterte Testbatterie wurde ab Sommer 1853 bei der Berliner Feuerwehr für viele Jahre zwecks Überprüfung der individuellen Leistungsfähigkeit eingesetzt. Beim Prototyp hatte Kluge die ursprünglichen Maßskalen der Einzeltests zunächst in Rangskalen umgewandelt. Beim endgültigen Test wandte er jedoch die besser geeignete Fünfpunkte-Skala mit den Punktwerten 0 bis 4 an.[91] Mit Hilfe dieser Einheitsskala wurde aus den acht Einzeltests das „Gesamtmaß" der Leistungsfähigkeit ermittelt, wobei als neunte Variable das Qualitätsurteil der Leistungstüchtigkeit hinzukam. Somit bestand das endgültige Prüfverfahren aus acht metrisch gut erfassbaren „Turnübungen"[92] plus einem Leistungsrating. Ziel des Verfahrens war die Erfassung der physischen Leistungsfähigkeit von Feuerwehrmännern, d.h. ihrer *„Körperkondition"* (oder physischen Fitness). Bei dieser Körperkondition handelt es sich

---

[89] Vgl. Wertungsrichtlinien bei Leistikow 1870 a, S. 8-11; 1870 b, S. 204-207; ferner Bäumler 2012 a, S. 81 f.
[90] Bei der jährlichen Überprüfung der Feuerwehrleute scheint dieses spezielle Verfahren nicht verwendet worden zu sein; zumindest findet sich bei Leistikow kein Hinweis darauf.
[91] D.h. Umwandlung der ursprünglichen Maßeinheiten der Zeit, des Weges und der Häufigkeit.
[92] Es handelte sich um sogenannte „volkstümliche" (im wesentlichen leichtathletische) Übungen.

um einen Dispositionskomplex,[93] dessen Ausprägung mit der oben genannten Testbatterie gemessen wurde. Diese kann daher auch kurz als „Konditionstestbatterie" bezeichnet werden.

Die Anregung zur *Entwicklung des Tests* hat Kluge durch einen im Oktober 1851 im „Turner" erschienen Aufsatz von Dr. Eduard Dürre über „Messungen der menschlichen Kräfte" erhalten.[94] Dort hatte Dürre[95] die Erstellung von Statistiken der körperlichen Leistungsfähigkeit aller Turner im Lande vorgeschlagen, damit es auf diesem Gebiet in Zukunft zu mehr „Klarheit" statt „Vorurteilen" und zu mehr „Genauigkeit" statt „ontologischer Spitzfindigkeiten komme," so dass sich „die Wissenschaft" (vom Turnen und den Leibesübungen) „schneller und sicherer als bisher ... erweitern" möge.[96] Kluge war der erste oder einer der ersten, der diesem Aufruf Dürres zu mehr Wissenschaftlichkeit folgte, weshalb er später einmal hervorhob, dass er sich „schon im Jahre 1852" „über die Leistungen der Berliner Feuerwehr im Turnen" geäußert und „eine Statistik derselben im Laufen, Springen und Klimmziehen" erstellt habe.[97]

Eine weitere Anregung, die Kluge dem Dürreschen Aufsatz entnehmen konnte, betraf die *Auswahl der Testaufgaben*, denn Dürre hatte entsprechende Übungen bereits für die geplante Leistungsstatistik vorgeschlagen, so z.B. Schnellauf, Freisprünge in die Höhe und Weite, Stabspringen, Klettern am Tau, Anmunden an Reck[98] und Barren. Diese Vorschläge deckten sich weitgehend mit den Übungen, die die Gymnastiker (bzw. Turner) schon gegen Ende des 18. und zu Beginn des 19. Jahrhunderts empfohlen hatten[99] und in denen der praktische Sinn dieser Leibeserzieher zum Ausdruck kam, der sich nun auch bei Kluge mit seinem Konditionstest für Feuerwehrleute zeigte.[100]

---

[93] Ein Dispositionskomplex im Sinne von William Stern (1911, S. 223 ff.) ist eine mehrere Aspekte umfassende Fähigkeit oder Eigenschaft, eine komplexe Disposition. Ein Beispiel hierfür ist die Intelligenz.
[94] Dürre 1851. Es ist dies die einzige Literaturstelle, die Kluge in seinem „Bericht" von 1852 (auf S. 180) zitiert hat.
[95] Eduard Dürre wurde 1796 in Berlin geboren und war einer der frühesten Turnschüler von Jahn. U.a. Dürre 1859.
[96] Dürre, 1851, S. 171.
[97] Kluge 1857, S. 17. 1856, also kurze Zeit nach Kluge 1852, hat auch A. Martens aus Leipzig solche Leistungsstatistiken von Turnern veröffentlicht.
[98] „Anmunden am Reck" ist Klimmziehen.
[99] Vgl. u.a. Vögeli 1843, 225 f.; Clias 1843; Niemeyer 1827; Schmeling 1819; Jahn und Eiselen 1816, 1847; GutsMuths 1792, 1817; Vieth 1795.
[100] Sehr deutlich hat dies Kloss (1856) als Beobachter der Berliner Feuerwehrturnübungen

In Kluges eigenen Worten: „Auch zur Königl. Feuerwehr ward ich bald 1851 als Turnlehrer berufen, und war es mir höchst interessant, diese edele Kunst hier mit dem praktischen Feuerwehrdienst in Einklang zu bringen."[101] Dass es Kluge gelang, die Turnkunst für die Feuerwehr zu nutzen, hat Professor Kloss, der Direktor der Turnlehrer-Bildungsanstalt zu Dresden, anlässlich einer von ihm beobachteten Vorführung der Berliner Feuerwehr beschrieben (Kloss 1856, S. 290 f.): „Das Klimmen am Steigebrett und das Klettern am langen Tau waren .. bis zur Virtuosität eingeübt. ... Indem sie sich mit Klimmhang am langen Tau mit einem Arme festhielten, gaben sie sich am ersten Fenster einen Abstoss mit den Füssen, um im Bogen nach dem vierten Fenster derselben Etage hinüberzufliegen." - Und auch zwanzig Jahre später, 1876, anlässlich der Feier des 25-jährigen Bestehens der Zivilabteilung der Berliner Zentralturnanstalt, äusserte sich Kloss zu den Einsatz- und Turnvorführungen, die die Berliner Feuerwehrmänner im Hauptdepot der Feuerwehr in der Lindenstraße gaben. Mit dabei war auch der inzwischen in Ruhestand befindliche Hermann Kluge als „der Begründer und langjährige Leiter dieses Feuerwehrturnens", der „mit Jubel begrüßt" wurde. Auch hier war Kloss von den Vorführungen beeindruckt: „Sehr imponierend war das als Gemeinübung vorgeführte Ersteigen des höchsten Fensters am Steigerturm"; und auch beim Abstieg zeigten die Feuerwehrleute „besondere Gewandtheit im Klettern am Tau". Am Ende bemerkte Kloss noch: „... in der Tat waren die Leistungen der grauköpfigen und wohlbeleibten Feuerleute in vollstem Maße der Anerkennung wert, welche denselben von den Eleven der königlichen Central-Turnanstalt unumwunden gezollt wurde. Besonders Furore machte die Kniewelle eines bejahrten Oberfeuermannes." Und auch Kluge selbst, als der ehemalige Turnlehrer, hat sich

---

ausgedrückt, indem er feststellte (S. 291): „Bei diesen Turnübungen kam es natürlich nicht darauf an, die Muskelaction mathematisch zu bestimmen oder sich die physiologische Wirkung derselben zu vergegenwärtigen." Vielmehr sei es die Aufgabe dieses Turnens, „Kraft und Gewandtheit für den speciellen Beruf zu gewinnen."

[101] Kluge 1860 a, S. 16. Seine Tätigkeit als Turnlehrer der Feuerwehr hat Kluge um 1876 aufgegeben. und sein Nachfolger wurde ein Sohn seines früheren Kollegen Kawerau (vgl. Euler, 1883, S. 319). Ein späterer Nachfolger in dieser Tätigkeit war um 1898 der Turnlehrer Thiede, in dessen Zeit in der Hauptwache an der Lindenstrasse eine neue Turnhalle geschaffen wurde. Auch unter ihm hieß es, dass die Feuerwehrleute „beachtliche turnerische Leistungen" demonstrierten (Vossische Zeitung, 1898). Ähnlich spektakulär waren Kluges Feuerwehrturner auch schon im Jahr 1861 beim Deutschen Turnfest in Berlin aufgetreten (Anon. 1861, S. 155).

dabei, nach Meinung von Kloss, „recht beifällig über die Leistungen seines Amtsnachfolgers (Kawerau d. J.) geäussert".[102]

Der andere Aspekt der Klugeschen Testentwicklung, die *einheitliche Wertung* von mit unterschiedlichen Maßeinheiten gemessenen Leistungen, hat – wie oben angedeutet – seinen Ursprung bei Ernst Eiselen. Eiselen hatte aus pädagogisch-methodischen Gründen die Turnübungen nach Schwierigkeitsstufen eingeteilt, weil beim Turnunterricht erst dann zur nächsten Leistungsstufe übergegangen werden sollte, wenn die frühere Stufe gründlich beherrscht wurde. Nach solchen Schwierigkeitsstufen beurteilte Eiselen alle quantitativ und qualitativ bewertbaren Turnübungen, so auch solche, die später in Kluges Konditionstestbatterie enthalten waren, wie Schnellaufen, Hochspringen, Weitspringen etc.[103] Eiselens Skala der Schwierigkeiten begann mit der Stufe der Anfänger als der „Stufe Eins" und endete in der Regel mit der „Stufe Fünf", war also ebenfalls eine fünfstufige Punkteskala.[104] Allerdings betraf diese Skala die *Schwierigkeitsgrade* von Übungen und diente der Methodik des Turnens, nicht aber der Messung der körperlichen Leistungsfähigkeit als einer Leistungsdisposition. So hat erst Kluge Eiselens Idee einer einheitlichen Wertungsskala auf die *Leistungsmessung* übertragen und damit versucht, die turnerische (d.h. in diesem Fall körperliche) Gesamtleistungsfähigkeit der Probanden zu erfassen. Dies erreichte er durch Summierung der in den Subtests erzielten Wertpunkte und hatte damit *die wohl erste Leistungstestbatterie überhaupt* geschaffen.[105] Diese Methode der Gesamtwertermittlung setzte sich von da an im Sport rasch durch und war zum Beispiel bei dem damals modischen „Preisturnen" mit seinem Anspruch auf „Allseitigkeit" sehr beliebt.[106] Hierfür haben auch

---

[102] Kloss 1876, S. 212 f.
[103] Siehe Eiselens „Turntafeln" 1837, „Merkbüchlein" 1838. Auch in Jahns zweiter Auflage der „Deutschen Turnkunst" (1847), an der der 1846 verstorbene Ernst Eiselen noch mitgearbeitet hatte, ist diese Graduierung von Turnübungen nach Schwierigkeitsniveaus enthalten (s. Seiten 108, 144 und 154).
[104] Eiselen hat auch bereits bei einigen Übungen die auf die individuelle „Leibeshöhe" bezogene Wertung eingeführt. So wurde z.B. beim Hochspringen ab einer Sprunghöhe von Sechszehntel der *eigenen Leibeshöhe* die Stufe 2 anerkannt, bei Siebenzehntel die Stufe 3 usw. Einen beachtlichen Fortschritt erzielte Eiselen auch, indem er beim Schnellauf eine geschwindigkeitslineare anstelle der zeitlinearen Stufenwertung vorsah (vgl. Eiselen „Turntafeln" 1837).
[105] Zum Begriff der Testbatterie vgl. Lienert 1961.
[106] Ein Beispiel ist die Preisturnordnung des Mittelrheinkreises, vgl. Stahl 1877.

schon bald A. Ravenstein 1857[107] und C. Bärmann 1862[108] entsprechende Bewertungssysteme entwickelt. Ravenstein hat dabei zwar Eiselen, nicht aber Kluge zitiert.

Wissenschaftsgeschichtlich bemerkenswert ist ferner, dass der Test von Kluge lange vor den methodologisch damit vergleichbaren Intelligenztestbatterien datiert, die erst nach 1900 aufkamen. So entspricht z.b. Kluges Summenmaß einer „Resultanten", die (nach William Stern 1911) der „Gradprüfer eines Dispositionskomplexes" ist. Zugleich hatte Kluge auch schon mit dem Konzept der „Rangresultanten" wie auch der „Maßresultanten" (Punktwertresultanten) gearbeitet, wenngleich er diese Bezeichnungen als solche noch nicht kennen konnte.[109] Damit war Kluge, methodologisch gesehen, der Intelligenzmessung der Psychologen zeitlich weit vorausgeeilt und wurde von diesen erst um 1915 überholt, als die wahrscheinlichkeitsstatistische Standardisierung aufkam.[110] Auf seinem eigenen Gebiet, den Leibesübungen, wurde die Forschungsarbeit von Kluge rasch zum Schrittmacher der sportlichen Mehrkampfwertungen, was naheliegend war, denn sie alle erfordern die Berechnung einer Maßresultanten aus den in den Einzeldisziplinen erzielten Punktwerten.[111]

Eine Theorie des Messens von multiplen Leistungen, die schon gleich nach Kluges Arbeiten nützlich gewesen wäre, blieb jedoch noch lange Zeit aus. So waren es erst Bernhard Schmidt und Ernst Kohlrausch,[112] die sich 1885 mit dem Problem eines gemeinsamen Maßes für turnerische Leistungen theoretisch auseinandersetzten, indem sie die Grundlagen der im Sport wichtig-

---

[107] Ravenstein (1857, S. 2-4 und 10-12) bewertete die Übungen des Preisturnens über eine 20-Punkte-Skala.
[108] Bärmann (1862, S. 185-186) benutzte eine einheitliche Fünfpunkteskala, wobei je nach Bedarf auch qualitative Urteile eingesetzt wurden.
[109] In der Psychologie wurde die Bildung solcher „Resultanten", z.B. als Rang- oder Maßresultanten, erst nach 1900 (etwa durch Wissler 1901, Pfeiffer 1908, S. 41, und andere) gebräuchlich (vgl. Stern 1911, S. 228-233).
[110] Vgl. Groffmann (1964, S. 180 ff.) über die Intelligenzforschung amerikanischer Psychologen wie Otis und anderer.
[111] Übrigens hat auch Willam Stern (1911, S. 232) auf diese bei sportlichen Wettkämpfen übliche „Punktiermethode" hingewiesen und festgestellt, dass dabei „die Maßsysteme sämtlicher beteiligter Leistungsformen auf *gleiche Einheiten* reduziert werden" müssten. Siehe hierzu auch Gasch 1906, S. 218 ff.
[112] Schmidt 1885, Kohlrausch 1885. Bernhard Schmidt war Mathematik- und Turnlehrer am Königlichen Gymnasium zu Wurzen in Sachsen. Prof. Dr. Ernst Kohlrausch war Mathematik- und Turnlehrer am Kaiser Wilhelm Gymnasium zu Hannover (Gasch 1928).

sten Skalierungsmethoden diskutierten: der statistischen, muskelphysiologischen und physikalisch-mechanischen (oder „mathematischen").[113] Unter anderem machten sie dabei auch auf die Notwendigkeit von *nicht-linearen Wertungen* aufmerksam und stellten damit die noch immer ausschließlich auf linearen Wertungen beruhende Wetturnordnung von 1883 in Frage (vgl. Schmidt, S. 14). Doch auch diese Überlegungen blieben noch lange Zeit unbeachtet,[114] so dass die linearen Mehrkampfwertungen weiterhin die Szene beherrschten. Beispiele hierfür sind eine Wertung von 1891 in Oberammergau,[115] eine von der Braunschweiger Sedanfeier von 1897,[116] oder die Deutsche und Schweizerische Wetturnordnung von 1900.[117] Erst später, so bei Striegler und Lorenz 1914, in der leichtathletischen Mehrkampfwertung für Jugendliche von Vogt 1921, oder auch in der von der Deutschen Sportbehörde für Leichtathletik herausgegebenen „Deutschen Mehrkampfwertung" von 1925, tauchten nichtlineare Wertungsschritte wenigstens zwischen größeren Skalenabschnitten auf.[118] Trotzdem hat noch Victor Krause 1921 die Turnübungen beim Schülerturnen ausschließlich linear gewertet, wobei die Übungen dieses Tests denen von Kluge weitgehend entsprachen.[119]

Andererseits waren *einheitliche Skalen* inzwischen längst zum Allgemeingut geworden,[120] auch wenn sich dabei niemand mehr an Hermann Kluge erinnerte. Der Grund für diese Ignoranz lag aber gewiss auch darin, dass Kluge mit seinem „Bericht" von 1852 sehr unauffällig in Erscheinung getreten war (z.B. fehlte dem „Bericht" ein themenspezifischer Titel) und dass er trotz seiner Verdienste um den Test in der Dissertation von Leistikow nur nebenbei erwähnt worden war. Daher konnte – falls die Dissertation von Leistikow überhaupt beachtet wurde – niemand ahnen, welche wissenschaft-

---

[113] Es handelt sich dabei um eine theoretische Erörterung der Möglichkeit von objektiver Wertung, während der Klugeschen Wertung empirische Daten zugrunde lagen.
[114] Erst ab ca. 1910 hat sich Max Schwarze dieser Thematik wieder angenommen (s. Schwarze 1921).
[115] Hermann 1892, S. 222.
[116] Hermann 1897, S. 280.
[117] Deutscher Turntag, 1900
[118] Vogt 1921, S. 205 f.
[119] Krause 1921, S. 369 f.
[120] Siehe hierzu u.a. auch v. Donop 1922; Karges 1922, 1923; Harte 1922; Basche 1923. Beispielsweise wurden jetzt einheitliche Skalensysteme mit 5, 6, 10, 12 oder 20 Punkten gebräuchlich.

liche Kreativität sich hinter diesem „Turnlehrer der Feuerwehr, Hrn. Kluge" (Zitat Leistikow)[121] verbarg.

12 Überblick über die hier behandelten wissenschaftlichen Leistungen von Hermann Kluge

Die, für seine Zeit beachtlichen, Leistungen von Hermann Kluge bei der Entwicklung des Tests sind:
 1. Zusammenstellung einer aus acht Subtests bestehenden Testserie zur Messung der körperlichen Leistungsfähigkeit als einer komplexen Eigenschaft (Entwicklung einer „Konditionstestbatterie").
 2. Aufzeichnung der Häufigkeitsverteilungen von Testleistungen einer Probandenstichprobe (eine in jener Zeit noch sehr seltene Vorgehensweise).
 3. Bildung von Rangwerteskalen sowie einer einheitlichen Wertpunkteskala (Fünfpunkte-Skala) für die mit unterschiedlichen Maßeinheiten gemessenen körperlichen Leistungen (Vorform der Standardisierung von Subtestleistungen).
 4. Anwendung der Fünfpunktewertung auch auf Eindrucksurteile (Rating von körperlicher Tüchtigkeit).
 5. Verwendung auch von nicht-linearen Punktwertungen (Eiselen war hierzu der Vorläufer).
 6. Einführung der Gesamtpunktzahl als individuelles Leistungsmaß (Maßresultante von multiplen Leistungen).
 7. Langfristiger Einsatz der Testbatterie bei der Überprüfung der beruflichen Leistungsfähigkeit (Feuerwehr).

Mit dieser angewandt-wissenschaftlichen Arbeit hat Hermann Kluge die multivariate körperliche Leistungsmessung begründet, methodische Grundlagen für die Erstellung von sportlichen Mehrkampfwertungen (wie von multivariaten Tests allgemein) geschaffen und in originärer Weise zur Überprüfung der beruflichen Einsatzfähigkeit von Feuerwehrmännern beigetragen.[122]

---

[121] Leistikow 1870 a, S. 5.
[122] Kluge hatte, worauf hier nicht eingegangen wurde, große Verdienste um die Entwicklung des Turnens in Berlin und in Preußen allgemein, wofür er wohl im Jahr 1877 den „Kronenorden" verliehen bekam. Doch alleine schon mit den genannten wissenschaftlichen Leistungen hätte er diesen Orden ebenfalls verdient (Vgl. Neue Jahrbücher für die Turnkunst, 23, 1877, S. 221).

13 Literatur

Allgemeine deutsche Biographie. Leipzig, 1882.
Angerstein, W.: Anleitung zur Einrichtung von Turnanstalten. Berlin, 1863.
Anonymus: Die Uebung der Berliner Feuerwehr. Deutsche Feuerwehr-Zeitung, 1861, S. 155.
Bärmann, C.: Preisturnen des Rheinisch-Westphälischen Turnverbandes. Deutsche Turnzeitung, 1862, 185–186.
Bäumler, G.: Louis Leistikow und sein empirischer Beitrag von 1870 zur Sportmedizin und Trainingswissenschaft. In Court, J., Müller, A. und Pyta W. (Hrsg.), Jahrbuch 2010 der Deutschen Gesellschaft für Geschichte der Sportwissenschaft e.V. Berlin, 2012 a, 75–103.
Bäumler, G.: Die Tabellen der trainingswissenschaftlichen Studie von Louis Leistikow 1870. In Court, J., Müller, A. und Pyta, W. (Hrsg.), Jahrbuch 2011 der Deutschen Gesellschaft für Geschichte der Sportwissenschaft e.V. Berlin, 2012 b, 143–169.
Basche: Landesmeisterschaft der preußischen höheren Schulen im Schlagball. Monatsschrift für Turnen, Spiel und Sport, 1, 1923, 221–223.
Böttcher, A.: Das Viereckgehen als Übungsstoff für das Mädchenturnen. Monatsschrift für das Turnwesen, 13, 1894, S. 359–364.
Boettcher, M.: Statistische Mitteilungen über Alter, Grösse und turnerische Leistungen der Schüler des Gymnasiums und der Realschule (erster Ordnung) in Görlitz. Neue Jahrbücher für die Turnkunst, 14, 1868, 133–139.
Brendicke, H.: Hermann Otto Kluge. Sein Leben und Wirken. Jahrbücher der deutschen Turnkunst, 29 (Neue Folge 2), 1883, 116–124.
Brockhaus, (Der Große). Wiesbaden, 1952.
Cattell, McK.: Mental tests and measurements. Mind, 1890, 373–381.
Cattell, McK. and Farrand, L.: Physical and mental measurements of the students of Columbia University. Psychological Review, 3, 1896, 618–648.
Clias, P.-H.: Somascétique naturelle ou cours analytique et gradué d'exercises propres à développer et à fortifier l'organisation humaine. Besançon, 1843.
Deputierte der Berliner Lehrervereine und der Hufeland'schen medicinisch-chirurgischen Gesellschaft (Hrsg.): Das Turnen nach medicinischen und pädagogischen Grundsätzen. Berlin, 1869.
Deutsche Sportbehörde für Leichtathletik (Hrsg.): Die Deutsche Mehrkampfwertung. 3. Auflage, München, 1925.
Deutscher Turntag (Hrsg.): Deutsche und Schweizerische Wetturnordnung. Stuttgart, 1900. (Beschlossen bzw. abgeändert 1879, 1883, 1887, 1891, 1895, 1899).
v. Donop: Leistungsprüfungen. Monatsschrift für Turnen, Spiel und Sport, 2, 1922, 46–48.
v. Dresky: Die Königliche Militär-Turn-Anstalt zu Berlin. Berlin, 1887.
Dürre, E.: Über Messungen der menschlichen Kräfte. Der Turner, 6, 1851, Nr. 22, S. 169–71.
Dürre, E.: Meine Turn-Erlebnisse. Neue Jahrbücher für die Turnkunst, 5, 1859, 36–52 (Fortsetzungen in Band 6).
Eiselen, E.W.B.: Turntafeln. Berlin, 1837.
Eiselen, E.W.B.: Merkbüchlein für Anfänger im Turnen. Berlin, 1843.
[Euler, C.]: Auszug aus dem Bericht des Unterrichts-Dirigenten der Turnlehrer-Bildungsanstalt zu Berlin über den Kursus im Winter 1878/79. Centralblatt für die gesamte Unterrichts-Verwaltung in Preußen, Jahrgang 1879, 570–575.

Euler, C.: Hermann Otto Kluge. Monatsschrift für das Turnwesen, 2, 1883, 309–321.
Fleck, E.: Turner standen an den Wiegen von Freiwilligen Feuerwehren. In Kernmayr, H.G. (Hrsg.), Der goldene Helm. München, 1956.
Galton, F.: Remarks on mental tests and measurements. Mind, 15, 1890, 380.
Gasch, R.: Die volkstümlichen Wettübungen. Leipzig, 1906.
Groffmann, K.J.: Die Entwicklung der Intelligenzmessung. In Heiss, R., Groffmann, H.J. und Michel, L. (Hrsg.), Psychologische Diagnostik (Band 6 des Handbuchs der Psychologie), Göttingen, 1964, 147–199.
GutsMuths, J.Ch.F.: Gymnastik für die Jugend. Schnepfenthal, 1793. (In der Ausgabe von E. Harte bei Limpert, Dresden 1926).
GutsMuths, J.Ch.F.: Turnbuch für die Söhne des Vaterlandes. Frankfurt a. Main, 1817. (Unveränderter Neudruck, besorgt von M. Lämmer, Walluf 1973).
Harte, E.: Einheitliche Leistungsmessungen an den Schulen. Monatsschrift für Turnen, Spiel und Sport, 2, 1922, 405–407.
Hermann: Ein Turnfest im Passionsdorf. Jahrbücher der deutschen Turnkunst, 38 (Neue Folge 11), 1892, 220–224.
Hermann, A.: Sedan-Feier. Monatsschrift für das Turnwesen, 16, 1897, 279–281.
Jaeger, O.H.: Turnschule für die deutsche Jugend. Leipzig, 1864.
Jahn, F.L. und Eiselen, E.: Die Deutsche Turnkunst, zur Einrichtung der Turnplätze. Berlin 1816. (Ausgabe von M. Schwarze bei Limpert. Dresden, 1928).
Jahn, F.L.: Deutsche Turnkunst. Zweite Auflage. Berlin, 1847. (An dieser Auflage hat der 1846 verstorbene E. Eiselen noch etwa bis zur Hälfte mitgearbeitet).
Karges, O.: Einheitliche Leistungsmessungen an den Schulen. Monatsschrift für Turnen, Spiel und Sport, 2, 1922, 384–387.
Karges, O.: Einheitliche Leistungsmessungen (Karges an Harte). Monatsschrift für Turnen, Spiel und Sport, 3, 1923, 124–127.
Kawerau, P.M.: Ueber die verschiedenen Systeme der heutigen Gymnastik und die Königliche Central-Turnanstalt zu Berlin. Zeitschrift für das Gymnasialwesen (Mützell), 6 (5), 1852, 353–371.
Kawerau, P.M.: (Autobiographische Mitteilungen) in „Biographisches von Lehrern und Schriftstellern im Gebiete des Turnens und der Heilgymnastik". Neue Jahrbücher für die Turnkunst, 5, 1859, 102–126.
Kloss, M.: Eine Turnstunde der Berliner Feuerwehr. Neue Jahrbücher für die Turnkunst, 2, 1856, 289–291.
Kloss, M.: Ein Blick auf turnerische Einrichtungen in Berlin. Neue Jahrbücher für die Turnkunst, 18, 1872, 104–110.
Kloss, M.: Die Feier des fünfundzwanzigjährigen Bestehens der Civil-Abteilung der königl. Central-Turnanstalt in Berlin. Neue Jahrbücher für die Turnkunst, 22, 1876, 201–215.
Kluge, C.A.F.: Versuch einer Darstellung des animalischen Magnetismus als Heilmittel. Berlin, 1811; 2. Auflage, Berlin 1815. Ferner auch Wien, 1815 (2 Teile in 1 Band, eventuell Raubdruck).
Kluge, H.(O.): Bericht (über die Berliner Feuerwehr). Der Turner 7, 1852, 179–180.
Kluge, H.O.: Anleitung zum Stabspringen. Athenaeum für rationelle Gymnastik, 2, 1855, 209-226.
Kluge, H.O.: Die Berliner Feuerwehr und ihre Uebungen. Deutsche Turn-Zeitung, 2, 1857 a, Seiten 17–18, 22–24 und 27–28.

Kluge, H.O.: Die Turnanstalt von H. Kluge in Berlin. Deutsche Turn-Zeitung, 2, 1857 b, Seiten 74–75, 84 und 87–88.

Kluge, H. (O.): Erster Jahresbericht der Turnanstalt Lindenstrasse Nr. 66. Neue Jahrbücher für die Turnkunst, 4, 1858 a, 59–62.

Kluge, (H.O.): Ein Schauturnen des Berliner Turnraths. Neue Jahrbücher für die Turnkunst, 4, 1858 b, 242-245.

Kluge, H. (O.): Zweiter Jahresbericht der Turn-Anstalt, Lindenstrasse 66 in Berlin. Neue Jahrbücher für die Turnkunst, 5, 1859, 65–68.

Kluge, H.O.: (Autobiographische Mitteilungen) in: Biographisches von Lehrern und Schriftstellern im Gebiete des Turnens und der Heilgymnastik. Neue Jahrbücher für die Turnkunst, 6, 1860 a, 12–21.

Kluge, (H.O.): Turnprüfung in der städtischen Gewerbeschule zu Berlin. Neue Jahrbücher für die Turnkunst, 6, 1860 b, 72–76.

Kluge, H. (O.): Die Prüfung der körperlichen Fähigkeiten der bei der Berliner Feuerwehr einzustellenden Mannschaften. Deutsche Feuerwehr-Zeitung, 1860 c, Nr. 1, 49–51.

Kluge, H.O.: Entwurf einer Instruktion zum Betriebe von Massen-Turnübungen für Infanterie nach den Prinzipien bearbeitet, die bei dem Turnen der Berliner Feuerwehr zu Grunde liegen. Berlin, 1861.

Kluge, H.O.: Wie ist ein Turnplatz einzurichten, wenn er den jetzigen Anforderungen entsprechen soll? Neue Jahrbücher für die Turnkunst, 9, 1863 a, 134.

Kluge, H.O.: (Erläuterung der Organisation der Berliner Feuerwehr im Rahmen einer Besprechung von Darstellungen der Feuerwehren von Mainz, Worms und Strassburg). Neue Jahrbücher für die Turnkunst, 9, 1863 b, 156–165.

Kluge, H.(O.): Ueber die leiblichen Messungen der Sprunggrössen. Neue Jahrbücher für die Turnkunst, 10, 1864 a, 138–144.

Kluge, H.O.: Vierter Bericht über die Turnanstalten (in Berlin). Neue Jahrbücher für die Turnkunst, 10, 1864 b, 309–314.

Kluge, H.O. (mit Scabell): Turn-Tafeln für die Feuerwehr von Berlin. Berlin, 1864 c.

Kluge, (H.O.) und Kawerau (P.M.): Mittheilungen über das Turnen in der Königlichen Central-Turnanstalt zu Berlin aus den Jahren 1851 bis 1860. Neue Jahrbücher für die Turnkunst, 17, 1871, 3–22, 48–60, 97–110.

Kluge, H.O.: Turngeräthe und Turneinrichtungen für Schul- und Militair-Turn-Anstalten und Turn-Vereine. Berlin, 1872 a.

Kluge H.(O.): Berichtigungen zu dem Blick auf die turnerischen Einrichtungen in Berlin von M. Kloss. Neue Jahrbücher für die Turnkunst, 18, 1872 b, 172–173.

Kluge, H.O.: Das Turnen und dessen Einrichtungen bei der Berliner Feuerwehr. Deutsche Turnzeitung, Leipzig 1872 c. Beilage, Seiten 1–22.

Kluge, H.O.: Das Winterturnen und dessen Einrichtungen bei der Berliner Feuerwehr (Zweite Mitteilung). Deutsche Turnzeitung, 20, 1875, Seiten 189–191, 217–220, 226–229, 237–240.

Kluge, H.O.: Ueber die Herstellung von Turnräumen und deren Geräteeinrichtung (Auszug eines Vortrages, gehalten im Berliner Turnlehrer-Verein). Neue Jahrbücher für die Turnkunst, 22, 1876, 118–130.

Kohlrausch, E. Besprechung von B. Schmidts „Versuche, für verschiedenartige turnerische Leistungen ein gemeinsames Maß festzustellen (Wurzen 1885). Monatsschrift für das Turnwesen, 4, 1885, 202–208.

Krause, V.: Leistungsmessungen und Turnprüfungen. Monatsschrift für Turnen, Spiel und Sport, 1, 1921, 365–381.
Leistikow,L.: Der Einfluss der andauernden Leibesübungen auf die Körpermusculatur und die Circulationsapparate. Berlin, 1870 a. (Med. Dissertation).
Leistikow, L.: Der Einfluss der andauernden Leibesübungen auf die Körpermusculatur und die Circulationsapparate. Wochenblatt für Medizinische Statistik und Epidemiologie, 3, 1870 b, 138–139 u. 204–211.
Leonhardt, G.: Das deutsche Turnen und die Feuerwehr. Deutsche Turnzeitung, 20, 1875, 277 ff.
Lienert, G.A.: Testaufbau und Testanalyse. Weinheim, 1961.
Lindquist, E.F.: A first course in statistics. Cambridge, Mass., 1942.
Marten, A.: Dr. Otto Heinrich Jägers Turnschule. Monatsschrift für das Turnwesen, 1, 1882, 209–225.
Martens, A.: Statistisches aus Leipzig. Turnzeitung (Eßlingen), 1856, Hefte 8 bis 10, pp. 61–62, 68–70 und 73–76.
Martens, A.: Die Theilnahme am Leipziger Turnvereine und die Leistungen in demselben im Winterhalbjahre, October bis März 1856–1857. Deutsche Turnzeitung, 1857, 45–47.
Niemeyer, A.H.: Grundsätze der Erziehung und des Unterrichts. Erster Teil, 8. Ausgabe, Reutlingen, 1827.
Nebel, F.: Die königliche Militär-Turnanstalt. Berlin, 1902.
Otis, A.S.: Otis group intelligence scale. Yonkers on Hudson, 1919.
Peill, B.: Hundert Jahre Berliner Feuerwehr. In Kernmayr, H.G. (Hrsg.), Der Goldene Helm. München, 1956, S. 306–321.
Pfeiffer, L.: Experimentelle Untersuchung über qualitative Arbeitstypen. Pädagogische Monographien (Meumann), 5, Leipzig, 1908.
Quetelet, A.: Sur l'Homme et le Developpement de ses Facultés ou Essai de Physique Sociale. Paris, 1835. (Deutsch 1838 von V.A. Riecke).
Ravenstein, A.: Ueber Preisturnen. Deutsche Turnzeitung, 1857, S. 2–4 und 10–12.
Reichs-Medicinal-Kalender (Hrsg. I. Schwalbe), Leipzig (mehrere Bände um 1900).
Rothstein, H.: Ueber das Quantitative in den Körperbewegungen, insbesondere in den menschlichen Leibesbewegungen. Athenaeum für rationelle Gymnastik, 4, 1857 a, 15–48.
Rothstein, H.: Der Lauf und die Laufübungen, mit Berücksichtigung des Betriebs der Uebungen bei den Truppen. Athenaeum für rationelle Gymnastik, 4, 1857 b, 153–168.
Rothstein, H.: Der menschliche Gang. Athenaeum für rationelle Gymnastik, 4, 1857 c, 297–345.
Rothstein, H.: Die Königliche Central-Turn-Anstalt zu Berlin. Berlin, 1862.
Scabell, C.L.: Das Feuerlöschwesen Berlins. Berlin, 1853.
Scabell, C.L.: Instructions-Buch und Exercier-Reglement für die Mannschaften der Feuerwehr von Berlin. Berlin, 1854.
Scabell, C.L. (mit Kluge): Turn-Tafeln für die Feuerwehr von Berlin. Berlin, 1864.
Scheibmaier, A.: Entwurf von Grundlagen und Vorschriften zur Bildung militärisch-organisierter freiwilliger Feuerwehren mit allen ihren Einrichtungen und Brandverfahren. München, 1860.
Schmeling, W.: Landwehr gegründet auf die Turnkunst. Berlin 1819. (Auszug daraus in H.F. Maßmann (Hrsg), Leibes-Uebungen, Erstes Heft, 1830, 99–149).

Schmidt, B.: Versuche, für verschiedenartige turnerische Leistungen ein gemeinsames Maß festzustellen. Wissenschaftliche Beilage zum Oster-Programm 1885 des Königl. Gymnasiums zu Wurzen in Sachsen. Programm Nr. 496. Wurzen, 1885.

Schröder, F.: Statistische Mitteilungen über Freiweitspringen und Wettlaufen bei Schülern. Monatsschrift für das Turnwesen, 15, 1896, 371.

Schunk, R.: Handbuch der Pariser Feuerwehr. Braunschweig, 1856.

Schwarze, M.: Leistung und Wertung. Leipzig, 1921.

Stahl, L.: Die Preisturnordnung des Mittelrheinkreises. Deutsche Turnzeitung, 22, 1877, 403–405.

Stern, W.: Die Differentielle Psychologie in ihren methodischen Grundlagen. Leipzig, 1911.

Stocken: Die Königliche Central-Turn-Anstalt zu Berlin. Berlin, 1869. (Beiheft zum Militair-Wochenblatt 1869, Heft 4).

Striegler, B. und Lorenz, W.: Das deutsche Turnen. 2. Auflage. Leipzig, 1914.

Teubner, H.: Die ersten 50 Jahre der Berliner Feuerwehr. Berlin, 1901.

Vieth, G.U.A.: Encyklopädie der Leibesübungen. Zweiter Teil. Berlin, 1795.

Vögeli, H.H.: Die Leibesübungen, hauptsächlich nach Clias. Zürich, 1843.

Vogt, M.: Über die Wertung in volkstümlichen Wettkämpfen der Jugend. Monatsschrift für Turnen, Spiel und Sport, 1, 1921, 201–206.

Vossische Zeitung vom 28. September 1898: Eine Turnbesichtigung bei der Berliner Feuerwehr. Abgedruckt in der Monatsschrift für das Turnwesen,17, 1898, 343–344.

Wassmannssdorff, K.: Eine neue Verwendung des Sprungbrettes. Neue Jahrbücher der Turnkunst, 14, 1868, 20–25.

Weiser, C.: Die deutsche Feuerwehr. Mainz, 1855.

Wissler, C. The Correlation of Mental and Physical Tests. Psychological Review, Monograph Supplements, Vol. III., No. 6 (Whole No. 16), New York 1901.

Zusne, L.: Biographical Dictionary of Psychology. 2nd ed., London, 1984.

Nachträge

1. Nachtrag zur Fußnote Nr. 77 auf Seite 170 (Wertung von Stangenklettern bzw. Klimmziehen).

Die Mittelwerte der Einzeltests „Stangenklettern" und „Klimmziehen" bei Dienstaltersstufe 3 (N = 39), dürften mit einiger Wahrscheinlichkeit durch die folgenden (oder diesen ähnlichen) Häufigkeitsverteilungen zustande gekommen sein, wobei beim Stangenklettern maximal nur 2, beim Klimmziehen maximal 4 Punkte erreichbar waren.

Wertpunkte	0	1	2	3	4	aM
f Stangenklettern	0	4	35	entf.	entf.	1,87
f Klimmziehen	1	10	18	7	3	2,03

Die Berechnung der Standardabweichungen aus diesen Häufigkeitsverteilungen ergibt nach der von Lindquist (1942, S. 77) angegebenen Methode für das Stangenklettern eine Standardabweichung von 0,30, für das Klimmziehen 0,95. Die Differenz zwischen den beiden Standardabweichungen ist somit erheblich, so dass die Variablen mit entsprechendem Ungleichgewicht in den Gesamtpunktwert des kluge'schen Turn-Leitungstest eingehen.

2. Nachtrag zur Biographie von Louis Leistikow (Bäumler 2012 a, Seite 75 f).

Zur Biographie von Leistikow konnten zunächst nur bis zur Zeit seiner Promotion Angaben gemacht werden (vgl. Bäumler 2012 a, Seite 75 f.). Ergänzend hierzu lassen sich nun noch einige Mitteilungen aus dem „Reichs-Medizinal-Kalender für Deutschland" nachtragen. Danach wurde Louis Leistikow 1871 als Arzt approbiert. Für das Jahr 1899 war er im Kalender als Oberstabsarzt 1. Klasse im Rang eines Majors beim Königs-Infanterieregiment 145 in Metz/Lothringen verzeichnet und für 1903 dort auch als Garnisonsarzt ausgewiesen. 1904, im Alter von 57 Jahren, war er als Oberstabsarzt z.D. diensttuender Sanitätsoffizier beim Bezirkskommando in Frankfurt/Main. Er war Träger des Ehrenkreuzes 3 (LHEK3) der Fürstentümer Schaumburg-Lippe und Lippe-Detmold.

Zu erwähnen ist ferner, dass, wie sich inzwischen feststellen ließ, Hans Langenfeld aus Münster in seinem Aufsatz von 1979 über *„Deutsche Ärzte des 19. Jahrhunderts als Vorläufer der modernen Sportwissenschaft"* auch die Dissertation von Louis Leistikow erwähnt und als „erste quantitativ-statistische 'sportmedizinische' Untersuchung" bezeichnet hat. Auch scheint dies (so Langenfeld) „bis 1914 die einzige 'sportmedizinische' Dissertation zu sein, die die Wirkung des Gerätturnens empirisch zu prüfen unternimmt" (S. 133). Langenfeld, in G. Wonneberger und K. Liebold (Hrsg.), Geschichte der Sportwissenschaft (Internationales Seminar), Band II, Dt. Hochschule für Körperkultur, Leipzig 1979, S. 129–137. Als „erste Dissertation auf empirisch-experimenteller Basis" nannte Langenfeld die von Leo Zuntz (1899) über den Gaswechsel und Energieumsatz des Radfahrers.

Autoren- und Herausgeberverzeichnis

Prof. em. Dr. Günther Bäumler
Technische Universität München
Fakultät für Sport- und
Gesundheitswissenschaft
Lehrstuhl für Sportpsychologie
Georg-Brauchle-Ring 60–62
80992 München

Prof. em. Dr. Dietrich Beyrau
Institut für Osteuropäische
Geschichte und Landeskunde
Wilhelmstrasse 36
72074 Tübingen

Prof. Dr. Jürgen Court
Universität Erfurt
Fachgebiet Sport- und
Bewegungswissenschaften
Nordhäuser Str. 63
99089 Erfurt

Erik Eggers
Kamp 13
25563 Wulfsmoor

Prof. Dr. Eberhard Loosch
Universität Erfurt
Fachgebiet Sport- und
Bewegungswissenschaften
Nordhäuser Str. 63
99089 Erfurt

Jun.-Prof. Dr. Arno Müller
Universität Leipzig
Fachgebiet Sportphilosophie
und Sportgeschichte
Jahnallee 59
04109 Leipzig

Dr. Wacław Petryński
Katowice School of Economics
Harcerzy Wrzesnia 3
40-659 Katowice
Poland

Dr. Antoni Pilawski
Katowice School of Economics
Harcerzy Wrzesnia 3
40-659 Katowice
Poland

Irina Sirotkina, Ph.D.
Institute for the History of Science
and Technology
1/5 Staropansky per.
Moscow 103 012
Russia

Dr. Mirosław Szyndera
University School of
Physical Education
al. Jana Pawła II 78
31-571 Krakow
Poland

Studien zur Geschichte des Sports
hrsg. von Prof. Dr. Wolfram Pyta (Universität Stuttgart), Prof. Dr. Giselher Spitzer (HU Berlin), Prof. Dr. Rainer Gömmel (Universität Regensburg), Prof. Dr. Jürgen Court (Universität Erfurt) und Prof. Dr. Michael Krüger (Universität Münster)

Jürgen Court; Arno Müller; Wolfram Pyta (Hg.)
Jahrbuch 2010 der Deutschen Gesellschaft für Geschichte der Sportwissenschaft e. V.
Dieses sechste Jahrbuch der interdisziplinären Deutschen Gesellschaft für Geschichte der Sportwissenschaft e. V. versammelt die Beiträge ihrer Jahresversammlung 2010. Sie befassen sich mit der Finanzierung der Deutschen Hochschule für Leibesübungen, dem Verhältnis von Sportstätten und Laborforschung, Nikolai Alexandrowitsch Bernstein, Louis Leistikows statistischen Studien, der Frage, ob menschliche Bewegungen im Voraus berechnet werden können, und der Analyse antiker Olympischer Spiele aus der Perspektive aktueller Forschung.
Bd. 12, 2011, 144 S., 24,90 €, br.,
ISBN 978-3-643-11476-1

Jürgen Court; Hans-Georg Kremer; Arno Müller (Hg.)
Jahrbuch 2011 der Deutschen Gesellschaft für Geschichte der Sportwissenschaft e. V.
Dieses siebte Jahrbuch der interdisziplinären Deutschen Gesellschaft für Geschichte der Sportwissenschaft e. V. versammelt die Beiträge ihrer Jahresversammlung 2011. Sie befassen sich mit ausgewählten Aspekten der frühen Turn- und Sportlehrerausbildung, der Geschichte der Deutschen Vereinigung für Sportwissenschaft, Louis Leistikows statistischen Studien (Teil II), dem Sportarzt Martin Brustmann und den Anfängen des Hormondopings, dem Wandel der Auffassungen über die Biomechanik in der Sportwissenschaft sowie Fragen des Political Embodiment.
Bd. 14, 2012, 248 S., 24,90 €, br.,
ISBN 978-3-643-11922-3

LIT Verlag Berlin – Münster – Wien – Zürich – London
Auslieferung Deutschland / Österreich / Schweiz: siehe Impressumsseite